古事記の
謎と矛盾が
すべて
解ける！

読み比べ
古事記とホツマツタヱ

ほつま・やまと文化塾
小深田宗元 著

かざひの文庫

はじめに

本書『読み比べ　古事記とホツマツタヱ』を手に取ってくださった皆様、まことにありがとうございます。

古事記はすでに、おおかたの方がその神話を通して親しみなじんでいることと思います。一方、ホツマツタヱについてはいかがでしょうか。

ここで初めてこの書名を知った、あるいは名前は聞いたことはあっても、まだその内容は知らない、という方も多いのではないでしょうか。

本書ではそのような方々に対して、おもに古事記上巻（神代史）の流れに従って、それと比べるようなかたちで、ホツマツタヱの語るところをできるだけわかりやすく解説いたしました。これまで古事記に親しんできて感じていた疑問点、謎や矛盾点の多くがきっと氷解するのを覚えるのではないでしょうか。

またすでにホツマツタヱの解説本や、原文を読み進めておられる方にとっては、さらなる理解深耕の一助にしていただければ幸いです。この膨大な多岐にわたる内容量と、必ずしも歴史の時代配列順に書かれているとは言えない同書を、古事記と読み比べるかたちで学ぶことは、整理しながら新たな気づきをもって理解をすすめることになると思います。

どうぞ全体をゆっくりとお目通しいただき、またさらにほつま原文にもあたっていってください。


かつて私は、二十歳前後の頃でしょうか、当時愛読していた梅原猛氏の一連の書の中で、写真・絵入りが豊富な『古事記』（大型版）を読んでいました。

イザナギ・イザナミの国生み神話や、八俣《やまた》の大蛇《おろち》退治、オオクニヌシの国作り・国譲りの物語などを目にして、これがこの日本の始めなのかとぼんやりと理解しつつも、何かしっくりと心に馴染んではこなかったように記憶しています。

戦後生まれの戦後教育の中で、神話を教えられてこなかったということもあるでしょう。ですがこれをもってこの国の建国の歴史とはなかなか思えなかったのも事実です。

これまであの江戸中後期の本居宣長《もとおりのりなが》の大著『古事記伝』以来、多くの知識人から古事記は我が国最古の歴史書であり、日本の古層を伝えるたいへん貴重な文献であると賞賛されてきましたので、自分もそのようにすなおに考えてきました。

たとえば梅原氏は、「古事記には、大変豊かに、日本古代社会の歴史や言葉や思想や宗教を知る手掛かりが含まれている、日本文化の深層を知ることができる。ただ厳格な意味での歴史書であるかどうかは疑わしいと思う」、また、「古事記は歴史書としてだけでなく、文学として高く評価するのは、そこに人間が実に鮮やかに描かれているからである」と述べておられました。

そんななかで私は、四十代の初めの頃このホツマツタヱにめぐり会い、以来ぽつぽつと、そして次第につらつらとこの書に親しんできて、今ようやく本書をまとめるところまで来た次第です。

今は鬼籍に入られた梅原氏には、本書にぜひお目通しいただきたかった、と思っております。もっとも、「漢字以前に我が国に文字はなかった」の斯界の通説・定説がある以上、それも叶わぬ夢だったかもしれません。

読者の皆様にはぜひここで、これまでの既成概念を脇においたうえで、虚心坦懐に古事記とホツマツタヱを読み比べてみていただきたいと願っております。

そのうえで、どちらが自分にすっきりと合い馴染むのかを考えてみてください。

もしホツマツタヱにご興味が湧きましたなら、再び本書巻末にて、ホツマツタヱ学びへのいざないをさせていただきます。

最後に私事になりますが、自分の前半生は経済社会の真っただなかにありました。そして後半人生ではこのように、それまでとは全く違う分野で我が国古代の歴史文化を探求する道を歩んでいます。これも私のもって生まれた定めなのでしょうか。

我が父系直系のご先祖様は、9世紀代に九州国東半島の伊美郷にて石清水八幡宮の御分霊を勧請し、以来そのお社で代々の宮司職を勤めていたといいます。

これからも天命に従って歩んでまいります。

本書をもって、まずは天上からつねに私を見守り鼓舞してくださる、いまは亡き祖父母、父母、そして妻の御霊に捧げます。

小深田宗元

目次 CONTENTS

第2章 イザナギとイザナミ(両神《ふたかみ》)の物語

第3章 ホツマツタヱが語る両神《ふたかみ》の四御子

第4章―アマテラスとスサノオ（高天原《たかまがはら》神話と出雲建国）

第5章――オオクニヌシの国作りと葦原中国《あしはらなかくに》／出雲の平定

第6章――天孫降臨と日向三代

第7章 ―― 神武天皇以降の時代

序章

ホツマツタヱとは

本書は、『読み比べ　古事記とホツマツタヱ』の表題が示すように、古事記とホツマツタヱを読み比べて、古事記の謎や矛盾をホツマツタヱによって解き明かそうとするものです。ただ古事記に比べてホツマツタヱはその発見からいまだ半世紀余りしか経っていませんので、これまでほとんど知られていない古代文字文典です。そこでまずは、この書がどのようなものなのかについてその概要をまとめました。

古事記はいかにして成り立ったのか

古事記は、一般に日本最古の歴史書とされ、これまで多くの解説書やまんがなどを通して、とくに上巻の神代の世界、神話は多くの人々に親しまれてきました。

その古事記の写本（原本は現存しない）は、変体漢文を主体にして、日本語固有の古語や歌などはいわゆる万葉仮名（漢字の音を借用した一字一音節での日本語表記）を使って書かれていました。

漢字の導入以前に我が国に文字はなかったといわれるのですから、はたして古い時代の出来事はどのような記録・記憶にもとづいて書かれたのでしょうか。古事記編纂《へんさん》の段階（8世紀初頭）で、ほとんど創作されたものなのでしょうか。

古事記の序文によれば、天武天皇の舎人《とねり》に稗田阿礼《ひえだのあれ》という者がおり、年は28歳、生まれつき聡明で、一度目にした文章は口で誦《よ》み、一度耳にしたものは心に留めて忘れることがなかったといいます。天皇はこの阿礼に命じて、帝皇《すめらみこと》の日嗣《ひつぎ》と先代《せんだい》の旧辞《きゅうじ》（天皇の系譜や古い伝承）を「誦習《しょうしゅう》」させたといいます。この「誦習」とは、古記録を見ながら日本の古語で節をつけ、繰り返し朗読するという意味と思われます。

そして後の元明天皇の時代に、阿礼が「誦習」していた帝紀や旧辞を、太安万侶《おおのやすまろ》が編纂して古事記を完成させました。

ではその阿礼や太安万侶が「目にしていた原記録」とはどのようなものだったのでしょうか。

本書はこれまでの通説とは全く異なる考えをここに提示いたします。

それは、古代文字で書かれていたホツマツタヱおよび、その伝承の過程で各氏族などにより都合よく部分改変され、断片的に漢訳されていた多くの古記録であったと推定するものです。

古事記とホツマツタヱを読み比べながら、とりわけホツマツタヱの歴史伝承の概要(おもに神代編を対象)をまとめました。はたしてこの仮説の可能性を、読者の皆さんと検証しながら考えてみたいと思います。

古事記の上巻が語る神々の世界、神話の作りだした世界観と大きく異なる、祖先が歩んだリアリティあふれる素晴らしい建国史がここにあります。

我が国古代に関するあらたな歴史・世界観が開け、この国日本に生まれ育ったことのありがたさを共感したいと思います。

そこでまずは、本書で初めてホツマツタヱを知る方々を念頭において、この書の全体概要を以下にまとめました。

ホツマツタヱとは、どのような文典か

ホツマツタヱとは、古事記・日本書紀（以下「記紀」と表記―西暦７１２年、及び７２０年成立）以前、はるか４００年も前（景行天皇56年、天鈴《あすず》８４３年秋、今から１７００年前頃。天鈴については後ほど解説）に編纂されたとされる、我が国最初の歴史、文化に関する古代文献です（私見の修正紀年では、神武天皇の橿原宮での即位は西暦前６６０年ではなく、干支三巡繰り下げた西暦前４８０年としています。本書の紀年はすべてこれによっています）。

漢字が日本に請来《しょうらい》されて、日本の国家認定の文字となる以前、そう、まだ日本に文字はなかったといわれる時代に、当時の皇室ゆかりの貴き文字、古代文字（ヲシテ、ほつま文字）で書かれていました。全体が40編（「綾」【アヤ】といいます）で、そのすべてが五七調、ときに七五調の韻文で綴られたまことに美しい長歌長編の歴史文学です。

ホツマツタヱの発見

そもそもホツマツタヱがはじめて現代に甦り、一般に知られるようになったきっかけは

今から55年余り前のことになります。

昭和41年、故松本善之助氏が、神田の古書店で埋もれた残編を見い出して以来、努力の末に全編が発見され、また、同じほつま文字で書かれた姉妹書、ミカサフミ（三笠書／ただし全64編中現在9編発見）とフトマニ（太占）も現在享受することができました。

まさに偶然発見された奇跡の書といえます。

このあたりの経緯については、松本氏の昭和55年出版『秘められた日本古代史　ホツマツタヘ（正・続）』（毎日新聞社刊）に書かれています。私は今から30年ほど前に、この書を神田の書泉グランデで手にして、はじめてこのホツマツタヱのことを知ったのです。

そして松本善之助氏のご炯眼《けいがん》と、その後の人生をかけた精力的な研究普及活動、それに続く多くの市井の研究家、愛好家の方々の努力が積み重ねられて、今ようやくその全容がわかるようになり、手に入れやすい良い解説書も出版されるようになりました。まことにありがたい段階に入ったように思います。

しかしながらまだ発見から半世紀しか経っていません。

またこれまで「漢字以前に我が国には文字はなかった」の大前提があるために、学術分野ではいまだ研究の対象にとりあげられておりません。

この書が学問研究の俎上にのぼるのはまだ先のことかもしれません。将来の若い研究者の方々に期待し委ねたいと思います。

ホツマツタヱの価値

ですが私自身は、これまで長らくこの文献を学び親しんできて感じるのですが、やはりこの書はこれまで我が国の勅撰国史として重視され光彩を放ってきた日本書紀、および江戸後期の本居宣長著作『古事記伝』以来、広くこれまで読まれ研究されてきた古事記の大本の原典であったであろう、とはっきりと理解するに至りました。

そして今私は、確信を持って言えることがあります。

それは、このホツマツタヱは現代の日本、私たち日本人にとって、大変貴重で大切な示唆を与えてくれるものだということです。今日的な我が国の重要問題を考えるにあたって、大いに検討するに値する書だと思うのです。

あえて言い換えるならば、ホツマツタヱは日本、日本民族の基《もとい》、古代我が国の建国に関する真実の歴史を伝え明らかにする書だった、さらに、日本文明の源流・大本の姿を伝える、これまでになかった唯一の文献だった、ということです。

この国の永い歴史と伝統に培われた、建国以来大切に伝え続けられてきた事柄を明らかにしてくれます。

それは縄文時代の始めの頃と思われる今から一万年以上前の、クニトコタチ（国常立尊）

の建国物語から始まります。

このクニトコタチが打ち建てた建国の理念・思想から始まって、以来代々の天君《あまきみ》、そしてなんと、現在の天皇の時代に至るまで、永く伝え続けられてきた治世の根本精神や、日本の大切な教えの数々、そして私たち現代の日本人の心の奥底に横たわる大切な精神的価値の体系が書かれていました。

記紀が神代《かみよ》の時代として、まるで天《あめ》の世界の神話・おとぎ話のようにまとめてしまった上古《じょうこ》の時代も、実在の先祖の人々による、ありありとした実にリアリティあふれる歴史事績として描かれています。

そこに私たちの先祖の人々が築いた素晴らしい建国の思想・歴史、日本精神の大本の姿、源流があったのです。

まずはここで、ホツマツタヱが記述する内容と性格の大要を、少し箇条書きにして挙げてみましょう。

日本最古の古典文献

ホツマツタヱは、記紀成立以前、はるか400年も前に編纂された我が国最初の歴史、文化に関する古代文献です。

景行天皇56年（修正紀年で西暦３００年頃）に宮中に捧呈されました。

これまで記紀が日本最古の歴史文献とされてきたのですが、それが昭和41年、神田の古書店で書写断簡ながら、故松本善之助氏によって再発見されたのです。

このことはきっと将来、かのシュリーマンによってトロイの遺跡が発掘され、一躍その真実性が証明された古代ギリシャの「ホメロスの詩」に匹敵するような、現代日本版「ホメロスの詩」だった、と評価認識されることになるかもしれません。

今後さらなる縄文・弥生遺跡の考古学的成果や、文献歴史学、民俗学、神社伝承学、国語・言語学などの総合的、分際的研究の深まりを期待したいものです。

それは限りなくホツマツタヱの記述内容の価値を高めるのではないでしょうか。

漢字伝来以前の我が国古代の固有文字で記述

漢字が我が国に入ってきて日本の国定文字となる以前、まだ日本には文字はなかったと言われる時代に、当時の皇室ゆかりの貴き文字、古代文字（ヲシテ、ほつま文字）で書かれていました。

この同じほつま文字で書かれていた文献に、それぞれ編纂者が異なるミカサフミとフトマニがあります。

現存する最古の写本は江戸中期、安政年間の和仁古安聡《わにこやすとし》による写本です。平成4年、琵琶湖畔の滋賀県高島市で神社の神輿庫から出てきました。

これは現在、高島市の「中江藤樹記念館」にて保管されています。

これ以外にも複数の写本が現存します。

世界の三代叙事詩に匹敵する一大叙事詩

全40編（1万行、12万文字）のすべてが、五七調、ときに七五調の韻文で、まことに美しい原やまと言葉で綴られた長編歴史文学です。

古代ギリシャの詩人ホメロスの『イーリアス』『オデッセイア』（紀元前8世紀頃・約2万7千行）、古代メソポタミアの『ギルガメッシュ』（紀元前3千年頃成立・3600行）、古代インドの『マハーバーラタ』（4、5世紀頃成立・20万行）の世界三大叙事詩に勝るとも劣らない大長編叙事詩です。

古事記・日本書紀（記紀）の大本の原典

ホツマツタヱは記紀に先行する、その大本の原典であったと思われます。

ほつま文字（ヲシテ）で書かれたこの書は、長い時の経過、歴史の荒波の中で、時の権力者の意志が入ったり、内容を換骨奪胎、あるいは誤読されたりしながら、各氏族の間で漢字翻訳されてきたのだろうと思われます。日本書紀の神代編に引用する多くの別書記述がこのことを表わしています。

これまでの三書比較の詳細な研究により、このことが明らかになりました。『甦る古代日本の真実』（千葉富三編著・文芸社）が参考になります。

とりわけ、記紀における神武天皇から景行天皇までの歴史は、ほぼホツマツタヱの記述（紀年も含めて／日本書紀の紀年はホツマツタヱの紀年のひき写し！）を下敷きにしていることが明らかにわかります。

ホツマツタヱでわかることごと

ホツマツタヱにはどんなことが書かれているのでしょうか。その例をいくつか挙げてみましょう。

詳細は、同人誌『検証ホツマツタヱ』（86号／平成28年8月号、ホツマツタヱ発見50年記念特集）が参考になります。

皇室の祖神・天照大御神は実在した男性神

皇室の祖とされるアマテラス（天照大御神《あまてらすおおみかみ》／ホツマツタヱではアマテル大御神《ををんかみ》）は我が国最高の聖賢で実在した男性でした。

成人し天日《あまひ》の位に就かれた時（即位）には12人のお妃を迎えられました。正后としてセオリツヒメ（瀬織津姫）を内宮に入れた後、閏月に寄せて13番目のウリフヒメ（瓜生姫）が加わります。

イザナギ（伊邪那岐神／ホツマツタヱではイサナキ）とイザナミ（伊邪那美神／ホツマツタヱではイサナミ）の長男として、富士山麓の原見《はらみ》の宮でお生まれになり、16歳になるまで、原見の宮の御両親の許で育ちますが、以後11年の間（実年数換算）、東北日高見《ひたかみ》の国のトヨケ（豊受神／第五代タカミムスビ）のもとで天《あめ》の道（王道教育）を授けられました。

日高見から帰還されて即位された後は、新たな原の宮にて政祭を執られました。

「伊勢のイサワ」はアマテラスが原見の宮から遷られ、長年住まわれた宮居《みやゐ》の地

伊勢・イサワの地で、「夫婦相和」の伊勢の道（陰母陽精：イモヲセ）を説かれました。アマテラスの数々の教えは、伊勢の神風《かんかぜ》として広く万民に行き渡り、それは現代の日本においても、日本人が大切に思う心の教えのなかに受け継がれています。我が国最高の聖賢と言われるゆえんです。

今も皇室の皇祖として祀られる伊勢神宮の地は、アマテラスが最晩年に遷られた宮居でした。

伊勢神宮外宮の御祭神・豊受大御神はアマテラスの外祖父

伊勢外宮の御祭神・豊受大御神《とようけおおみかみ》は、「豊饒と神饌」の神とされていますが、実はアマテラスの外祖父（母・イザナミの実父）にあたるトヨケです。

アマテラスは青少年時代、日高見のトヨケのもとで天の道（王道教育）を授けられ、以来トヨケは、アマテラスにとって生涯の師であり、愛深く導いてくれた御祖父でした。

伊勢神宮外宮に今も祀られ、内宮より先にお参りすることの由縁がここにあるのです。

古代の聖都であった日高見、富士山周辺、琵琶湖湖岸

縄文時代から、我が国には三つの重要政祭拠点として栄えていた聖なる都がありました。東北の日高見（ケタツボ）、関東の富士山周辺（ハラミのハツボ）、琵琶湖周辺の葦原中国《あしはらなかくに》（ヲウミのオキツボ）です。

このことは、記紀では全く窺《うかが》い知ることはできません。

我が国固有の古代暦があった

我が国の通説では、6、7世になって初めて大陸中国の暦が導入された、それまでは日本には暦はなかった、とされていますがホツマツタヱはこの通説を完全に覆します。

すでに縄文時代には暦があり、それに基づいた時間的スケールのもとに歴史物語が語ら

れていたという意味で、まさにホツマツタヱは我が国最初の歴史書だったのです。

歴史書において、ある時点を元年として以後、一年単位で時の流れを記すのが紀年暦《きねんれき》です。

また一年の中で、月や日を刻み季節の移ろいを表すものが季節暦（狭義のこよみ）です。

この季節歴は、我が国独自の太陰太陽暦であり、明治の初め頃まで使われていた旧暦とほぼ同じものです。

ホツマツタヱでは、この紀年暦と季節暦があいともなって歴史が語られています。

最初の暦（紀年暦）は真栄木暦《まさかきこよみ》（鈴歴《すずれき》）と呼ばれ、アマテラスが天命を知り神上《かんあ》がられてまもなくの頃まで使われていました。その後、季節歴の一年をそのまま一年としてかぞえる天鈴暦《あすずれき》に改暦しています。

日本書紀の神武天皇から景行天皇まで（ホツマツタヱの最後尾）の紀年はほぼこの天鈴歴の数字を干支暦《かんしれき》に翻訳し引用していることが明らかです。

さらに別に、60進法の「ほつまヱト暦」も併用して年代を表しました。

この詳細は別の機会に譲りますが、結論として、一定の換算仮説数値を用いて現代の絶対年数に換算すると、なんと縄文時代から現代まで、一気通貫の西暦年代ベースの年表が完成します。

本書ではこれによっての年代表記をしています。

三種の神器の本当の意味がわかる

イザナギ・イザナミの時までは三種の神器は「瓊（ト）の教え」と「矛（ホコ）」の二種だけでしたが、アマテラスの治世に、瓊の教えの物実（モノザネ）としての「マカリ玉」（後に勾玉《まがたま》に変化）、「鏡（カガミ）」、「剣（ツルギ）」をもって、「三種《みくさ》の神宝《かんたから》」が定められました。治世の根本憲法を表す象徴としてのモノザネです。その本当の意味、重要性がはっきりと書かれています。（第41項参照）

我が国では不文憲法がなんと縄文時代から現代に至るまで、一貫して変わることなく伝え続けられているのです。

また、皇位継承時における三種の神宝の譲り渡しの作法も詳述しています。

「出雲の国譲り」の背景と、その後の物語

スサノオ（須佐之男命《すさのおのみこと》／ホツマツタヱではソサノヲ）が建国した出雲の歴史が語られます。そしてその嫡子《ちゃくし》・オオナムチ（大己貴神／初代大物主《おおものぬし》）が天朝に糾弾されて平定され、その後東北に転封されたいきさつが明らかにされます。

そしてオオナムチの子息・クシヒコ（奇彦、別名オオクニヌシ／初代事代主《ことしろぬし》）が二代大物主として朝廷で重きをなして、その子孫が代々の大物主（剣の臣、武人の総帥）を務めます。これが三輪家の祖神です。

神武天皇代に、六代大物主のクシミカタマ（櫛甕玉命）が全40綾の初め28綾分を、崇神天皇から景行天皇代に活躍した末裔《まつえい》のヲヲタタネコ（大直根子）が残り12綾を合わせてホツマツタヱとして編纂し、時の景行天皇に捧呈しました。

記紀に消された姫神たちの生涯の物語

記紀では記述されない姫神の真の姿が明らかになります。

アマテラスの正后セオリツヒメ、姉のヒルコヒメ（昼子姫、別名として若姫《わかひめ》、和歌姫、下照姫《したてるひめ》）、子女・三姉妹「沖津島姫竹子《たけこ》、江津島姫湍子《たきこ》、厳島姫棚子《たなこ》」（宗像三女神）などの姫神たちの生涯を詳細に伝えています。

神武天皇東征の真相

神武天皇東征の背景となった歴史的経緯、当時の日本の政治状況などが明快に語られています。これにより現代における古代史学の大混迷を取り払うことができます。

九州王朝の神武によるニギハヤヒ王朝征服説や、渡来人征服王朝説……などなどの諸説入り乱れの誤りが明らかにされます。

魏志倭人伝などの海外文献に頼ることなく、我が国の古代史を再構築するために、ホツマツタヱを重要文献として据える価値が十分にあると考えます。

その際、記紀の景行天皇以前の記述は、すべてホツマツタヱで代替することが可能です。日本文明の淵源をみごとに示す、我が国にふさわしい建国史が成立します。

宮中祭祀をはじめとする原初の祭祀形態を示す秘伝書

大嘗祭《だいじょうさい》の「悠紀・主基（ユキスキ）」の祭祀をはじめ、今ではその実態が不明となっている「ひふみ祝詞」や「トホカミ祝詞」の原初の姿・意味が記述されています。

また古代の宮中祭祀に関する説明が豊富です。

歴史記述に加え縄文古代の綜合博物誌としての豊富な記述

ホツマツタヱは全文が五七調で綴られた和歌の原点を示す歌論書でもあります。記紀に記載される歌謡以外にも多くの歌を伝承しています。

和歌の成立や、31文字の意味、枕詞の真相、呪歌の作法、連歌の作法なども記されています。また、漢字流入前の文書なので、やまと言葉の原初の表現が豊富であり、枕詞、地名、神名など、語源の宝庫となっています。

古代の祭祀法、神葬祭、暦法、農耕、歌楽、健康法、治療法、薬草、懐胎から出産、乗馬術、航海船、建築法など、古代生活の営みを満載した博物誌、百科全書ともいえます。

第1章

初発《はじめ》の神々 別天津神《ことあまつ》と 神世七代

古事記は天地の始まり、すなわち天地創造のことは述べずに、いきなり高天原に現われた神々の名を列挙します。しかも神名のみで、その神がどのような神なのかはわかりません。日本書紀もほぼ同じです。これに対してホツマツタヱでは、宇宙創成神話から始まって、多くの神々の名とともにその働きが詳しく語られています。

1

別天津神《ことあまつかみ》と神世七代《かみよななよ》の謎

古事記は、別天津神五柱、つづく神世七代の七柱の神々の名しかかかげない、この深い謎は？　ホツマツタヱでは、宇宙創成の初め、究極の存在・アメミヲヤ（天御祖神）から始まり、天の神々の体系が明らかにされます。神世七代の神名では、日本書紀とホツマツタヱの神はピタリと一致しています。

高天原《たかまのはら》に成りし神・別天津神の五柱と神世七代

古事記はこのように始まります。

「天地初めてあらわれし時に、高天原に成れる神の名は、アメノミナカヌシノカミ（天之御中主神）、次に、タカミムスビノカミ（高御産巣日神）、次に、カミムスビノカミ（神産巣日神）。この三柱の神はみな独神《ひとりかみ》と成り坐して身を隠した。

次に、国土がまだ形をなさず、水に浮かぶ油のごとく、クラゲのようにふわふわ漂っていた時に、葦《あし》がすくすくと芽を出し成長するように、その萌《も》えあがるもの（生命力）より成った神の名は、ウマシアシカビヒコジノカミ（宇摩志阿斯訶備比古遅神）、次にアメノトコタチノカミ（天之常立神）、この二柱の神もまた独神と成り坐して身を隠した。以上の五柱の神を別天津神という。」

つづいて、

「次に成った神の名は、クニノトコタチノカミ（国之常立神）、次にトヨクモヌノカミ（豊雲野神）、次にウヒヂニノカミ（宇比地邇神）・イモスヒヂニノカミ（妹須比智邇神）、次にツヌグヒノカミ（角杙神）・イモイクグヒノカミ（妹活杙神）、次にオホトノジノカミ（意富斗能地神）・イモオホトノベノカミ（妹大斗乃辨神）、次にオモダルノカミ（淤母陀流神）・イモアヤカシコネノカミ（妹阿夜訶志古泥神）、次にイザナギノカミ（伊耶那岐神）・イモイザナミノカミ（妹伊耶那美神）、これを合わせて神世七代という。」

となっています。

このように古事記冒頭は、日本書紀とも異なり天地《てんち》開闢《かいびゃく》の話はなく、いきなり神々の名を掲げます。また「高天原」の名だけが出てきますが、その説明はありません。いちおう天津神の住む天上の世界と解釈されています（地上の高天の原については、コラム⑥参照）。

一方、ホツマツタヱではこうなります（ホツマツタヱの漢字訳は意味を考慮し、かつ一応、日本書紀に習った当て字によります。以下も同じです）。

はじめに挙《あ》げられる神の名は、宇宙創造神・アメミヲヤ、次にアメノミナカヌシ、そして以下の神世七代が続きます。
初代天神《あまかみ》クニトコタチ（国常立）、二代クニサツチ（国狭槌）、三代トヨクンヌシ（豊国主）、四代ウビチニ（大泥土煮）・スビチニ（少泥土煮）、五代オオトノチ（大殿内）・オオトマエ（大戸前）、六代オモタル（面足）・カシコネ（惶根）、七代イサナギ（伊佐那岐）・イサナミ（伊佐那美）。

この神世七代の神名では、日本書紀とホツマツタヱの神はピタリと一致しています。一方、古事記では、二代目のクニサツチを除外してしまい、かわりにツヌグヒ・イモイクグヒの夫婦二神が加わり、さらにその二神の称《たた》え名であるオオトノチ・オオトマエの名も挙げて、同じ神を重複して記載してしまっていることがわかります。

ポイント1　古事記のウマシアシカビヒコヂとアメノトコタチとはなにか？

この神のことをズバリ答えてくれるのが、ホツマツタヱと同じヲシテ文献のミカサフミ序にあります。

天地《あめつち》も　開《ひら》けて神も　陰陽《めを》も分け　日も月も成り　九曜《こよ》の星　アメトコタチと

地《わ》の十一《そひ》も　アシガヒヒコヂ　常立《とこたち》の　三代《みよ》は三秀神《みほかみ》

（ミカサフミ―序国撫が述ぶ―24行）

アメミヲヤの初《うい》の一息《ひといき》に始まり天地が開け、神々が現われ出《い》でてメ（陰）とヲ（陽）の二極相対が生まれ、日も月もまた星々もできた。

夜空に光る星々の中でも九つの星はアメトコタチカミであり、地上を守護する十一の神をアシガヒヒコヂ神（地《わ》のトコタチカミ）という。トコタチカミに準《なぞら》えられる神世七代の初めの三代は三秀神《みほかみ》である。

夜空に光る星々の中でも九つの星は、アメノミナカヌシ＝クニトコタチ、及びトホカミヱヒタメ天元八神《あもとやかみ》で合わせて計九柱、これがアメノトコタチです。

東西央南北（キツヲサネ）五神とアミヤシナウ六神の合わせた十一神《そひのかみ》を地《わ》のトコタチといい、またの名をアシガヒヒコヂ神（ウマシアシカビヒコヂ）といいます。

クニトコタチ、クニサツチ、トヨクンヌシの三代は特別に三秀神《みほかみ》と言われ、その立派な御子たちも神上《かんあ》がった後はトコタチの神々に準《なぞら》えて祀られました。

このように、古事記のウマシアシカビヒコヂとは、食物の収穫を守り、人体の五臓六腑をととのえ人の命の永《なが》らえを守る、キツヲサネ（東西央南北）の五神とアミヤシナウの六神を合わせた十一の神を言います。

また古事記のアメノトコタチとは、アメノミナカヌシの転生した姿であるクニトコタチとトホカミヱヒタメの八神（クニトコタチの8人の御子（＝クニサッチ）にそれぞれ転生した）を合わせた九柱の神を言います。

ポイント2　古事記の「独神《ひとりがみ》」（日本書紀では「純男《ひたを》」）とはなにか？

古事記は、別天津神と神世七代のうち、ウヒヂニ・イモスヒチニより前の神をみな「独《ひとり》神《がみ》」といい、男女という両性の機能を持たない神などと解釈され、また日本書紀では「全く陰気を受けない純粋な男性（純男）であった」などとされています。おかしなことではありませんか。

この点ホツマツタヱによれば、三秀神《みほかみ》三代（クニトコタチ、クニサツチ、トヨクンヌシ）の時代は「天成《あめな》る道は女《め》もあらず」とあります。

すなわち、まだ結婚制度はなく、君の役割＝天成る道をもって地上を治める役割りは男神のみによって行われたということです。この三代は、実在の一人の指導者というよりも、その名を代々継承した同じ人格の伝説的人物とのイメージを私は持っています。

四代ウビチニ・スビチニ（婦夫神《めをとかみ》）の御世になって初めて結婚制度ができて、以来はじめて男神《をかみ》と女神《めかみ》がともに一組になって、木（き）と実（み）の「君（きみ）」の役割を果たされるようになったということなのです。後に、このウビチニ・スビチニの我が国初の結婚儀礼のすてきな逸話を述べましょう。（第5項参照）

ポイント3　別天津神の二柱：タカミムスビとカミムスビ

古事記で、この二柱がなぜここにあるのか、実に不思議です。この部分に古事記制作主体者（私は藤原不比等を想定しています）の意図が反映したものと思えます。

ホツマツタヱでのタカミムスビとは、「トホカミヱヒタメ」のクニサッチの一人、東北日高見のタの国を治めたタの尊の尊称であり、初代タカミムスビから代々その名を受け継いできました。第五代タカミムスビであるトヨケがイザナミの実父です。

その子ヤソキネ（八十杵）が第六代タカミムスビ、別名カンミムスビで、アマテラスの時代の最重臣です。さらに七代目タカミムスビがタカキネ（高杵／高木《たかぎ》神）で、アマテラスの子・オシホミミ（天之忍穂耳命）の祭政を補佐した最重臣です。このように、タカミムスビも、カミムスビも、時の天君・天神を補佐した実在の重臣なのであって、別天津神などとされているのは極めておかしなことです。この不思議をコラム④で解説しました。

2

古事記の最初の神・アメノミナカヌシとは

古事記には載るが日本書紀本文にはないアメノミナカヌシ。その神の実像を明らかにするのがホツマツタヱです。このアメノミナカヌシは、宇宙創造の絶対神アメミヲヤが転生した姿であり、この地上での役目を終えて再びアメミヲヤに還《かえ》りました。この地上に最初に人として地上に降り立った神成る人です。

人の初めがアメノミナカヌシだった

古事記では、高天原最初の神とされるのがアメノミナカヌシです。ですがこの神名をあげるだけで、この神がどのような神なのかを一切語りません。日本書紀も同じで、その本文ではなく、一書の第四に一度だけ名が出るだけです。

これに対して、ホツマツタヱはこの神のことを詳しく語っています。この神を知るには、まずホツマツタヱの「宇宙創成神話」から始めましょう。

ホツマツタヱの論理的支柱の神髄は「宇宙創成神話」にあることはコラム①で述べました。

この天地《あめつち》宇宙のすべてを作り出し、成り立たせ、成長発展させた究極の存在がアメミヲヤです。アメミヲヤの最初の思い、意思により、初生（ウイ）の一息が発せられ、陰（メ）と陽（ヲ）が分かれ、天（アメ）と地（ツチ：この地上大地）ができ、日と月も成り、ウツホ（空）、カゼ（風）、ホ（火）、ミヅ（水）、ハニ（土）の五元素が生まれました。

そしてこの五元素のすべてが交わり地上に人が生まれたのです。

この最初の人をアメノミナカヌシといいます。

まず、五つの元素（ウツホ、カゼ、ホ、ミヅ、ハニ）という宇宙の構成元素のすべてが交わり混合して人間が生まれた、というのもすごく卓越した発想ではありませんか。

たしかに人間の体は、空気を肺に取り込み呼吸して酸素を得、適度な熱をもち、水分と固形物、ミネラル、いわば宇宙の根元素と同じ成分でできているということでしょうか。

また人間は猿から進化したという進化論とも違いますね。

この人の初《はつ》として地上に顕現《けんげん》したアメノミナカヌシは、地上の四方八方《よもやも》の多くの地域にたくさんの人を生み、それぞれの場所で人々が生きていけるように為《な》さしめたとされます。

アメミヲヤのもとで働く四十八《よそや》の神々のお力も得て、人々にそれぞれの場所で生きる術《すべ》を与えられたのです。この役割を果たした後、アメノミナカヌシは再び「天に還りてアメミヲヤ」になられたと書かれています。

ということは、アメノミナカヌシはアメミヲヤの転生神《てんしょう》であったと考えられます。アメミヲヤの御霊《みたま》（宇宙意識といってもよいでしょう）がこの地球上に降臨し、人間の人格と肉体をもって転生されて働かれたということです。

もっとも、このアメノミナカヌシが果たして我々人間と同じような肉体を持っていたかどうかは定かではありません。思い、意念、祈りによって多くの人間を生んだということでしょうか。

その生まれた人間に男と女があって、以後は、この男女が嫁《とつ》ぎによって子を生み、子孫を増やしていったと書かれています。

ところでこのアメノミナカヌシは、地球上のどこに降り立ったかはわかりません。従って、アメノミナカヌシはこの日本の神と限定するものではなく、世界のすべての国と人々にとっての生みの親なのです。この点は大変重要なことだと思います。

我が国の歴史書ではありながら、宇宙と地上の形成から始まり、究極絶対の神であるアメミヲヤ（＝アメノミナカヌシ）の想定と、人類誕生の神話は全世界共通のものなのです。グローバルなのです。

その意味ですべての国の人々に向けて、また各国の宗教を超えて、この神話、思想は受け入られるものと言えましょう。

ホツマツタヱの底流には、この万国共通、普遍性をそなえた思想があるように思います。

我が国のみの独善的なあやまれるナショナリズムをかき立てるレベルとはほど遠いものと理解されなければなりません。

アメノミナカヌシの生《う》める民草《たみくさ》

アメノミナカヌシは一通りの役割を終えた後、天界のサコクシロの宮（天界の高天原《たかまがはら》にある宮。地球からみてちょうど北極星がある位置にある）の中心・中御座《なかみくら》に坐《ま》すアメミヲヤに再び戻られました。天に還られた後は、地上に生まれた男と女によって子供ができ、人が増えていったとしています。

これ以降が人類の歴史となります。もっとも、この人という定義をどのように捉えるかにより、何百万年の歴史レベルなのか、あるいは、10万〜20万年なのかと開きが出ると思います。

私は、アメノミナカヌシの誕生は、ホモサピエンス（新人）の誕生と重ねて考えたいと思っています。従って今から20万年ほど前にアフリカに誕生し、その後全地球上に拡散していったとされる現生人類についての歴史です。

アメノミナカヌシの生んだ人々はどのような生活をしていたかについては、一か所のみ簡単な記述があります。

二十四《ふそよ》に生める民草《たみくさ》の　穴《あな》に住《す》まえば　人ならず

（ミカサフミー埴祭り―15行）

アメノミナカヌシが生んだ人々は、その後広く拡がり子を産んでいった。その人々の世代は二十四世代と長きにわたったが、人々は洞穴の中に住み、人らしい好ましい環境で生活してはいなかった。蠢《うごめ》くように生きていた。

この日本列島で見ればそれはちょうど、縄文時代前の旧石器時代以前と思われます。そして縄文時代の幕開けとともに、ここにクニトコタチという指導者が現われて、生活環境の物質面のみならず、「瓊《と》の教え」という精神的指導理念をもって人々を真《まこと》の人の生きる道、人らしい生活に導いたのです。

これが我が国、常世《とこよ》の国の建国のはじめです。「瓊の道があまねく徹ったこの世」でしょうか。我が国建国の祖、クニトコタチの登場です。この常世の国とは記紀にもその名が出てきて、何処か海をわたった遠い外国と考えられていますが、実際は我が国の大本の国名なのです。

この縄文時代の時代区分と神世七代の活躍時期について、私のイメージをコラム⑤にまとめてみました。

3 古事記と異なる神世七代《かみよななよ》の神

古事記における神世七代の初代クニノトコタチと二代トヨクモヌは、ホツマツタヱでは三代にわたります。この縄文時代の始めから中期にかけて活躍（ただし何代にもわたってその名を継承）した実在の人格・天神であり、ここから我が国の建国物語が始まります。

常世の道を教えるクニトコタチ

古事記でのクニノトコタチとトヨクモヌの二代は、神世七代の初めの二代ですが、独神《ひとりがみ》とするだけでどのような神かは全くわかりません。

ホツマツタヱでは、この神世七代の初代であるクニトコタチ（ホツマツタヱの呼び名）からが実在の人間神・人格であり、ここから我が国の建国物語が始まります。初代建国の祖・クニトコタチから三代トヨクンヌ（古事記では二代）までの実像をホツマツタヱで明らかにします。

縄文時代の幕開けとともに、南から中部、関東、東北へと次第に温暖な気候に変わっていきます。それまでの落葉・針葉樹に交じって、照葉樹のつやつやとした緑の葉が繁り始めます。

常世の国を象徴する常緑小高木の香しい橘《たちばな》の木が東北日高見地方にまで繁茂しました。また常緑高木であるマサカキ（真栄木）の木を日高見《ひたかみ》の葉木国宮《はこくにみや》に植えて、我が国最初の暦《こよみ》の樹としたのがクニトコタチでした。

後に「五百継《ゐをつ》ぎ天《あめ》の真栄木《まさかき》」と呼ばれるその最初のマサカキを植えたのがこの頃です。

私はこのマサカキは「オガタマノキ（モクレン科の常緑高木）」ではないかと思っています。招霊木とも言われ高千穂の天岩戸神社などの古い神社などでは御神木として大変尊ばれている木です。伊勢神宮でも貴い樹木とされています。この木の実は葡萄の房に似て、これを模してお神楽の時に巫女さんが持つ神楽鈴になったそうです。ですから今の榊《さかき》（モッコク科サカキ属の常緑小高木）とは異なる種なのだろうと思います。

こうして縄文時代早期にはクニトコタチの指導によって、東北日高見地域までも含めた常世の国（我が国最初の建国名称）が作られたと考えられます。そして香しい橘《たちばな》の木も植えて常世の国の象徴としました。

クニトコタチは、常世の道（瓊《と》の教え）を指導理念（これをあえて一言でいえば大調和／和合・共生への教え）として掲げ、八方《やも》を乗り（宣《の》り）巡り、オノコロの御業《みわざ》によって各地を何縣《なにあがた》と呼べるような生活拠点を築く指導を行いました。すでにその時代以前に北から、南から、陸伝い、島伝いにやって来ていたいろいろなルーツを持つ人々を和していく指導理念が瓊《と》の教えだったと思います。

またこの瓊の教えは、なんと現代にまで続く三種《みくさ》の神宝《かんたから》の第一が示す国家理念であり憲法なのです（このモノザネが現在の勾玉です。大本・本体は、瓊の教えがほつま文字で書かれた文典でした）。

オノコロの御業《みわざ》とは、現代人にはなかなか理解しにくいところですが、その究極は、人間意識の偉大な力を発揮して、神への祈りとともに思うところのものを現実化する、そのための一連の神業《かみわざ》なのかもしれません。後になってイザナギ・イザナミもこのオノコロの御業により国土開拓、復興を成しとげられました。

クニトコタチは、「瓊の教え」という精神的指導にとどまらず、人々の生活面での向上に大きな働きをしました。衣・食・住の生活基盤の改革です。

「住」については、「ムの掌相《たみめ》」（手印／どのような組手かは不明）を結び天《あめ》に祈りを捧げ、快適な室屋《むろや》の構想を描き出しました。

これが縄文時代早期頃より各地に作られ始めた竪穴式《たてあなしき》住居です。その具体的な作り方まで記述しています。縄文時代の遺跡で模型として展示されているものとほぼ同じです。

また環状集落が各地にでき始めたのもこの頃です。

「食」については、それまで肉食が多かったのに対して、木の実や根菜植物中心の食生活を勧めたようです。ドングリなどを土器を使ってあく抜きし、かなりバラエティーに富んだ食糧化技術も進んだことでしょう。また気候の温暖化に伴って、次第に定住しての農耕型生活スタイルに転換が行われたことでしょう。

各地のすぐれた植物の種や食糧を他の地に持ち運び物的流通と情報の交流も図ったことでしょう。そのために多くの土器類が使われたのです。

このようにして、森林、平野、海、川の恵みを豊かにいただいて、平和で楽しい日々を送ることのできる常世の国が実現したのです。縄文時代の高度な文化生活の実態が今考古学で明らかにされてきました。

クニトコタチは精神面と物質面双方の教えによって人々を導き、名実ともに常世の国の常立神《とこたちのかみ》となったのでした。

古事記が除外したクニサッチ（クニトコタチの8人の御子）

クニトコタチは長い年月をかけ、広範な地域で活動し常世の国を建国しました。ただ一人の人物というよりもそのような伝説的な人格をそなえて幾代にもわたって活動し、語り継がれた神なる人であったと思われます。それゆえに、クニトコタチはアメノミナカヌシの分け御霊《わみたま》であり、また天に還った後はアメミヲヤと同じ御霊として、サコクシロの宮の中御座《なかみくら》（中心）にお座りになったのです。

そして、

八方八降《やもやくだ》りの　御子《みこ》生みて　皆その国を　治めしむ　これ国君《くにきみ》の　初めなり

クニトコタチは八方《やも》の広い地域でト・ホ・カ・ミ・ヱ・ヒ・タ・メと名付けた8人の御子を生み、おのおのを各地の国君として定め国を治めさせた。

と書かれています。この8人の御子の名は、天界サコクシロの宮でアメミヲヤを取り囲みそのご指示のもとに、地上の生きとし生けるものを見守るトホカミヱヒタメの八神に準《なぞら》えたものでした。八神それぞれがクニサッチと称えられました。

アメノミナカヌシ、そしてクニトコタチより伝わる天地自然の理、狭霧《さきり》の道（四季折々の日月の恵み、天《あめ》の御柱《みはしら》の管《くだ》から下される自然の精妙なエネルギー、その息吹きを活かす農耕の道か）を受け継いで、土地を開拓し土を肥やして農耕を広めていきました。

「ツチ（槌）」とはその農耕を象徴する道具を表すのでしょうか。斧《おの》と槌《つち》、石と木により造る道具が活躍した時代です。

クニサツチからトヨクモヌへ

トホカミヱヒタメの8人の御子は各々5人の御子を生み、それぞれの国は発展していきました。その中でも豊かに栄えるトの尊の後を継ぐ御子が常世の国全体を治める君となりました。この方がトヨクモヌ（ホツマツタヱではトヨクンヌ）です。

この時代は、クニトコタチ以来の瓊《たから》の教えに従って、人々に天《あめ》の道が行きわたり、君臣《きみとみ》民《たみ》の三降《みくだ》りの階層ができ、さらに農、工匠《たくみ》、商人《あきど》とおのずとそれぞれの役割と秩序が整っていきました。

すべてがおのずと整い、人の間にも秩序と調和が実現される国、それが常世《とこよ》の国なのです。

そこには支配・従属という観念はありません。代々の天神はこのような国を目指して祭政（まつり）を執り行いました。

4

神世七代《かみよななよ》の最初の夫婦神

古事記の神世七代のうち、初めの二柱はすべて独神《ひとりかみ》とされているが、その意味はなにか。またホツマツタヱでは、イザナギ・イザナミの前には三代の夫婦神が在るとしており、その天神たちの逸話を詳しく語っています。

古事記の独神とは

古事記は、別天津神と神世七代のうちウヒヂニ・イモスヒヂニ（ホツマツタヱはウビチニ・スビチニ）より前の神をみな「独神」といい、男女という両性の機能を持たない神のように解釈されてきました。また神の名のみを挙げているだけです。

この点ホツマツタヱによれば、三秀神《みほかみ》時代（初代クニトコタチから三代トヨクンヌの時代）は、「天成《あめな》る道は女（メ）もあらず」（トヨクンヌの時代までの祭政事《まつりごと》は、もっぱら男性が執り行い女性は参加しない）でした。

四代ウビチニ・スビチニの御世になって初めて結婚制度ができて、以来はじめて男神《をかみ》と女神《めかみ》がともに一組になって、木《き》と実《み》の「君（きみ）」の役割を果たされるようになったということなのです。

ウビチニ・スビチニの二神による初めての結婚儀礼

まずはこのウビチニ・スビチニによる、我が国初の結婚に至るまでの背景から述べましょう。

縄文時代の盛期が過ぎ縄文中期も終わりを告げ、縄文後期に入ると、気候変動が主な原因で、常世の国にも次第に変化が訪れます。

それまでのクニトコタチ・クニサツチ・トヨクンヌの時代には、今よりも温暖で、豊かな森林資源や海洋資源に恵まれていました。約6000年前には海面が今より3メートルも高かった（温暖化による縄文海進）といいます。

人々の心も「すなお・清直」で、瓊《と》の教えが行きわたり、平安で誰もが幸せになれる常《とこ》世《よ》の国でした。大きな環状集落を形作り、多くの人々が優れた指導者の下に協働して豊かに暮らします。季節ごとに訪れる海、山、川、野が生み出す収穫物をみんなで分業して収穫し、分け合って暮らしていけました。青森、三内丸山遺跡がそのイメージを浮かびだしてくれます。

男女の仲も自然体で、それぞれの感性に従って結びつき、また離れる。生まれた子供は親子の情に従って育てられますが、また共同体皆して育てていく、という意識もあったのではないでしょうか。子供はみんなの大事な宝であり、神からの預かりものなのです。

しかし縄文時代も後半に入る約４５００年前頃から気候の寒冷化が始まります。それとともに、環状集落がなくなってきました。人々がたくさん集まって生活することをやめて、２〜３軒あるいは５〜６軒の住居からなる小さな集落に分かれていきました。この集住から分散居住への変化はやはり気候の変化が大きな原因であるようです。

約４０００年前を境に海は急速に後退し（寒冷化による縄文海退の始まり）、遠浅の海底は干上がり広大な陸地が表われてきます。

食料資源の不安定化や減少により関東、甲信越、東北の人口も減り始め、次第に東から西へと人の移動もあったようです。

これまでの集落全体で協働し、良いも悪いもその責任を皆で分かち合うということができない時代がやってきたのだと思います。

一方で、個人の知恵と努力を発揮して新しいものを見つけ出し工夫して開発したり、また未開の新たな場所を見つけてそこに手を加え、開拓するならば良い収穫結果が得られる、そのような時代になってきたようです。変化をチャンスに変えることもできるのです。

ここに、個の力を最大限に発揮するための仕組みとして、結婚制度が考えられるようになってきたのではないでしょうか。

一組の夫婦が最小単位の核となって、お互いの役割を分担し、子を産み育て家族を構成し、その家を発展させていく、という仕組みです。

男女が一対になってそれぞれの役割を果たすことは、宇宙陰陽の原理（相対の原理）の表れでもあります。この男と女が陽（ヲ）と陰（メ）のおのずからに備わった特性を発揮して家族を形作り発展させていく、これが真《まこと》の天の道、自然の摂理にかなったこと、と考えられるようになってきたのです。

そしていよいよ、トヨクンヌの時代の末期、御子・ウビチニがみずからに婚礼の儀をもってスビチニを妻として嫁に迎え入れました。この婚礼の儀式を雛形《ひながた》として広く世に結婚制度として弘めたのです。後世これが「雛祭り《ひなまつ》」として伝わることになります。

雛まつりは日本発祥の固有文化、伝統行事であり、平安時代頃の発祥どころかはるか縄文時代からのものだったようです。

この二神の桃雛《ももひな》の婚儀の逸話は実に美しく、我が国文化の発祥、起源を物語るものですので、これは項を改めて述べてゆきたいと思います。

ところでウビチニ・スビチニの初めての婚礼からさらに時代は降りますが、この男女婦夫（メヲト）の道、家の栄えを願って、これを伊勢《いせ》の道（イモ・ヲセの道）として人々に教え弘めたのがアマテラス（ホツマツタヱではアマテル大御神《ヲヲンカミ》）です。

アマテラスは、夫婦円満、子孫繁栄こそが個人の幸せであり、また全体としての国の繁栄につながるという我が国の基本、伝統的な根本の教えを大成し、人々の間に根付かされました。

婦夫（メヲト）、家族、そして家の末永い安泰を願い、人々に今の伊勢イサワの地で伊勢の道を教え導かれたのです。

縄文時代も後期後半、およそ今から3500年ほど前のウビチニ・スビチニによるこの結婚制度、家（家族）制度の誕生は我が国の一大画期であり、その後現在に至るまで続くことになります。

5

神世七代《かみよななよ》にみる雛祭りの起源

ホツマツタヱが語るウビチニ・スビチニの桃雛の婚儀、この時の逸話が実に美しく語られています。これが雛祭りの起源です。平安時代に中国から来たとされますが決してそうではなく、我が国発祥の固有文化です。その他多くの伝統行事が我が国から始まりました。

二神初の桃雛の婚儀

古事記では一切省かれていますが、この夫婦神の実に素晴らしい逸話を紹介しましょう。

世継《よつ》ぎの男神《をかみ》　ウビチニの　スビチを入《い》るる　幸《さいあい》の　その本折《もとおり》は（2綾24行）

四代目の天神ウビチニは、スビチニを后として宮に迎い入れて共に政事を執るようになりました。その経緯を述べていきましょう。

今から3500年前、五百継《ゐをつ》ぎ天《あめ》の真栄木《まさかきう》植えて新たな歴史時代が始まります。ウビチニ・スビチニの時に一組の男女が夫婦となって家庭を築き、子供を生み育てて家を維持し発展させていく、そのような家制度の基礎ができたようです。

一つの家のもとに、夫の役割と妻の役割ができ、互いに協力して仲睦まじく生活するのです。そこに婦夫（メヲ）の道、男女の道ができ、天《あめ》の道にかなった仕組みが整ったと考えられたのでした。この歴史的に重要な出来事をホツマツタヱでは桃雛の婚礼として実に美しく印象的な情景描写の物語として今に伝えています。

ときは五百継ぎの最後、500本目の真栄木が満ち終えて、そろそろ析鈴《さくすず》（真栄木の寿命が尽きて枯れ果てること）になる頃のことでした。

クニトコタチが日高見で最初に植えた真栄木は、その後代々のタカミムスビによって植え継がれて500本を数えるまでになっていました。

ウビチニは越国《こしくに》の雛《ひな》るの岳《たけ》のお宮でお生まれになりました。越国は、現在の福井、富山、新潟、山形にまたがる日本海側の地域です。

また雛るの岳は、福井県越前市の日野山（越前富士、雛ヶ岳と呼ばれ、古来より霊峰とされ日野神社がある）に比定されます。

そこの神宮《かんみや》で木の実（桃の種）をもってお生まれになったと象徴的に述べられています。

桃はこの頃から我が国でおそらく栗と同じように栽培管理され、花も果実も親しまれてきた樹木だったようです。

ウビチニが生まれた時に手にした桃の種を庭に植えると、3年後の弥生三日《やよいみか》に花がたくさん咲きました。これにちなんで後世、生まれて3歳になると無事の成長を祝って雛祭《ひなまつ》りをするようになりました。今は女の子の祝いになってはいますが。

「雛（ヒナ）」とはまだ人として成長する前の段階です。一《ひ》から十《と》までを踏んで人（ヒト）と成りますが、雛は一《ひ》から七《なな》まで、まだ途中の段階なので「ヒナ」なのです。

またこの桃の木と実の故実により、男子の御名には木（貴、岐）を、女子には実（美）を付ける習わしになりました。

二神が成人されたある年の3月3日に、スクナカミ（少波神／トコヨのイノクチ琵琶湖西岸、いまの今津町付近におられたモモヒナミの母か）が初めて神酒《みき》を造り二神の婚礼に献上しました。スクナミカミは竹の切り株に雀が籾《もみ》を入れるのを見て、竹筒で酒を醸して初めてお酒を作ったといいます。その功により、桃雛木《ももひなき》（ウビチニの称え名）よりササナミカミ（笹波神）と名を賜り、お酒も竹笹よりできたので笹気（ささけ・酒）と呼ぶようになりました。

桃の木の下で、夕やみにさやけく映《は》える三日月の下、二神が杯を交わそうとすると神酒神酒《みき》ゆえにミの女神が先に、次にキの男神が飲むのでした。この月を飲むかのように神酒を勧めます。

桃の木が3年目の3月3日に花が咲いたことにちなんでのことでしょうか、三々九度《さんさんくど》に酌み交わします。

盃の名も逆《さか》に月が映ったことによりサカヅキとなったのです。今に伝わる婚礼時の三々九度の盃は、この二神の婚礼の重儀に始まる深い意味を持つものなのです。


この目出度い神酒をお飲みになった後に、二神は床《とこ》に入り婦夫《めをと》の契りを結ばれました。床に入る前の神酒によりこの男女の契りを「床神酒《とこみき》」というのです。さらに、「とこ」は「瓊《と》」と「矛《ほこ》」であり、それは国を繁栄に導く大切な神宝《かんたから》です。その教えのもとに良き子を生み育てて、子孫繁栄を目指すことも大事なことです。

このように、瓊と矛の宝と、男女が仲睦まじく子を求めるのはどちらも国の弥栄《いやさか》につながる大切な教えなのです。

後の世のイザナギ・イザナミの両神《ふたかみ》は、この「床神酒」の教えとともに、瓊と矛の宝をもって、あたかも子を生むような思いで国の再興（国生み）を成し遂げたのです。

睦まじき床での二神はさぞ身も火照《ほて》ったことでしょう、翌朝は寒川《さむかわ》で水浴びをします。

その時、御衣《みは》の袖が男神は大いに濡れ、女神は少々、これで熱い煮え立った身と心は鎮まり婚礼の儀も成就されました。

こうして御名も男神は大いにウビ（泥）が煮《に》え立ったゆえにウビチニ（大泥土煮）と、女神はひかえめなウビ煮えゆえにスビチニ（少泥土煮）となりました。

これもあの宇宙創成の時にアメミヲヤの初生《うい》の一息《ひといき》により、アワとウビ（泡と泥）が生じて回転運動をするなかで陰陽（メヲ）が分かれ、アワは軽やかに舞い上がって天《あめ》となり、ウビは煮え立った後に凝《こ》り固まって地《つち》となった、こうして天地《あめつち》が生まれ大地が固まった。その故事をほうふつさせます。（コラム①ホツマツタヱの語る宇宙創成神話を参照）

また、男神の袖が大いに濡れ、一方、女神の袖は少々濡れたことで、多い少ない、大きい小さいとの「ウス（大小）」という言葉にもなりました。この時の二神の衣裳は、男子は冠《かんむり》に大袖《うおそで》と袴《はかま》を、女子は小袖《こそで》に上被衣《うわかつぎ》でした。この御装束を雛形として、後の世にまで麗しい雛のお人形を飾る雛祭りとして伝えられたのです。

6 ホツマツタヱを読み違えた古事記の神名

地位ある男子は殿を構えてそこに嫁を迎えるという嫁入り婚の始まりでしょうか。男は殿、女は御前という語源の謂れがこの二神の逸話にあります。、前代の結婚制度の誕生を受けて、私有財産相続制度の確立がこの時代になされたのかもしれません。

男の殿への嫁入り婚と相続制度の確立

古事記はすでに述べましたように、ホツマツタヱによる第五代天神の夫婦神の斎名《いみな》（生まれた時につく実名）と称《たた》え名を別の神名として考え二重カウントしてしまいました。そのため、神世七代の四代がツヌグヒ・イモイクグヒ、五代がオホトノジ・オホトノベとなっています。

また以下ホツマツタヱでわかる内容は、古事記では全く想像することもできません。

天の世第五代の天神ご夫妻の斎名はそれぞれツノグイ、イクグイといいます。この二神に関するホツマツタヱの記述は、左記に示す部分だけであり、極めて少ないものです。

五代《ゐつよ》の神《かみ》は　オオトノチ・オオトマエなり　ツノグイは　大殿《おおとの》に居《い》て
イクグイを　戸《と》前《まえ》に相《あい》見《み》　妻《つま》となす　故《かれ》男《を》は殿《との》ぞ　女《め》は前《まえ》と　八《や》百《を》続《つづ》きまで
（2綾―57行）

天神五代目はオオトノチ・オオトマエの夫婦神です。ウビチニの嫡子・ツノグイは祭政を執る大殿を構えて父ウビチニを補佐していましたが、その大殿の戸前を訪れた麗しき姫に心をひかれ、晴れて大殿に迎え入れ結ばれました。このようなお見合いの形がその後おおくの諸臣にも広がり習わしとなったのです。


この記述の更なる解釈を私は次のように考えました。

すなわちこれは、男系の家相続を意味しているのではないかということです。男君であるツノグイはご自身の大殿を構えその内に坐《ま》し、女君となるイクグイはその大殿を訪ねてお見合いをし、結ばれたのです。

女性は男性の家に入り嫁ぐという制度の始まりを意味しているのではないでしょうか。先代のウビチニ・スビチニの代で初めて我が国に婚姻制度ができました。男女が一組になって家を形作り、子を儲けて家族を増やし家を発展させていくのです。

その家（大殿）には動産不動産、その他の無形の財産も蓄積するわけで、それを次の世代にどう譲っていくのかという大切なルールがこのツノグイ・イクグイの頃に明確になったということです。

この時代、あるレベル以上の男君は結婚する時は自分の家、殿を持つことが前提であったのでしょう。この殿を親から譲られるか、または自分の才覚で築くかして妻を迎え入れる必要があるのです。

これは後の世のことですが、アマテラスの弟であるスサノオは自分の行状が悪かったせいか、なかなか自分の殿を持つことができず、嫁をめとることもできなかったといいます。あげくの果てに生来《せいらい》のあれ荒んだ性格と悪行の数々がたたって、アマテラスの朝廷から追放されます。

ついには流離《さすら》いの身となり、出雲《いづも》の地にたどり着き、そこで汚名を挽回して初めて宮を持つことができました。そこでようやくクシナダヒメ（櫛名田比売）を正式に嫁として迎え入れることができたのです。

家族、家の制度は、その相続、継承の基本まで明確にならないとなかなか永く続くことはできません。とりわけ農業社会では、その家が開拓し築き上げた田畑その他の財産について、その私的所有と相続の仕組みが整うことは極めて重要なことです。

我が国ではすでに縄文時代の後期から晩期にはこの仕組みも整っていたのだと思います。そして後のアマテラスは、婦夫《めをと》、家族、そして家の末永い安泰を願い、人々に伊勢の地で伊勢の道（イモヲセの道）を教え導かれたのです。

先の大戦で我が国の家族制度、相続制度が大きく変わるまでのいわゆる旧民法のもとでの家族制度は、多少の変遷はあるものの、我が国に永くその昔より続いてきていた制度ではなかったかと思います。

蛇足ではありますが、戦前の家督相続のあらましや、その元での親の苦労、子の悩みなどがよくわかるのが、柳田国男の『先祖の話』です。今においては、実に貴重な名作であり、興味深く読むことができます。

またホツマツタヱの示す思想がつい戦前まで日本人の心の奥底に生き続けていたことを窺《うかが》い知ることができます。その著書の書評を次に引用しておきます。

終戦直前の１９４５年（昭和20年）４月から5月にかけて執筆され、翌１９４６年（昭和21年）４月に刊行された。膨大な民俗資料と、まれにみる豊かな感性によって、日本人の固有信仰としての「神観念」を「祖霊」としてとらえ、優れた先祖観を解明して多大な影響を及ぼした。そこには「先祖の志」があり、「死後にそれを実現できる力」があることや、「先祖は遠くへは行かず、いつも私たち子孫の身近にいて、あの世とこの世を頻繁に行き来し

ていること」などを、始めて体系的に著した不朽の名著といわれる。

この書ではたしか、長男に財産をゆずった初老の農家の家主が、隠居した後も我が愛する次男たちのために一所懸命に働いて家作を作ってあげるという、親の涙ぐましい姿が描かれていたように思います。

お話をツノグイ・イクグイの二神のことに戻しますが、ツノグイが大殿を構えてその内に坐《ま》していたので大殿内《おおとのち》となり、イクグイはその戸前を訪ねたので大戸前《おおとまえ》と称え名が付きました。これ以来、男を殿《との》（殿方）と、女を前《まえ》（御前）と呼ぶようになったといいます。この呼び名は、なんと今でも通用する呼び名ではありませんか。

この二神の故事はやはり深い意味を象徴しているように思われます。多くの臣、民たちも二神にならい結婚し、「八百続き（やをつづき）」（八百とは長い時間、空間の広がりのこと）まで栄えたということです。

我が国でははるか昔から、ときの天君皇室がよいと思うことをまず率先しておこない、臣《とみ》たちがこれを見習い教え広め（ゆえに臣《をみ》（教身・ヲミ）、国民《くにたみ》もそれに従っていくという精神風土があったように思われます。国民はつねに君・臣の姿を見つめているのです。

7 皇統断絶の危機

縄文時代後期、気候の寒冷化が進む中で活躍した二神です。精力的に国中を巡狩し活躍しましたが、気候寒冷化の影響もあり最後は国が荒れ秩序が乱れ衰退し、また後継ぎが生まれませんでした。この皇統断絶の危機を救ったのが次代の両神イザナギ・イザナミです。

オモタル・カシコネ、八方《やも》を巡《めぐ》りて民《たみ》を治《た》す

古事記ではオモダル・アヤカシコネといいますが、この神のことも全くわかりません。ただ面足《おもたる》神社（第六天神社）などは現在もかなり多く各地にあるのです。

古事記では全くわからないことですが、この二神の時代は縄文時代後期の終盤にあたります。この頃には気候の寒冷化が進み、かつての常世の国の面影もだんだん薄らいできたようです。

環境変化により食糧事情も悪くなり、日本各地の政情も不安定になってきました。人の移動もおおむね北から南へ、東から西への動きになってきたようです。

そのような時代に天君六代目を継がれたのがオモタル・カシコネの二神です。大変精力的にみずから国内のほぼ全域を巡狩《じゅんしゅ》され、各地の問題解決に励み民を治めました。

まず琵琶湖・大湖《をうみ》の安曇《あつみ》（近江国高島郡安曇）に国中柱《くになかはしら》を立て、すなわち国の政事の中心拠点と定めて、八方《やも》を巡ります。

東は　山本《やまと》（富士山を中心にした関東）、東北の日高見国《ひたかみ》

西は　月隅《つきすみ》（つくし・九州）、葦原《あしはら》（中国地方・山陽から琵琶湖にかけての地方）

南は　阿波《あわ》（現在の徳島県）、素佐《そさ》（熊野・紀州地域）

北は　根《ね》（北）の山本《やまと》（石川、富山、福井などの北陸地方）、細矛千足《さほこちたる》（鳥取、島根の山陰地方）

このように今の日本の全域を巡狩するに及びます。

二神の治世の前半は、精力的に各地を巡り国民のために尽力されたのですが、しかし時代の流れは如何ともなし難いものでした。

「オモタルの　末に粗稲《ほぼそ》と　なるゆえに」とあるように、縄文時代後期も末、オモタルの世の末には、稲も穂細《ほぼそ》に、農作物も不作になってきました。寒冷化と天候不順が主な原因でしょうか。

さらにこの時代を次のように記述しています。

オモタルの　民利《たみと》きすぐれ　物奪《ものうば》ふ　これに斧《おの》もて　斬《き》り治《おさ》む
斧は木を切る　器《うつわ》ゆえ　金錬《かねり》人に矛《ほこ》を
作らせて　利《と》き者斬《ものき》れば　世継《よつ》ぎ無し　（23綾―15行）

オモタルの世になると、国民《くにたみ》のなかにはこずるい者もあらわれるようになり、ものを奪う者も出てきたので、これに対して斧をもって成敗しました。しかし斧は本来木を切る道具です。よって鍛造職人に矛を作らせ、これで悪者を容赦なく切り殺したので、オモタル夫妻には世継ぎができなかったのです。

オモタルの世の末には、民も小賢《こざか》しく小利口になり、他人のものを奪う者もでてきたというのです。これは天候ばかりが原因ではなく、貧富の差も目立つようになり、不満を持つ者もでてきたからでしょう。

先代のウビチニ・スビチニ、そしてオオトノチ・オオトマエの時に導入した婚姻制度や財産継承の仕組み（私有財産制）の結果、努力した者や家とそうでなかった者との間に貧富の開きが出てきたのです。そこに、他人を羨《うらや》み、ねたむ心が芽生えるのです。こうして盗みを働いた者には容赦なく斧（後に矛）で罰したのでした。

なおここで注目したいのは、「金錬人《かねり》に矛《ほこ》を　作らせて」とあることです。すでにこの頃には金属（おそらく鉄あるいは青銅）で矛を作っていたということです。

真に悪事を働き、罰を受けるべき者を切り綻《ほころ》ばすのは必要なことです。全体、公《おおやけ》の見地からは為政者の重要な役割です。しかし罪のない者をもあやまって殺してしまうことがあったのでしょう。それが原因で、その無実の罪を着せられて殺された者の怨念が積り重なって、オモタルには世継子《よつぎこ》ができなかったのでした。

民を治める為政者の大変重要な戒めがここに示されています。

後の世で、アマテラスはこのことを強く戒めるために、矛の代わりに「剣・つるぎ」を作られてこれを三種《みくさ》の神宝《かんたから》のひとつに加えました。

国が乱れれば田も荒れて、豊かに稲穂も稔らず皆貧しくなってしまいます。ゆえに、真に罪を犯した罪人は斬り、人々の心を正し安心して田を耕せるようにすれば、瑞々しい稲穂が育って民は豊かに暮らしていけるという、アマテラスの「真《まこと》の悪を見抜くツルギの教え」が弘められました。

オモタルの治世末期にはこのように、多くの問題が生じてきて、人の数も減り、また寿命もそれ以前に比べてだいぶ短くなってきました。世継ぎの御子ができないことも重なって、天の道、治世の道も衰えて、世の規範や民の生活も乱れてしまったのです。

ところで、今でもオモタルを御祭神にする神社は日本の各地にあります。

とくに関東地方（旧武蔵国）を中心に分布し、東京や千葉にも点在します。もともとはオモタルを祀る面足神社であったと思いますが、神仏習合時代におおく第六天神社となったようです。第六天神とか第六天魔王などといわれます。第六代のオモタルの名を直接示すのは憚《はばか》られたのでしょうか。仏教での第六天は欲界六欲天の最高位ということです。なんだか恐ろしい神のようなイメージですね。かの信長は第六天魔王と言われたとか。

ホツマツタヱが語るように、オモタルの末期には国が相当に荒れ、「ワイタメあらず」（物事の分別がなくなり全体が衰退し疲弊した状態）となったのです。罪悪感なく見境なく人が殺されたのかもしれません。

こうした国の全般にわたる混乱と衰退をなんとか打開して、国家再興を計りたいとの強い思いのもとに、次の第七代イザナギ・イザナミの両神《ふたかみ》が登場することになります。

ここに至るために大いに尽力した方が、東北日高見《ひたかみ》を拠点にして「東の君《ひがしきみ》」と敬われた第五代タカミムスビのトヨケでした。我が娘・イサコヒメをしかるべき相手に嫁がせて、後継ぎを絶やさずに皇統を守ろうと行動したのです。（コラム⑦参照）

COLUMN

1
ホツマツタヱの語る宇宙創成神話

ホツマツタヱには、古事記と日本書紀が一切語らない壮大なる宇宙創成のお話があります。

この宇宙は、アメミヲヤの意思の発現、最初のウイ（初生/有意）のヒトイキ（一息）によって始まった。それはまるでビック・バンのよう。そのヒトイキ（宇宙創造のエネルギー＝ウツホ）が、この宇宙空間、虚空《こくう》を回転運動する中で、同時に天元《あもと》の神（トホカミヱヒタメの八神）が現れ、宇宙創造のために働かれる。

やがて天空をつらぬく御柱《みはしら》が立ち昇り、その回りに沫（アワ）と泟（ウビ）－（ガスとチリのようなものでしょうか）が漂い巡り始める。アワは清く軽やかに回転上昇してヲ（陽）の性質を持ち天《あめ》となり、ウビは濁り凝集してメ（陰）の性質をそなえてこの地球《くにたま》になった。そしてヲ（陽）の根元《こんげん》として太陽ができ、メ（陰）の源《みなもと》として月ができた。この地球上では、太陽から届く陽のウツホ（空）が動き風（カゼ）となり、火（ホ）が生まれ、また月よりは水（ミヅ）がもたらされ、地上の土もまた水と埴（ハニ）に分かれた。

この五つ（空・風・火・水・埴）、すなわち宇宙の根元素のすべてが混わり人の命（生命）が生まれた。それがアメミヲヤの分け御霊として地上に最初に現われたアメノミナカヌシの神である。

さらにその五元素、「ウツホ、カゼ、ホ、ミヅ、ハニ」が日本語の五母音（アイウエオ）になり、アメミヲヤのもとで活躍する四十八《よそや》の神々が日本語のすべての音韻、四十八音になった。

また、五元素を表す母音《ぼいん》五つの象形が、宇宙創成の過程を表す子音《しいん》の象形と合体されて文字となり、四十八音に対応する我が国固有究極の象形・表意・表音文字であるヲシテ（ほつま文字）になった。

さらに、季節の推移を示す暦《こよみ》（当時の太陰太陽暦《たいいんたいようれき》）も四十八神《よそやかみ》の内のトホカミヱヒタメ八神《やがみ》が掌《つかさど》ってできている。

この壮大にして論理明快、首尾一貫した思想に私はただただ驚くばかりでした。宏大無辺な構想力を持った縄文時代の先祖の人々に畏敬の念を感じます。ホツマツタヱ思想最大の核心は、この宇宙創成神話にあるといってもよいのです。

2
究極絶対の存在・アメミヲヤ

宇宙の始まり、すべては究極の存在・絶対の創造神であるアメミヲヤの思い（宇宙意識の発現）から始まりました。その思いの発現が、最初のウイ（初生/有意）のヒトイキ（一息）です。

アメミヲヤは、私たち地球人にとっての宇宙、すなわち天地《あめつち》の宇宙を創造した究極の存在、絶対の神であり、宇宙人類すべてをも創造した存在なのです。

従って、日本のための神でもなければ、どこどこの国の何々の神でもありません。すべての国、すべての宗教を超えた絶対普遍の神といえましょう。

それゆえに、今後世界のすべての人々に受け入れてもらえる普遍性を持った精神文化になり得ると思うのです。

究極の存在である神を受け入れ、その根本理念を共有して、それを前提にすべての国の人々が調和して、争いのない個性豊かな世界を目指す可能性が秘められているのではないでしょうか。

アメミヲヤは絶対性と普遍性をもった究極の存在、創造神なのです。

アメミヲヤは、宇宙の初めのはじめから存在する究極の生命の根元です。

それは始めなく終わりもなく、決して消滅することのない唯一の実在意識なのです。

その存在を縄文時代の先祖は、私たちの親のさらに幾代も幾代もその先の親、人格を持たれた御祖《みをや》と親しみを込めて呼んだのでした。

そしてそのアメミヲヤの根本理念は、「愛と創造・発展の宇宙の理」ということなのだろうと思います。この愛と創造・発展の理念を実現するために、アメミヲヤは多くの神々を創造しその働きを統《す》べています。一元の大元から多元の次元レベルに展開してこの宇宙の創造活動を統率しているのです。　こうしてアメミヲヤの統制のもとにその働き、役割を分担する多くの天の神々が生まれました。

3
高天の原とはなにか

ホツマツタヱでのタカマノハラには、天空にある天《あめ》の高天《たかま》の原《はら》（腹・胎）と、もう一つの意味、地上の高天《たかま》（の原・高間）があります。

まず天の高天の原はホツマツタヱの姉妹書ミカサフミに書かれています。

天《あめ》は、あたかも母親が胎児を育《はぐく》む胞衣《えな》のように、まあるい胎《はら》の膜《まく》のようなものだと考えられました。日（太陽）も月も星も、そしてもちろんこの地球《くにたま》も、皆その胞衣の内に胎籠《はらこも》っています。

私たち人間が認識できるこの宇宙―天地《あめつち》は、すべて産みの親であるアメミヲヤの思い（愛）のもとに包まれ、一体となって存在しています。まさにホリスティックな全体としてイメージされています。縄文時代にこのような宇宙観があったということです。

そして地球から見える天の外側は、高天原（腹・胎）であり、さらにそのはるかな先には永久にどこまでも果てしなく続く無限の時空が広がっていると考えました。これをトコシナエ（常永久）といいます。

高天原の神々（四十八の神々）は、この天の高天原のサコクシロの宮にちょうどフトマニのご鎮座図のように坐《ま》しているのです。

そして地上にあった高天（の原）とは、三か所（三壺《みつぼ》）、天神・天君の重要な祭政拠点を指します。

大海《おうみ》（近江）のオキツボ（沖壺）、日高見《ひたかみ》（東北仙台・多賀城辺り）のケタツボ（方壺）、そして原見山《はらみやま》（富士山）のハツボ（蓬壺）です。後にこれが中国の三神山伝説につながったのかもしれません。地上の高天についてはコラム⑥をご覧ください。

4

別天津神《ことあまつかみ》の二柱・タカミムスビとカミムスビの不思議

高天原の神のうち、日本書紀本文やホツマツタヱにはないのに、古事記では別天津神としているタカミムスビとカミムスビに私は大いに注目しています。

なぜ古事記はこの神をアメノミナカヌシに次ぐ、第二、第三の神としたのでしょうか。この神は、ほつま歴史時代の重要人物ではありますが高天の原の神ではけっしてないのです。

このタカミムスビとは「トホカミヱヒタメ」のクニサツチ（国狭槌）の一人、東北日高見のタの国を治めたタの尊であり、初代タカミムスビから代々その名を受け継いできました。オモタル・カシコネ及びイザナギ・イザナミの時代には第五代タカミムスビ・トヨケ（イザナミの父）であり、東北から日本全体に名をとどろかせ、東の君と讃えられた方です。その子・ヤソキネが第六代タカミムスビ、別名カンミムスビで、アマテラスの時代の最重臣です。さらに七代目がタカキネ（高木神《たかぎ》）で、オシホミミの祭政を補佐した最重臣です。

ところで日本書紀の本文にこの二柱はありませんが、第四の一書には高天原に生《な》れる神としてこの神を挙げています。しかもその漢字表記は古事記と異なり、高皇産霊尊、神皇産霊尊です。どちらも皇（スヘラギ・後の天皇）を生み出す神のイメージが盛り込まれているのではないでしょうか。ここに記紀の制作主体者の意図が読み取れそうです（古事記では高御産巣日神、神産巣日神）。

古事記と日本書紀それぞれの編纂目的と当時の時代背景を考える時、ときの政治上の実質的最高権力者の影が浮かびます。かつて哲学者の上山春平、梅原猛両氏が論じた藤原不比等制作指嗾《しそう》者説を私は今再び考えています。ホツマツタヱがなぜ、記紀編纂以来、完全に隠滅したかということも含めてです。

さらに私は、古事記と日本書紀の編纂方針に重要な影響を及ぼし、その制作を指嗾《しそう》したものは同じ人物ではないかとの思いを強くしています。それを成し得たものは当時の最高権力者であり、みずから漢字文献にも習熟し、多くの優秀な人材を指揮し、しかも密かにホツマツタヱにも接することのできた人物ではないかと考えています。

5
ホツマツタヱから得た私の縄文時代のイメージ

日本の最初の国名は、常世《とこよ》の国といいます。記紀にもこの常世国は出てきますが、海のかなたにあるどこか遠い外国としています。しかし実は人々が豊かに生きた縄文時代の我が国そのものだったのです。ちょうど縄文時代が幕開けしこの日本列島に新たな気候温暖化が始まった頃、国常立という一人の人格を持った指導者が出現して、この日本列島(あるいはその周辺域をも含むのかもしれません)に常世の国が建国されます。

私の縄文時代の歴史イメージは次の通りです。もちろんほつま研究者はそれぞれ独自の見解をお持ちです。

縄文時代の区分（年代区分は日本の歴史１．小学館　松木武彦より引用）

・前半期（三秀神《みほかみ》の時代　常世国《とこよくに》の伝承時代）

草創期	15,000～11,000年前	クニトコタチの建国と八人の御子・クニサツチの時代
早　期	11,000～7,000年前	クニサツチの時代　継承ヱの尊
前　期	7,000～5,500年前	クニサツチ　継承トの尊ト下国《としたくに》と日高見《ひたかみ》の繁栄
中　期	5,500～4,500年前	クニサツチからトヨクンヌの時代

・後半期（明確な歴史時代）

後　期	4,500～3,200年前	3,500年前頃より五百継《いをつ》ぎ天真栄木《あめのまさかき》時代ウビチニ・スビチニ婚礼～オモタル・カシコネ時代
晩　期	3,200～2,800年前	イザナギ・イザナミからアマテラス神誕生
		そして初代アマテラス神から第3代ニニギ活躍時代

6

地上の高天《たかま》の原《はら》（三大重要拠点＝三壺《みつぼ》）

縄文時代の早期から前期にかけてのことと考えますが、このクニサツチ８人の御子たちのうちヱの尊、トの尊、タの尊の三人が治めた国が常世の国の祭政の重要な三大拠点（三壺）となりました。

　ヱの尊は琵琶湖・大湖（おうみ近江、後の葦原中国《あしはらなかくに》の中心地）を治めており、クニトコタチの長男跡継ぎとして最初に常世の国を継ぎました。

トの尊はト下国《としたくに》（原見山《はらみやま》＝富士山の周辺地域）を治めました。

タの尊が治めた国が日高見《ひたかみ》の国（仙台多賀城辺り）と私は想定します。この東北日高見も縄文時代の草創期には、クニトコタチが葉木国宮《はこくにみや》に木の実（おそらくはマサカキ・オガタマノキの木の実であろう）を植えて葉木国の神を生んでいます（神を勧請したということでしょうか）。国を築くにはまず神を敬い祀ることから始めたのです。

その日高見の地で生み育てられた最初の御子（タの尊）が初代タカミムスビと讃えられました。東《き》の常立《とこたち》ともいわれるほどに敬われたのです。

そしてヱの尊が受け継いでから代々同じ名を継承して一千万年（実年数で約3300年と想定します）後に弟御子《おとみこ》のトの尊に跡を譲ったといいます。以来、トの尊の子孫が代々跡を継いでいき、次のトヨクンヌにつながることになります。

ホツマツタヱでは、この三つの場所をそれぞれ「方（けた）ツボ」「沖（おき）ツボ」「蓬（は）ツボ」と呼んでいます。「ツボ・壺」とは政治的に重要な拠点を指します。「方ツボ」はアマテラスが五代タカミムスビ・トヨケより王道教育を受けたところでもあり、またその御子のオシホミミもそこに都を遷し政事を執ったところでもあります。

7
建国の祖・クニトコタチの皇統を守る強い意志

ホツマツタヱでは、イザナギ・イザナミの両神の結婚するまでの経緯とその血脈が詳しく語られます。

建国の祖・クニトコタチの８人の御子のうち、東北日高見の国を継いだ方が初代タカミムスビ（ヒタカミを結び（産び）治めるの意）です。この御子のアメノカガミカミ（天鏡神）は筑紫《つくし》（九州の古名）を治め、その後継ぎがアメノヨロズカミ（天万神）でした。
「天鏡神　筑紫治す　大泥土煮《うびちに》もうく　この御子は　天万神」とあり、ウビチニが儲けた御子を養子に受け入れてアメノカガミカミの後を継がせたと思われます。

そのアメノヨロズカミは、素阿佐（そあさ・四国地方）を治めその地でアワナギ（沫蕩）とサクナギ（析蕩）を生みました。アワナギは根《ね》の国の白山山麓から細矛千足《さほこちたる》（山陰地方）までを治めます。このアワナギの御子がタカヒトであり、大変立派な神々しい御子であるとして神漏岐《かみろぎ》と呼ばれました。この方が、後のイザナギです。すなわち、

クニトコタチ ― 初代タカミムスビ ― アメノカガミカミ ― アメノヨロズカミ ― アワナギ ― タカヒト・神漏岐（イザナギ）

となり、イザナギはクニトコタチから数えて六代目（五世孫）の直系男子です。

そしてイザナミは五代タカミムスビ・トヨケの愛娘《まなむすめ》です。

クニトコタチ ― 初代タカミムスビ ― 2代 ― 3代 ― 4代 ― 5代タカミムスビ・トヨケ ― イザナミ

となり、イザナミもクニトコタチの七代目（六世孫）です。イザナミは初代タカミムスビの直系であり、イザナギはその枝姓《えだかばね》、さかのぼれば同族なのです。

このように、六代天神・オモタルの跡を継ぐべき七代目を決定するに際しては、建国の祖・クニトコタチの血を受けた男子一系のイザナギと、同じくクニトコタチの血脈であるイザナミが選ばれて、慎重に決定されたのでした。皇統の断絶がみごとに防がれたのです。

神様系図1

イサナギ・イサナミの系譜

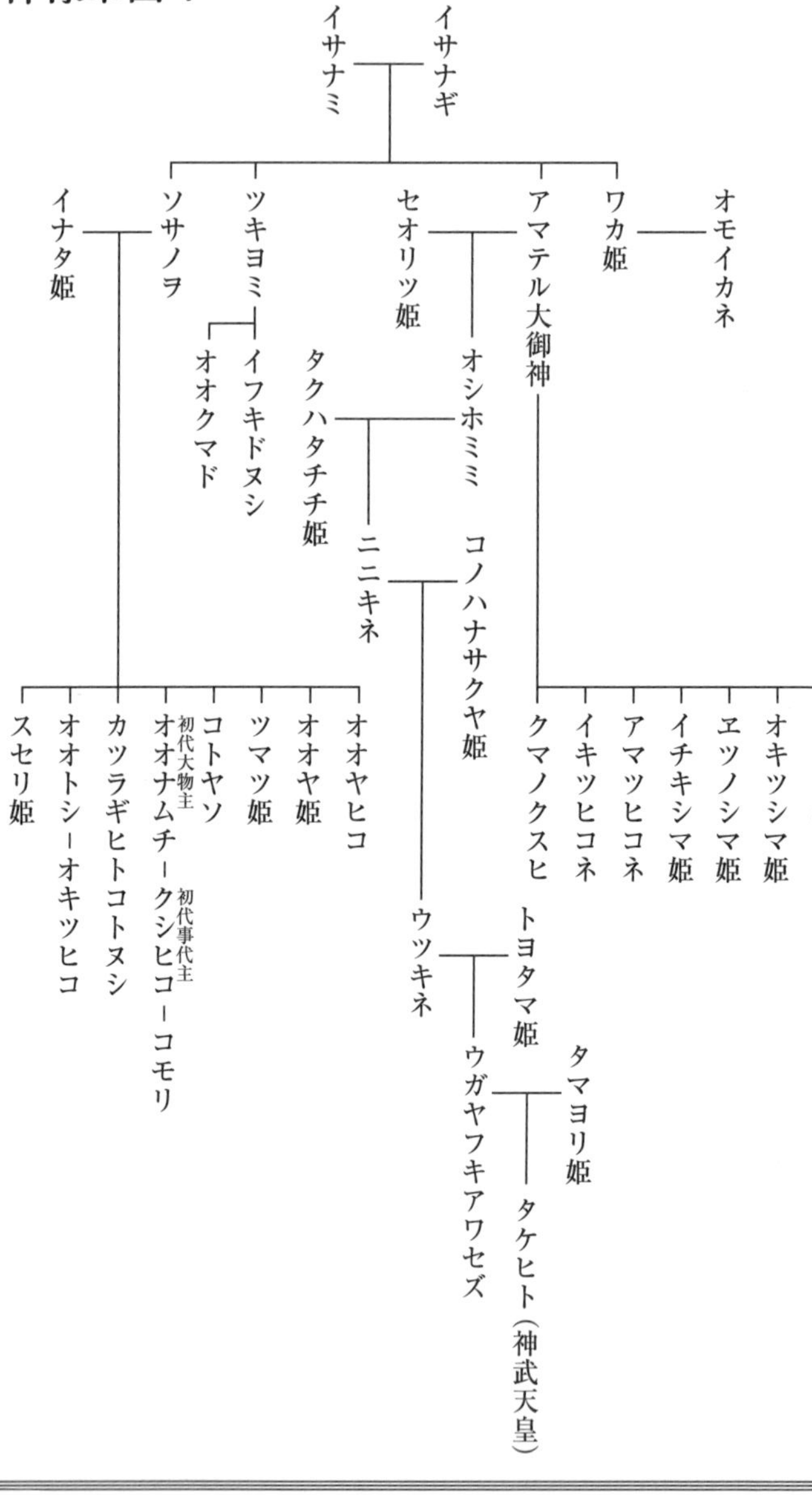

第2章

イザナギとイザナミ（両神《ふたかみ》）の物語

古事記での両神は天上から地上に降りて国生み・神生みをするという、いかにも寓話世界の神話です。いっぽうホツマツタヱの両神の物語は、ここからしっかり紀年を付して、歴史上の実在人物の事績として語ります。本来は実に美しく理路整然とした歴史物語でした。この両神こそ、一時衰退した我が国を再建し、皇祖アマテラスの活躍につなげた婦夫神《めをとかみ》です。

8

古事記の国生みの真相

古事記と日本書紀が語るイザナギ・イザナミのお話は、まずオノゴロ島が出現し、そこに降り立って初めて地上の国々を生む、という魔訶不思議な話です。これが我が国発祥の起源となって今にいたりました。はたしてそのような神話になった理由は何でしょうか?

イザナギ・イザナミの国生みをニニギに語るアマテラス

古事記は神世七代の神名を挙げただけで、すぐにイザナギ・イザナミの国生み神話に入ります。その内容はおおむね日本書紀と同じですが次のようになっています。

天津神から国を生む命を受けた両神《ふたかみ》は、賜った天の沼矛《ぬほこ》を用いてオノゴロ島を作りそこに降ります。そして天《あめ》の御柱《みはしら》と八尋殿《やひろどの》を見いだして御柱を廻るとともに結婚（みとのまぐわい）をします。

廻り方の手順を間違えたために失敗し、ヒルコと淡島《あわしま》を生んでしまいます。

よって天に昇り、天津神から太占《ふとまに》の結果にもとづいた助言を得てやりなおし、ようやく多くの国を生み、また神を生みました。

こうして初めてこの日本の国土ができたというのです。

以来この話が我が国の始まり（国土と国の神々が成る）として今日に至っています。

これはホツマツタヱの語る歴史とは全くかけ離れています。なぜこうなったのでしょうか。まずはこの点から始めましょう。

実は、ホツマツタヱの中にもこれに近い記述が18綾にあります。以下その部分について説明します。

天晴《あめは》れて　長閑《のどか》に御幸《みゆき》　遊《あそ》びます　高天《たかま》は万《よろ》の　国形《くにかたち》　これオノコロ（自凝）と
にこ笑《え》みて　中《なか》の岩穂《いわほ》に　御座《おわ》します　側《そば》に臣在《とみあ》り　天御孫《あめみまご》　御前《みまえ》に詣《もう》で
謹《つつし》みて　そのオノコロの　故《ゆえ》を乞《こ》う　君《きみ》の教《おし》えは　両《ふた》　神《かみ》の　浮橋《うきはし》に立《た》ち
この下《もと》に　国無《くにな》からんと　瓊矛《とほこ》以て　探《さぐ》る御矛《みほこ》の　滴《したた》りが　凝《こ》り成《な》る島《しま》を　自《おの》
凝《ころ》と　降《くだ》りて共《とも》に　嫁《とつ》ぎして　御柱廻《みはしらめぐ》り　天地歌《あわうた》を　詠《よ》みてオノコロ　万物《よろもの》を
生《う》みしは昔《むかし》

（18綾――1行）

さてこの一節は次のような場面で、アマテラスが御自分の御孫にあたるニニギ（邇邇芸命／ホツマツタヱではニニキネ）に対してやさしくお話しされたものです。この頃は、ニニギがまだ幼少の頃のことと思われます。

快晴にめぐまれた長閑《のどか》なある一日、アマテラスは御孫と臣たちを伴って高天《たかま》（政庁のある伊勢イサワの地）の白石の原という処に遊びに行かれました。

その原はあちらこちらに巌《いわお》があって、まるで天の高天《たかま》の原のようです。

天《あめ》の形《かたち》は　巌山《いわおやま》　日月《ひつき》も国《くに》（地球）も　腹籠《はらこも》り

（14綾－51行）

天の形は、そびえたつ巌山をも包み込むほど広大であり、その中に日月《ひつき》もこの地球《くにたま》もまるで母の胎内で腹籠《はらこも》っているかのようだ。

アマテラスはその一つの岩の頂《いただ》きに腰を下ろします。そこで御孫の求めに応じて両神の国作りの様子を子供に話すように、寓話語りにして気楽にこのようにして語られたのです。

巌の上から、下方を見下ろして国造りのお話をされるのですから実に面白い、このようなおとぎ話ができたのでしょう。そのおとぎ話の真意を意訳するならば次のようになります。

かつて我が父母のイザナギ・イザナミの両神は、天と地の間の浮橋《うきはし》の上に立たれて、この下の地上にはまだ国がないではないか、降りて国を創ろうと思い立ち、オモタルより授かった瓊の教えと矛の戒めを持って国の再建（国生み事業）を果たされた。

それはあたかも、天の逆矛《さかほこ》の切っ先より地上に向かって、天の恵みが滴り落ちるかのように、オノコロと、自然自凝《じねんじぎょう》に島国ができたようなものだ。

両神はそのオノコロ島に降り立ち、嫁いで子を産み育てるのと同じ思いで国造りに励まれたのである。天《あめ》の天地歌《あわうた》（八尋の殿の御柱廻りで両神が詠《わ》う掛け合いの歌、「あなにゑや　ゑをとこ……」と続く歌）で国の基盤を形作り、地の天地歌（人の言葉の発音を直し身体の気の廻りをよくする、日本語48音のすべてによる五七調の歌。「あかはなま　いきひにみうく……」と続く歌）で人々の言葉をなおし教化して、オノコロの御業《みわざ》（アメミヲヤが天地創造を成した時の神の業《わざ》）によって、河川の利用、山の利用、漁業、林業、農業と殖産興業を果たされたのである。

古事記はホツマツタヱのこの部分をまともに受けて「国生み」と「神生み」、――何もなかった海上にできたオノコロ島をはじめとして、数々の島を生み、また神々を生んだとしたのではないでしょうか。

日本書紀も本文でこの記述を前面に掲げ、さらに古事記と同じに御柱廻りの記述と、ホツマツタヱから、ヒルコヒメを生んだ時の筑波での「みとのまぐわい」の記述を組み合わせて多くの島々を生み、初めてこの国土ができた、としてしまいました。なにゆえこのようなおとぎ話にしてしまったのでしょうか。

やはりそこには、ニニギ以前の時代を神の世として徹底して簡略化し、天上世界での神々の出来事としてまとめてしまおう、そしてさらに、神武天皇の直前までの天君の事績も徹底して省く、そのような大きな割り切りがあったのではないか。さらに言えば、時の為政者の明確な意図が入ったとも考えることができます。

このあたりに、現在に至ってもいまだに続く古代史観の混迷原因があるように思われます。これを今後明らかにしていきたいと私は願っています。

ではホツマツタヱが明かす両神の実像とそのご事績を見てゆきましょう。

9 ホツマツタヱが語る両神《ふたかみ》の実像と歴史記述

ホツマツタヱが語る両神の国生み事業とは、先代オモタルの時代末期に衰退した国を再復興することでした。記紀では天の浮橋に立ってのおとぎ話のように語りますが、実際は両神が先頭に立って国中を廻り活躍する国家再建事業でした。実に理路整然とした両神の実像とそのご事績の全体像をまとめます。

両神の結婚による子生み・国生み・神生み（古事記の内容）

天津神はイザナギとイザナミに、下界の海をお示しになり、「この漂っている国を修理《しゅり》固成《こせい》（おさめつくり、かためなせ）せよと命じられ、天の沼矛《ぬぼこ》（瓊《と》と矛《ほこ》の訛伝《かでん》―後述）を賜い委ねられました。これにより天空に浮いている天《あめ》の浮橋《うきはし》に立って、海に矛を下ろし、海の水を「こおろ、こおろ」と掻き鳴らして矛を引きあげると、その先から海水がしたたり落ちて潮が固まって島ができた、これがオノゴロ島です。

以下この島に降り立って、次々に島々と神々を生みます。

まず天の御柱、八尋の殿を建てて歌いながら御柱めぐりをして子を生もうとします。はじめ水蛭子《ひるこ》（蛭《ひる》のように骨なしの不具児と解されている）を生みますがこれは葦船《あしふね》に入れて流し去ります。つぎに淡島を生むがこれも子の数にはいれません。

この後、天津神のもとで「ふとまに」によって占ってもらい、今度は女神からでなく、男神より再び歌い掛けながら御柱めぐりをし、これにより多くの国（島）、多くの神を生みました。

結局ここでは子供は生まれなかったのです。これが古事記の内容です。

両神の筑波での結婚（ホツマツタヱの内容）

関東の筑波山周辺は、縄文時代からたいへん重要な土地なのですが、古事記も日本書紀もこのことを一切語りません。ホツマツタヱでこの地での歴史的出来事を明らかにしてゆきましょう。

日高見のトヨケの娘・イサコヒメ（伊佐子姫／後のイザナミ）と、他方は、日本の南部および日本海側の根《ね》の国（北陸地方）と千足《ちたる》（山陰地方）に基盤を持つアワナギ（沫蕩《あわなぎ》）の御子・タカヒト（高仁／後のイザナギ）のお二人は、浮橋《うきはし》を得て（仲人を立て縁組をすること）結婚しました。今からおよそ３１５０年前のことです。

二十一《ふそひ》の鈴《すず》の　百枝後《ももゑのち》　五代玉杵《ゐよたまきね》の　伊佐子姫《いさこひめ》　七代《ななよ》の神《かみ》の　高仁《たかひと》と　高日《たかひ》
（日高見のこと）の　西南《つさ》の　筑波山《つくばやま》　伊佐川端《いさかわは》なる　宮《みや》に居《い》て　頷《うなず》き相見《あみ》て
岐美合《ぎみあ》いて　名《な》も伊佐那岐《いさなぎ》と　伊佐那美《いさなみ》の　天両神《あめふたかみ》の　（28綾—28行）

真栄木暦で21鈴１００枝（西暦前１１３０年頃）を超えた頃、第五代タカミムスビ・トヨケの娘・イサコヒメは、第七代天神を継がれたタカヒトと結婚されました。日高見の西南筑波山の麓を流れる伊佐川《いさかわ》のほとりの離宮において、たがいにうなずき微笑みあって、名もイザナギとイザナミの天両神《あめふたかみ》と讃えられて結ばれたのです。

筑波山麓イサ川（現在の桜川）のほとりの宮（離宮）にて結ばれたので、「イサ—ナギ」と、「イサ—ナミ」なのです。

そしてこのお二人が男（陽）と女（陰）の婦夫（メヲ）の君として共に心と力を合わせて、この国の再興という一大事業を成し遂げられました。

まず東と西の中間ともいえる筑波山麓で新婚生活を送ります。筑波での新婚時代、そこで最初の御子・ヒルコヒメがお生まれになりました。そして筑波での楽しかった良き時は過ぎ、いよいよ国土再開拓の御言宣《みことのり》が両神に下されます。

壺《つぼ》は葦原《あしはら》　千五百秋（ちゐおあき：空き、秋に瑞穂が豊かに育つ広大な土地）
汝用《いましもち》いて　治《し》らせとて　瓊《と》と矛賜《ほこたま》ふ　両神《ふたかみ》は　浮橋《うきはし》の上《ゑ》に　探《さぐ》り得《う》る

（2綾―73行）

時に朝廷より御言宣が下ります。かつての重要政祭拠点であった葦原中国《あしはらなかくに》、そこは水田稲作に適したよい地域である。そなたたちまずそこを起点にして、瓊と矛の神宝《かんたから》のもとに民を治めよ。こうして両神は、朝廷の御威光のもとに民との信頼関係を築きながら国家再建に動きだしたのです。

ここで初めて天神の継承を意味する二種の神宝《かんたから》を授かりました。「瓊《と》と矛《ほこ》」は天《あめ》（天神・時の朝廷）と地《つち》（国民《くにたみ》）の間に懸かる大切な懸け橋であり、ここでは「浮橋《うきはし》」と表現されました。治《し》らする者と、治らされる者（国民）がともに守り、国造りを成すための憲法なのです。

両神は、近江（大湖・おうみ、琵琶湖周辺）の葦原中国《あしはらなかくに》を出発点にして全国津々浦々の再建事業を始めます。その内容は、2綾、3綾、5綾、そして18綾に分かれて記述されています。

このように両神の再建事業の様子は、ホツマツタヱの各所に分散して書かれており、一見その時系列がわかりにくくなっています。その配列を整理して以下に説明していきます。

両神はまず近江の葦原(琵琶湖畔)に出向き、政庁拠点としての八尋《やひろ》の殿(広い大きな社《やしろ》)を造り御柱《みはしら》を設けます。

そこでアメミヲヤが天地創造を成した時のオノコロの奥義をなぞらえる《御柱廻《みはしらめぐ》りの神事》を再現し、人々の心を結集して国土復興に邁進することになります。

この御柱廻りに続く現実の復興事業の中心は、馬に乗り、時には船を使って全国各地を巡狩《じゅんしゅ》され、あらゆる面での教化に努められたのです。

鋤《すき》や鍬《くわ》を用いて田畑を耕作し、角《つの》のある牛や角のない馬などの動物を使いこなします。乗りやすい生きものは馬《むま》として乗馬や荷運びに使い、乗りにくいものは牛《うし》として田の粗犂《あらすき》を引かせて田起こしや荷を引かせます。

とりわけ新たな水田開拓に力を注ぎ、食糧を増産し、また蚕飼《こかい》(養蚕《ようさん》事業)の道も立てました。このようにおそらく当時の最新技術、用具を駆使して殖産に励まれたのだと思います。

両神は大いに御心を尽くされて国の再興に尽力された結果、民の生活も豊かになり、民心も安定し法《のり》が行き届く世の中が実現したのでした。

斯《か》くぞ御心《みこころ》　尽《つ》くしもて　民《たみ》も居安《ゐやす》く　なす国《くに》を　自凝島《おのころしま》と　名付《なつ》くなり
（18綾―70行）

このようにして、両神は諸臣、国民とともに御心を尽くして再建事業にまい進したので、民も心から安んじて過ごすことができました。そして再建成ったこの国を、両神が用いた「オノコロの御業《みわざ》」にちなんでオノコロ島と呼んだのです。「オノコロ」は、アメミヲヤが天地創造を成すときの意念を込めた言葉であり神業《かみわざ》の奥義です。

さてここで、両神のその後の諸国巡幸のあらましをまとめておきましょう。それぞれの詳細は各項目をご覧ください。

両神の諸国巡幸と御子たちの誕生（全体像まとめ）

（新婚時代）筑波山麓の伊佐宮にて結婚。ここで「みとのまぐわい」によりヒルコヒメ誕生、3歳に満たないうちに重臣・カナサキに預けられる。

↓両神に国家再興の御言宣が下る。沖壺の葦原中国に赴き、八尋の殿で御柱廻りの神事。

↓そして日本全国を巡幸。秋津《あきつ》の島（とんぼの形をした日本列島で本州部分を指す）をはじめとして、淡路島、四国の国全体、島根県隠岐の三つ子の島、筑紫（九州地方）、岡山県吉備地方（児島半島）、佐渡ヶ島、これらの国、島々を巡幸。

↓富士山麓の原の宮に遷宮。ここでアマテラス誕生。

↓日高見のトヨケのもとで王道教育を受けさせるためにアマテラスを日高見へ送りとどける。その後の両神は、琵琶湖・沖壺の沖津宮（多賀の宮）へ転遷。アワ歌を弘め民の言葉を整える。葦原中国もアワ国（天地国）となる。

↓筑紫《つくし》へ遷宮。橘《たちばな》植えて常世の道が徹る、名も緒止橘《をとたちばな》の阿波岐宮《あわきみや》。ここでツクヨミ（月読命／ホツマツタヱではツキヨミ）誕生。

↓素佐《そさ》・紀志伊《きしゐ》の国へ遷宮。ヒルコヒメをカナサキ夫婦のもとから呼び戻す。ここも橘植えて常世里となる。ここでスサノオが誕生。ソサの国で生まれたのでソサノヲと名付けられる（ホツマツタヱでは一貫して「ソサノヲ」と称されている）。

↓イザナミ、熊野の山火事に巻き込まれて神上《かんあ》がる。黄泉平坂《よもつひらさか》でのイザナギとの言立《ことた》ち。

↓その後、イザナギはひとりで禊《みそぎ》の行脚《あんぎゃ》、熊野から筑紫へ。最後は近江アワ宮（多賀の宮）にて神上がる。現在の滋賀県第一の大社、多賀大社は、イザナギが晩年を過ごされ、そしてその地で神上がった由緒ある処なのです。

10

「みとのまぐわい」と「天《あめ》の御《み》柱廻《はしらめぐ》り」の真相

古事記での両神はオノコロ島で結婚します。そこでの「みとのまぐわい」と「天の御柱廻り」でできた謎の子、ヒルコ（水蛭子）とはなにか、その実像がホツマツタヱで明らかになります。両神の筑波での結婚とそこで生まれは最初の子、ヒルコヒメのことが記紀では完全に除かれています。

記紀で隠されたアマテラスの姉・ヒルコヒメ

古事記では、前述のように両神がオノコロ島で結婚し、そこで「みとのまぐわい」と「天の御柱廻り」によって謎の子、ヒルコ（水蛭子）を生みます。

このヒルコといういかがわしい名のついた神、古事記では水蛭子、日本書紀では蛭児です。

まず古事記では、国生み神話の最初のところで、「寝所《くみど》に興《おこ》して、生みし子は水蛭子《ひるこ》。この子は葦船《あしぶね》に入れて流し去りき。」とし、この第一子の次に淡島《あはしま》も生みますが、これはともに生んだ子の数に入れないとしています。これ以外にヒルコについては何も語りません。結局古事記では、イザナギとイザナミの間に子はできませんでした。アマテラス以下の子は、すべてイザナミの死後、イザナギの禊祓《みそぎはら》いの祈りの行の最後で生んだのです。

一方、日本書紀の本文では、多くの国や島を生んだ後に、両神は最初に日の神(大日孁貴《おほひるめのむち》)、次に月の神(月弓尊《つくゆみのみこと》)、次に蛭子《ひるこ》、次に素戔嗚尊《すさのお》を生んだとします。そして蛭子は3年経っても脚が立たなかったので、天磐櫲樟船《あまのいはくすぶね》にのせて風のまにまに棄ててしまいました。足が不自由だからといって3年に満たない子を捨ててしまうとは、なんとも不条理なことと、我が国の祖先は本当にこのようなことをしたのでしょうか。

以下にホツマツタヱが語る本当の「ヒルコ」のことを明らかにします。

記紀は、筑波で過ごした両神(イザナギ・イザナミ)新婚時代の出来事「御殿の交合《みとまぐはひ》」(夫婦の御殿での交合)による長女出産と、その後葦原中国《あしはらなかくに》での「御柱廻りの神事」とを合わせて、国生み・神生みの話を創作したことが明らかになります。

記紀ではそもそも筑波山や富士山のことなどは一切出てきません。これを出すとホツマツタヱに詳しく書かれていた関連する重要人物や、関連する歴史的事績などが浮かびあがってきてしまうため省き、あるいは隠そうとした事々がえぐりだされてしまうと考えたのではないでしょうか。十分考察を深めたいところです。

ではまずは筑波山麓、伊佐宮《いさみや》での両神新婚時代のお話から始めます。

両神の初子《はつこ》・ヒルコヒメの誕生

イザナギとイザナミの新婚時代の宮地が筑波山麓の伊佐宮《いさ》（この漢字表記は当て字ですが、今でもこの漢字の地名が近辺に在ります）でした。ここで最初の御子・ヒルコヒメが誕生します。

関東の筑波が両神にとって最初の大切な地であったことは記紀はもちろん、ほぼ同じ時代に編纂《へんさん》された常陸国風土記においても窺《うかが》い知ることはできません。ですが筑波山山頂には今も両神を祀るお社《やしろ》が建てられているのです。その由縁がよく伝わっていないようです。

またこの筑波の地は、後の時代になりますがアマテラスの皇孫《みまご》ニニギ（ホツマツタヱではニニキネ）が筑波新治宮《にはりみや》を建て、この地域一帯で大々的に水田稲作開拓を成し遂げた処でもあります。その威風が現在にまで続き、この地域が大変すぐれた稲作地帯になっているのです。

その筑波において、最初の御子・ヒルコヒメが生まれます。昼に生まれたので「昼子姫」と名付けられました。

この時、父親は40歳、母親は31歳、2年後には共に厄年《やくどし》になり、生まれた子も3歳で七五三の天の節《ふし》（だいじな節目で災難が起きやすい、厄年）に当たることになります。

父母子がすべて天の節に当たります。子供が女子であれば父の汚穢《をえ》（穢《けが》れ）を受け、男子であれば母の隈《くま》（消し難い禍《わざわい》）を受けてしまいます。

そこで、まだ3歳にも満たない我が子で慈しみ足らないのですが、両親に降りかかる災厄が御子に及ぶことがないようにと、３歳になる前に堅固な岩楠船《いわくすふね》（祝斎船）に乗せて捨てることにしました（これにより「捨て子は育つ」といわれるようになったのでしょうか。またその後の両神による日本全国の再建事業に動きだすために、慈しみ足らないのですが時の重臣カナサキのもとに里子に出したともいえますね）。

そしてこの子を重臣・カナサキが拾った形にして、以後自分の本拠地である広田の西殿《にしとの》（今に神戸市西宮に廣田神社があります。拾ったので→廣田）で育てることになったのです。

ところで、このカナサキは、住吉神、住之江の翁ともいわれ、初代島津彦から沖津彦、志賀彦に続き大亀船《おおかめふね》を作った住之江神で、船を掌る家系の舟魂《ふなたま》六神のうちの一神です。

さらにアマテラスの治世初期の重臣として、ハタレ魔軍討伐の際に大軍功を立てました。

この破垂（ハタレ）とは、欲心が嵩《こう》じて心根がねじ曲がり動物霊に支配されてしまった者たちのことで、群れて悪さをする悪党です。六種のハタレ（錦《にしき》大蛇《おろち》のシムミチ、鵺《ぬえ》のハルナハハミチ、蛟《みづち》のイソラミチ、狐《きつね》のキクミチ、猿《さる》のイツナミチ、天狗《てんぐ》のアメヱノミチ）がいます。これらのハタレがアマテラスの治世の初期に大軍団となって、日本全国で大騒乱を起こしたのです。これに対して、アマテラスは主だった臣下を総動員して陣頭指揮をとり、みごと征伐して世の騒乱を平定したのでした。

さて、以下にこのヒルコヒメ誕生部分のホツマツタヱ原文（漢字かな混じり訳）とその訳文を掲げます。ホツマツタヱの簡潔明瞭な韻文を、声に出して読んで味わってみたいですね。

昔両神《むかしふたかみ》　筑波《つくば》にて　身廻《みめぐ》り問《と》えば　女神《めかみ》には　生《な》り成《な》り足《た》らぬ　陰元《めもと》あり
男神《をかみ》の成《な》りて　余《あま》るもの　合《あ》わせて御子《みこ》を　生《う》まんとて　御門《みと》の目合《まぐは》ひ
為《な》して子《こ》を　孕《はら》みて生《う》める　名《な》は昼子《ひるこ》　然《しか》れど父《ちち》は　鈴四十穂《すずよそほ》　母《はは》は三十一穂《みそひほ》
天《あめ》の節《ふし》　宿《やど》れば当《あ》たる　父《ちち》の汚穢《をゑ》　男《を》の子《こ》は母《はは》の　隈《くま》となる　三年慈《みとせいつく》に　足《た》ら
ざれど　磐楠船《いわくすふね》に　乗《の》せ棄《す》つる　翁拾《をきなひろ》たと　西殿《にしとの》に　養育《ひた》せば後《のち》に（3綾―5行）

筑波山の伊佐宮においてお互いの体を見廻して問うことには、女神の体には、生まれつき一所足りない陰元《めもと》があり、一方男神には、生まれつき一所余れるところがある。

その互いの局部を合わせて御子を産もうと思われて、夫婦の御殿にて交わり、イサナミは御子を孕《はら》み女の子が生まれた。昼間に生まれたので斎名《いみな》は昼子と名付けられた。

しかしながらこの時父のイサナギは40歳、母のイサナミは31歳であり、2年後には昼子姫が3歳で七、五、三の天の節に、また父母は、42歳と33歳の共に厄年に当たってしまう。父母子がすべて天の節に当たる。

女子であれば父の汚穢を受け、男子であれば母の隈を受けてしまう。そこで、両神にとってはまだ3歳にも満たない吾が子を慈しみ足らないのではあるが、3歳になる前に堅固な岩楠船に乗せて捨てることにした。この子を広田に居た金析が拾い、西殿にて養育したのであった。

今も同じ年回りの男女の厄年、なんとここからの故事だったのです。

いかがでしょうか。なんとも道理にかなうお話ではありませんか。そしてカナサキ夫妻に愛情込めて育てられ、成人した後は我が国最初の歌の名人、ワカヒメ（和歌姫）となられたのです。

ホツマツタヱではこの姫に関わる故事が実に多く語られています。

11

「天《あめ》の御《み》柱《はしら》廻《めぐ》り」の深層

ホツマツタヱによってこの御柱廻り神事の奥深い意味を探ります。ここで我が国初のウタ「天《あめ》のアワ歌」が歌われます。歌による言霊の奥義が明らかになります。また太占（フトマニ）とはなにか、それで占い教えを下した天津神とは誰か、についてもわかります。

最初の御柱廻りでの失敗

古事記では天の御柱を廻る時、イザナギは左から、イザナミは右から回り、出会ったところでイザナミが「あなにやし　えをとこを」（あなたは、なんていい男なのでしょう！）と、つづけてイザナギが「あなにやし　えをとめを」（あなたは、なんていい女なのだろう！）と言います。この後の「まぐわい」の結果は水蛭子《ひるこ》でした。そして次にこの失敗の原因を天の神のフトマニによって理解し改め、つぎには先に男が、その後に女が声を掛けて、ようやく多くの島国が生まれました。

では次にホツマツタヱによりこの場面を再現しましょう。

両神の国家再興事業は、近江(おうみ・大湖)の葦原《あしはら》・中国《なかくに》から始まります。そこを壺(政治の要の地、政庁拠点)として定め、八尋《やひろ》の殿を造り御柱を設けました。

八尋の殿での御柱めぐりは記紀ともほぼ同じですが、実は、ホツマツタヱはその御柱神事のじつに奥深い思想的な意味合いを語っています。以下がホツマツタヱの内容です。

◎まず初めに、
女神(陰・メ)は 柱を左手に見て回り(左回り・時計と逆の回り)、
男神(陽・ヲ)は 柱を右手に見て回り始める(右回り・時計回り)

◎出会う時に、女神より先に言葉をかける(言挙《ことあ》げ)
「あなにえや ゑおとこ」(五四調) 次に男神が、

「わなうれし ゑおとめ」(五四調)

このように歌いながら廻った後に交わり、女神は御子を孕《はら》みますが、産み月が満たないままに胞衣《えな》が破れて流産してしまいます。

この流産したヒヨルコは泡(アワ)と流れてしまったために、葦舟《あしふね》に乗せ淡路に流したのでした。「吾（あ）が恥（はぢ）」と嘆《なげ》いたこと、また泡となって流れたことにより淡路島の名がついたのです。

なぜ失敗したのか、両神はこのあり様を日高見のトヨケに報告し、尋ねます。

ここでトヨケは太占《ふとまに》（フトマニ図に対応する百二十八種の歌から一首を選び、その意味を吟味して、吉凶その他を占う我が国固有最古の占術）によって選んだ歌を味わい、その原因と解決策を次のように示されます。

「五七調でなく五四調では事は成就しない。また言挙げも、女から先に言葉を出してはいけない。男女の交わりは、自然の生き物、鳥のセキレイのオスとメスの交わりからも教えられる。

メスのセキレイから先に尾を振り鳴いて呼び寄せようとすれば、逆にオスは鳴き去ってしまう。よってまた日を変えて、オスがその気配を示すようになった時、メスもそれに応じて互いに相交わるならばうまく事を進めることができるのである。

このように天の神々は、鳥の嫁ぎの時の様子を人に示すことにより、人間に天地自然の法（嫁ぎ法：とつ《とつ》ぎのり）を教えているのである」

なかなか含蓄のある洞察ではありませんか。時代を超えて通じるものがあるように思うのですが、いかがでしょうか。

男先女後が天地自然の理にかなっていると古代の日本人は識っていたのです。これは男尊女卑なるものとは全く異なります。男女は陰陽の役割をそれぞれ果たし、この両者が一体となった時、新たに大きな力、生命までもが生み出されるのです。

このセキレイのお話は、古事記にはなく、日本書紀に第五の一書として出てきますが、このような深い思想性を窺《うかが》い知ることはできません。

再度の御柱廻り

こうして両神は宮に戻られ、再び御柱廻りを始めます。

◎まず、男神（陽）は　柱を左手に見て回り（左回り、最初の時とは逆の回り／最初と逆）
　女神（陰）は　柱を右手に見て回る（右回り、最初の時とは逆の回り／最初と逆）

◎出会う時に、男神より先に言葉をかける（言挙げ）

「あなにゑや うましおとめに あいぬ」（五七三）

（「あな柔愛や　美まし乙女に　逢いぬ」）

次に女神が、それを受けて、

「わなにやしうましをとこに あひき」（五七三）

（「わな柔和し　美まし男に　逢ひき」）」

この天の天地歌《あめあわうた》（両神が掛けあって詠った右の歌）には、「あやわ（天人地）」と「あうわ（天生地：アメミヲヤ）」の語が含まれ、さらに宇宙の五大元素であるウツホ・カゼ・ホの陽とミヅ・ハニの陰を表す「あいうえお」の五母音が8文字も入っています。

そもそも日本語は、母音優勢言語であり、48音のすべてが母音によって支えられています。この母音の働きが日本人にとって極めて重要で、霊妙な働きを持っているようです。

また、男は左、女は右の優先順序があり、これに従った廻り方に変わっています。

また五七三の15音にも意味が込められています。

ひと月を30日として、新月から満月までの満ちゆく15日を15音でイザナギが、満月から新月への欠けてゆくまでの15日を15音でイザナミが詠じたのです。

「陽＋　と　陰－」、「満つる　と　欠くる」、「つく・はなる」の二極を両神は演じました。男女の掛け合いによる男女の和合・着く離るの妙がここにあります。

これにより両神は、「筑波（つくば：つく・はなる）の神」と讃えられたのでした。

筑波山は後に嬥歌《かがい》（男女がたがいに歌を懸け合い、男女交流の場にもなった。歌垣《うたがき》ともいう）興隆の地として今に伝えられています。

両神は、「あ（天・左回りの渦・陽・日・男・父・イザナギが演じ）」と 、「う・や（天御祖《あめみをや》の創造・人・子供）」と、「わ（地・右回りの渦・陰・月・女・母・イザナミが演じ）」の三極が和《やわ》して一体となるアワ歌（これを天《あめ》のアワ歌という）を歌いながら、グルグル、グルグルと御柱の回りを廻り宇宙創造の力を引き出し、みごとに国造りに成功したのでした。

この重大な神事を皆の前で行うことで、人々の意識の力を結集したのです。

それはあたかも天《あめ》と地《つち》の間の御力のもとに、天《あめ》の胞衣《えな》に包まれて子が育つように、日本各地の国々を再興していったのです。

国家の形成（国生み）も、子供を産み育てること（子生み）も、どちらも同じ天地創造の御力の発現によるものなのです。

この御柱廻りと言挙《ことあ》げ神事のお話は、人間はこの地上において、天地宇宙・大自然のもとで万物と一体となり、調和して生きて行くのだよ、ということを教えているようです。

記紀においても両神の国生みについて、言挙げと御柱廻りを語りますが、ホツマツタヱほどの、このような深い思想性と、論理明快な歴史記述にはなっていないようです。

読み比べていただければ、そのことがよくわかると思います。

12

イザナミは火の神カグツチの出産で死んだ？

古事記でのイザナミは多くの神生み途上で火の神カグツチを生み、自身のミホト（女陰）が焼かれて死にました。その際生んだのがワクムスビ（和久産巣日神）で、その神の子がトヨウケヒメ（豊宇気毘売／後段ではこれを登由宇気神とし伊勢神宮外宮の神とする）という。はて、この神がなぜ、伊勢神宮の神様なのでしょうか？

スサノオの人となりとイザナミの神上《かんあ》がり

古事記でのイザナミは国生み・神生みの途上で、火の神カグツチを生み、そのために自身のミホト（女陰）を焼かれて死んでしまいます。イザナギ・イザナミの間にはけっきょく子はできませんでした。

ホツマツタヱでは、このあたりの事情を詳しく語っています。その死の真因をさぐりましょう。

両神は近江八尋《やひろ》の殿で「御柱廻りの神事」をした後、日本各地をめぐり国の再建を果たします。その間に原見山（富士山）の宮で長男アマテラス、筑紫で次男ツクヨミ、そして最後はソサ（素佐・熊野、紀伊半島）でスサノオ（ホツマツタヱではソサノヲ）を生みます。

この紀志伊国《きしゐくに》でしばらく落ち着き、橘を植えゆたかな常世《とこよ》の里を現《あらわ》します。ようやくあのクニトコタチの時代の常世国が再建できたのです。そこでかつて筑波で生まれカナサキ夫妻のもとで育てられていたヒルコヒメを呼び寄せます。

幸せな日々を送るなか、その地で三男のスサノオが生まれたのです。花の下にて歌う日々ゆえに、ハナキネ（花杵《はなきね》）と名付けられました。スサノオの歌の素養もこの頃、身についたのでしょう。

花を愛《め》で、歌を楽しむ良い環境のもとで生まれたスサノオではありましたが、その性格は、まことに荒々しく、泣きわめき、雄叫《おたけ》びの声をあげたり、世の中に悪さをし、汚穢隈《おえくま》（禍《わざわい》のもとになる穢《けが》れや不調の数々）をまき散らし国民《くにたみ》に迷惑をかけたりする有様でした。

なぜこのような子が生まれてしまったのでしょうか。ホツマツタヱはその原因を両神の遺《のこ》し言《こと》として明らかにしています。

昔両神《むかしふたかみ》　遺《のこ》し書《ふみ》　天《あめ》の廻《めぐ》りの　蝕《むしば》みを　見《み》る真栄瓊《まさかに》の
中凝《なかこ》りて　生《う》むソサノヲは　魂乱《たまみだ》れ　国《くに》の隈《くま》なす　過《あやま》ちぞ
男《を》は父《ちち》に得《え》て　地《は》を抱《いだ》け　女《め》は母《はは》に得《え》て　天《あ》と寝《い》ねよ

（7綾―223行）

昔両神は、次のような後の世への戒めとする遺し書を残されていた。

天地の順行する廻りの中で、日と月が不順となり、太陽が月に隠れて蝕《むしば》まれるような日食の時に（他の意として、女性の月経の日並の悪い時、汚血の最中の時をも指すのであろうか）孕《はら》んで生まれたスサノオは、魂が乱れてしまい、荒々しく国の汚穢隈になってしまった。これは親の過ちである。

男親は、天より下りる父の恵みの心を抱いて大地の妻に向かえ、女親は、母として天の恵みを地において受け頂く思いをもって天なる夫と同衾しなさい。


そしてさらに、女性は月潮の後三日に、体を清め身も心も清浄に保ち、朝日を拝んで交わりなさい、と良い子を産む秘訣まで指摘します。身の穢れた時に孕んだ子は必ず荒れた子になってしまうとも言います。以前には「嫁《とつ》ぎ法《のり》」（天地自然の理法：男先女後、男は左回り、女は右回りの理など、前第11項を参照のこと）をわきまえなかったためにヒヨルコを流産し、その後にはまた、身が穢れた時に交わったために、「荒金《あらかね》」（荒々しい性格）のスサノオを生んでしまったことを心から後悔するのでした。

このように時の天君である両神がみずからの誤りと悔恨《かいこん》の念を赤裸々に記すホツマツタヱは、まことにすごい古典ですね。

吾が恥を　後の掟《おきて》の　占形《うらかた》ぞ　必ずこれを　な忘れそこれ

このわれらが犯した過ちの恥を二度と繰り返さないように、後世への教訓としなさい。この掟を決して忘れることがないように、よいですね。

と非常に強い口調で遺されたのです。

イザナミの不慮の死

イザナミは母として生涯自らの過ちを悔やみ、我が身を責め、世の隈《くま》を一身に受けたのでした。

汚穢《をえ》隈《くま》を祓うために建てたのが熊野宮《くまのみや》（隈の宮・これが熊野の語源）です。今につづく熊野大社の名の起こりは、世の隈《くま》を祓い清めようとの両神の思いによるものです。

しかしまことに残念なことに、その宮がある三熊野周辺の御山木が、山林殖産のためにしていた山焼きの火が飛び火して焼かれてしまいました。不運な事故なのでしょう、その時にイザナミも火の禍《わざわい》の手に巻き込まれて、自身が焼かれてしまい神上《かんあ》がってしまうのです。

しかし焼かれてまさに息絶えるその時にも、後の世の人々のためを思い、火の神カグツチ（香具土）、土の神ハニヤス（埴安）、水の神ミヅミツハメ（水罔象女）、大食御魂（ウケミタマ・食物の豊穣を司る）とされるワカムスビ（稚産霊）を生み出すのでした。自然界のそれぞれの現象に関わる自然神は八将神《やまさかみ》とも言われ、両神のこの頃全体像が固まったようです。

さてイザナミの亡骸《なきがら》は、熊野の有馬に納められ、花の時には花をもちて祀り、瑞穂のみのる時には稲穂を供えて祀られるのでした。

いまに、熊野市有馬の海浜に花ノ窟《いわや》神社があり、巨岩が御神体として祀られています。毎年2月2日と10月2日には巨岩から松のこずえに注連縄をかけ、神官や村人が花を添える御縄掛け神事があります。

ところで古事記でのイザナミは、火の神カグツチを生んだことで自身のミホト（女陰）を焼かれて死んでしまいますが、この時生んだ多くの神の最後がワクムスビ（和久産巣日《わくむすひの》神《かみ》）です。その神の子にトヨウケビメ（豊宇気毘売《とようけびめ》）がいますが、この神を後段ではこれをトユウケ（登由宇気神《とゆうけのかみ》）と表記し、伊勢神宮外宮の神だとしています。なんとも不思議ですね。

じつはこの神こそ、イザナミの実父である第五代タカミムスビ・トヨケ（豊受神）なのです。

このトヨケは、アマテラスの誕生を強く祈願し両神の世継子誕生におおいに寄与するとともに、少年アマテラスを自身の日高見の山手宮にて11年間、天の道《あめのみち》（御柱の道・王道教育）を授けられた方だったのです。

それゆえにアマテラスは生涯この偉大なる祖父を敬愛し、自分が崩ずる時もトヨケが眠る同じマナヰ（京都府宮津）に葬れと遺言したのでした。

いま伊勢皇大神宮内宮には天照大御神が、そしてその外宮《げぐう》には天照大御神のお食事を司る御饌都神《みけつかみ》として豊受大御神が祀られています。内宮より外宮に先にお参りするのもこの深い由来にもとづくものなのです。

これらのことは、現在ホツマツタヱ文献でのみわかることです。

13

黄泉《よもつ》の国での出来事とその後のイザナギ

イザナミと死に別れたイザナギは、黄泉国まで追いかけて不思議な恐ろしい体験をします。この黄泉国、黄泉平坂とは？　またそこでの体験の深い意味がホツマツタヱで明らかになります。そしてその後のイザナギの禊《みそぎ》の行脚《あんぎゃ》とまことの瓊《と》の道（やまと）を歩む人生をみます。

黄泉平坂《よもつひらさか》での言立《ことた》ち（夢の出来事）

古事記では、イザナミの死後、イザナギは再び妻に会いたいと思い、死者の国である黄《よ》泉国《つくに》まで追いかけます。すると黄泉国のイザナミがいる御殿の鎖《とざ》し戸が開き、ここで再会します。ここでイザナミは、イザナギが早く来なかったのですでに黄泉国の食物を食べてしまった、しかしまた現《うつ》し国に帰ろうと思うので、黄泉国の神に相談してくる、その間われの姿を決して見ないようにと言って御殿の中に入っていきました。

しかし長い間待ちますがとうとう待ちきれず御殿の中に入り、自分の櫛《くし》の男柱《おばしら》（櫛の両端の太い歯）を一本折って火を灯し、イザナミの姿を見てしまったのです。そこにはなんと恐ろしい醜《みにく》い妻の姿がありました。

さて以下のそこでの妻との間のやり取りや、いろいろな恐ろしい出来事のストーリーはおおむねホツマツタヱと同じですが、実はそれはイザナギの夢の中での出来事だったのです。以下、ホツマツタヱをみてみましょう。


不慮の死を遂げてしまった妻に対する深い悲しみと、別れがたく如何ともしがたい思いの果てに、イザナギは亡き妻の亡骸《なきがら》に逢いに行こうとします。

イザナギの姉・キクキリヒメ（菊桐姫／別名ココリヒメ、シラヤマヒメ。この方はアマテラス誕生の折に活躍します。後述します）が、行ってはいけない、見てはならないと止めるのも聞かずに、黄泉（亡骸が葬られた岩屋洞《ほら》）に一人出向きます。

そこで目にした亡き妻は、蛆《うじ》たかり、醜《しこ》めきの姿になっていました。

「なんと醜くなっていることよ、心無《こころな》や、汚きかな」と悲嘆にくれながら、足を曳きひき坂を下って帰るのでした。

そしてその夜、イザナギは夢の中で再び黄泉《よもつ》に出向きます。

この原文は、「その夜また　神行《かみゆ》き見《み》れば」とあり、夢の中での出来事、さらには幽体離脱しての体験なのかもしれません。

それに対してあの世のイザナミは驚きと諫《いさ》めの意を込めて言います。

「なんとしたことよ、この黄泉の中はダメ、吾に恥をかかせた、吾は怨《うら》めしい、悔《くや》しい」と言って、鬼のような形相の醜女《しこめ》八人《やたり》に追い払わせます。

イザナギは剣を振り振り逃げだして、また葡萄《ぶどう》の実を相手に投げると、それを醜女は争って取り食べながらさらに後を追います。今度は竹櫛《たけくし》を投げるとこれも噛《か》みくだきまたまた追いかけてくるので、次は桃の木に隠れてその桃の実を投げます。すると、桃の実のもつ霊力ゆえか、醜女はやっと退いていく。

桃の霊威の強さをもって、大神津実《をほかんつみ》の神と讃えました。追神潰み（おうかみつみ）＝追ってくる醜女を撃退し追い返した神、との意でしょうか。

こうしてイザナギは、ここ黄泉平坂《よもつひらさか》でようやくイザナミと言立《ことた》ち（決別の宣言）をすることになります。

まずイザナミが語りかけます。

「麗《うるわ》しき我が君よ、このように見てはいけない、追ってはいけないということを敢えてなさるのならば、吾は日々千人の首を絞めて殺しましょうぞ」

イザナギもこれに対して、

「我が麗しき妻よ、それならば吾は、日々千五百人を生んで、以後日々の生活に過《あやま》ちなく生きていくことを誓い守り徹《とお》すぞ」

と誓われます。死者との別れ、そして自らもその後を追っていきたいとの誘惑を断ち切り、生きぬくことへの強い決意に至るイザナギでした。

黄泉《よもつ》は亡骸を納めた所(岩屋洞)ですが、この黄泉平坂は転じて地上から魂《たま》が昇天する境でもあるのです。

醜女に追わせなんとかそこから追い返し、夫を死に至らしめなかったイザナミの夫への深い愛を感ぜざるを得ません。

この世との境である黄泉《よもつ》の平坂《ひらさか》には、息絶えてもその先、行こうとしても簡単には行かせてくれない限《かぎ》り岩《いわ》というものがあります。これこそ死への道から蘇生《そせい》させる道返《ちかえ》しの神なのです。イザナミが渾身込めて遣わした醜女八人がここでの道返しの神なのかもしれません。

次のように書かれています。

黄泉《よもつ》の　平坂《ひらさか》は　息絶《いきた》ゆる間《ま》の　限《かぎ》り岩《いわ》　これ道返《ちかえ》しの　神《かみ》なりと
悔《く》やみて帰《かえ》る　本津宮《もとつみや》
(5綾—77行)

夢の中で息絶え絶えとなって帰ってきたあの黄泉の平坂には、あの世へ自分をどうしても追って行かせない限り岩があったのだ。これは早く吾が道に還れと教え諭す道返しの神であった。イザナギはこのように悟り、自分の行ないを悔やみながら、亡き妻の思いを深く心に刻んで吾が宮、熊野宮に帰ったのでした。

その後のイザナギは、自らの心身を清め祓う禊《みそぎ》の行脚《あんぎゃ》（詳細はコラム⑧に記述しました）を終えた後、最後に余生を近江のアワ宮（淡宮・多賀宮《たがみや》）で過ごします。

古事記では、イザナミが死んだ後にイザナギは禊祓《みそぎはら》いをし多くの神を生みますが、最後に目と鼻を洗って、アマテラス、ツクヨミ、スサノオが成ったとしました。

ここで亡きイザナミの父であるトヨケより淡宮《あわみや》（多賀宮に居るイザナギのこと）に御言《みこと》宣《のり》（導きの歌）が贈られます。

我が娘を嫁がせたが、その娘に先立たれてしまった婿殿・イザナギに対する諭《さと》しといたわり、そして励《はげ》ましの言葉でした。

天地君《あわきみ》よ（淡君、イザナギのこと）　別《わか》れ惜《お》しくと　妻送《つまおく》る　夫《をうと》は行かず
行《い》けば　恥《はじ》　醜女《しこめ》に追《お》わす　良《よ》し悪《あ》しを　知《し》れば足引《あしひ》く　黄泉坂《よもつさか》　言立《ことた》ち避《さ》く
る　器《うつわ》あり

（5綾―96行）

淡君よ、たとえどんなに亡き妻との別れが惜しいとしても、妻を送る葬列の後を追っていくものではない（この風習は後世にも伝わってきたようです）。行けば恥となる。醜女に追わせてなんとかそなたを追い返そうとする妻の思いの深さを知るならば、そのようにあとを追ってしまうそなたの行いの良し悪しがわかるであろう。何事にもけじめをつけ、死別の悲しみを乗り越え、命の限り生き抜くことこそが大切なのである。黄泉平坂での出来事はそう教えているのである。　そなたも最後は死者と決別し、その後の生きる道を言《こと》立《た》ちしたゆえに、再び同じ過ちを起こすことのない立派な器量をもっていなさる。

と、こう述べられるのでした。

こうしてイザナギは、その後の深い反省と禊の人生を歩まれたがゆえに、弥栄《いやさか》に真《まこと》の瓊《と》の道（弥真瓊・やまとの道）が徹《とお》る世の中が実現したのでした。

ホツマツタヱ5綾の締めの部分では、「足曳《あしひ》き・葦引き」「ぬばたま」その他の枕詞の謂《いわ》れから、歌の道の神髄を述べ、そして禊の道と合わせて、身と心を明るく清らかに保つことこそ弥真瓊《やまと》の道である、と説きます。

両神の「弥真瓊・やまとの国造り」の偉大な功績がしっかりと語られています。

心を明かす　歌の道　禊《みそぎ》の道は　身を明かす　弥真瓊《やまと》の道の　大いなるかな
（5綾―116行）

歌の道は、人の心の裡《うち》を明るく清浄にたもつ道、禊の道は、心身にまとう穢《けが》れを祓《はら》い、身を清らかにたもつ道である。この二つの道がかなうことでまことの瓊の道が徹り、弥栄《いやさか》にやまとの国が栄えるのである。

人の心は本来天《あめ》の神々の守護のもとに、アメミヲヤ、瓊《と》の神に真っ直ぐつながるものなのです。おのれの潜在意識に巣食っている八十禍津日《やそまがつひ》（多くの曲がれる悪想念）に光を当てて、これを浄化消滅、昇華させることができるならば、天の神の御心に真っ直ぐにつながります。

この状態を「清直《すなお》」といい、すなおな心で生きることが、弥真瓊《やまと》・ほつまの時代の大切な教え、最も尊ばれた人の道なのです。

8 黄泉平坂《よもつひらさか》の後、禊《みそぎ》の行により多くの神を招来する

黄泉平坂から熊野宮に戻ったイザナギは音無川（熊野川上流部）で禊《みそぎ》の日々を送り、その中で多くの神々を生み出します。

なんと自分はみにくく穢《けが》れてしまったのだろうか、己の心の弱さ、見苦しさを清め濯ごうとして、まず音無川にて禊を行います。

人の潜在意識の中には、多くの禍《まがごと》をもたらす誤まれる悪想念が潜んでいます。

これを「八十禍津日・やそまがつひ」と呼んだのです。その一つひとつをみつめ、曲《まが》りゆがんだ悪想念を直そうと願い、自分の心の裡《うち》を見つめる自明《じめい》の行をイザナギは積んだのです。その過程で、神直日《かんなおひ》神、大直日《おおなおひ》神を請来して、イザナギは自らの心身を清め、清直《すなお》な心を取り戻しました。

そしてその後、かつて亡き妻と共に過ごした筑紫《つくし》・阿波岐宮《あわきみや》に出向きます。

その地の那珂川《なかがわ》で禊を行い、底筒男《そこつつを》、次に中筒男《なかつつを》、そして上筒男《うわつつを》を請来され、この三筒男（住吉三神）をカナサキ（住吉神、住之江の翁）に祀らせました。現在、住吉大社、住吉神社の祭神はこの住吉三神ですが、古事記及び日本書紀ではこの重要なカナサキのことが一切脱落しています。このカナサキは、イザナギ・イザナミ、そしてアマテラス時代の重臣で、両神の長女・ヒルコヒメを幼少の頃から育て上げた大忠臣です。また、アツ川（北九州、現在の釣川か？）では、底《そこ》、中《なか》、上《かみ》の海祗（わだつみ）の三神を請来され、これを宗像《むなかた》に祀らせました。

またシガ海（筑紫博多湾の志賀島・玄界灘海域か？）での禊では、島津彦、沖津彦、志賀彦（この三神はカナサキの先祖）を船魂《ふなたま》の神として招来し、安曇《あつみ》（カナサキの枝姓《えだかばね》）に祀らせました。現在福岡市志賀島に志賀海神社があります。

C O L U M N

9
記紀での三貴子誕生の不思議

古事記では、以上のようにイザナギの禊により多くの神々を生んだ後に、最後に次のようにして三柱の貴い子を生みます。

「ここに左の御目《みめ》を洗ひし時に、成れる神の名は、天照大御神《あまてらすおほみかみ》。次に右の御目を洗ひし時に、成れる神の名は、月読命《つくよみのこと》。次に御鼻《みはな》を洗ひし時に、成れる神の名は、建速須佐之男命《たけはやすさのおのみこと》。」

イザナギひとりで三人の御子を産んだとは実に不思議ですね。

では日本書紀ではどうでしょうか。

日本書紀本文では、両神がオノコロ島で聖婚をして大八洲の国を誕生させた後、海、川、木の精霊ククノチ、草の精霊カヤノヒメを生んだ後にこう続けます。

「我々はすでに大八洲の国と山川草木とを生んだ。どうして天下の主たる者を生まないでいられようか」と仰せられた。そこで共に日の神をお産みになった。

これを大日孁貴(おほひるめのむち)と申す。(一書に天照大神《あまてらすおほみかみ》という。一書に天照大日孁尊《あまてらすおほひるめのみこと》という）この御子は明るく美しく輝き天地四方の隅々まで照り輝いた。そこで天の御柱をもって天上に挙げまつった。次に月神（一書に月弓尊、月夜見尊、月読尊）を生む、これも天に送る。つぎに蛭児《ひるこ》を産む、この子は三年経っても脚が立たなかったので天磐《あまのいは》櫲樟船《くすぶね》に乗せて風のまにまに棄てた。次に素戔嗚尊を生む。……」

また日本書紀の一書、第一と第六には、古事記と似たようなことが書かれています。

このように記紀では四御子の誕生と実像は摩訶不思議で謎だらけ、ホツマツタヱでこの実像が明らかになります。大変重要なことと思いますので第3章で詳しく解説します。

第3章

ホツマツタヱが語る両神《ふたかみ》の四御子

ホツマツタヱが語る両神の御子のことは、記紀と大きく異なります。この4人の御子の実像をホツマツタヱに載った多くの逸話・事績によって浮かび上がらせます。記紀の高天原神話のなかで登場するおなじみの神々、また隠されてしまった神たちが、すべて実在の人物としてリアリティあふれる理路整然とした歴史物語としてよみがえります。

14

古事記では語られない謎の長女・ヒルコヒメ

記紀では一切語られない両神の長女・ヒルコヒメ（別名ワカヒメ）。ホツマツタヱにのみその実像と多くの逸話が残ります。日本文化の華である和歌の道を開いた和歌姫の面影は今も多くの神社に伝わります。ホツマツタヱはこの和歌姫の誕生からその第1綾（章）が起こされます。

両神《ふたかみ》の初子《はつこ》・ヒルコヒメの誕生とその後の成長

古事記は、この両神最初の子・ヒルコヒメを水蛭子《ひるこ》として消し去ってしまったのでしょうか、両神が過ごした新婚時代の筑波のことや、そこで生まれた長女・ヒルコヒメのことは全く書かれていません。両神最初の御子の本当の姿をホツマツタヱでこれから明らかにしましょう。

イザナギとイザナミは新婚時代を筑波山麓で過ごします。そこに流れる伊佐川《いさかわ》（現在の櫻川）河畔の伊佐宮にて最初の御子、ヒルコヒメが生まれました。

―御門《みと》のまぐ合《ば》い　為《な》して子《こ》を　孕《はら》みて生《う》める　名《な》は昼子《ひるこ》―

このご事績を今に伝えるのが筑波山です。この山の西側、男体山山頂（871m）にはイザナギが、東側、女体山（877m）にはイザナミが祀られています。筑波が両神にとって最初の大切な故地であったことは、ホツマツタヱでのみ、知ることができます。

この筑波山の麓で、お二人は幸せな楽しい新婚時代を過ごし、そこでヒルコヒメが生まれます。この姫は誕生してまもなく、捨て子儀礼により、時の重臣・カナサキが拾った形にして、その後、カナサキ夫妻により育てられたことはすでに第10項で述べました。

両神にとってはまだ3歳にも満たない我が子で、まだ慈しみ足らないのではありますが、その後の国土再興事業を始めるための覚悟の表れだったのです。

それ和歌《わか》は　若姫《わかひめ》の神《かみ》　捨《す》てられて　拾《ひろ》たと育《そだ》つ　金析《かなさき》の　妻《つま》の乳《ち》を得《え》て

（1綾―1行）

日本文化の華・結晶ともいうべき和歌の道は、両神の初子・ヒルコヒメ（別名ワカヒメ）によって確立しました。そのヒルコヒメは幼子の頃に「捨て子儀礼」に従って捨てられました。その子を、重臣・カナサキが拾った形にして以後、カナサキの本拠地西殿（兵庫県西宮市）で養育されたのです。

ホツマツタヱ1綾の最初の書き出しは、この一句から起こされます。記紀のように時系列ではなく、カナサキ（住吉神）夫婦に育てられるヒルコヒメの幼少の頃の様子から始まるのです。

カナサキ夫妻はちょうどこの頃、我が子を幼くして亡くしていました。傷心の妻・ヱシナズは、若姫に乳を差し上げることによって自らの心を癒したのです。夫婦そろって「アワウワ」とあやしながら、手を打ち目を細めて愛しみ育てるのでした。

そのヒルコヒメ（ワカヒメ）は、長じて和歌の達人となり、恋心を回り歌にしてオモイカネ（思兼／第六代タカミムスビ・八十杵《やそきね》の長男）の妻となり、夫婦そろってアマテラスの治世を支えることになります。

また和歌の神様として国民から尊崇を受けられる立派なアマテラスの姉姫（後にアマテラスが天を照らすのに対し地上を照らす下照姫《したてるひめ》とも讃えられる）となられたのです。ホツマツタヱにとってアマテラスに次ぐほどの大事な神様といえましょう。

和歌を日本文化の根源、基底とするホツマツタヱは、その最初の第1綾でこのヒルコヒメの成長の姿を描きながら、生誕の祝い、行儀作法のしつけ、髪置《かみお》きの儀、雛祭《ひなまつ》り、菖蒲《あやめ》に粽《ちまき》の五月の節句、七夕《たなばた》まつり、菊栗《きくくり》の節句、七五三、着袴《ちゃくこ》の儀、琴の調べと天地《あわ》の歌と、今に続く日本の伝統文化の基を綴ります。

着袴の儀は、平成23年、秋篠宮家のご長男悠仁《ひさひと》様（当時5歳）の健やかなご成長を願う儀式として深曽木《ふかそぎ》の儀と共に宮中にて執り行われました。

稲虫祓《いなむしはら》いと和歌の神力——和歌の達人・ワカヒメの歌

たねはたね　うむすぎさかめ　まめすめらの　ぞろはもはめそ　むしもみなしむ

（1綾）

なんだか難しそうな歌ですね。この歌は、稲虫祓《いなむしはら》ふ和歌の呪《まじな》い歌といわれます。通常の31文字と異なり、一文字多い32文字で、汚穢《をゑ》を祓い、魔よけにもなるという字余りの歌、我が国最初の祓いの呪い歌（呪文）です。

これを次のように解釈し、漢字かな訳文にして解釈しました。

たねはたね（稲種・畑種）　うむすぎ（大麦《うむぎ》・小麦《すむぎ》）さかめ（小角豆ササゲ）
まめすめ（大豆《まめ》・小豆《すめ（あずき）》）らの　ぞろは（稲・雑穀・畑菜の葉）もは（喰）めそ
むし（虫）も皆しむ（血縁、身内・鎮《しず》む）

稲虫（イナゴ）たちよ、田に実る稲種や畑菜の種、これは大切な田の根っこなのですよ。みんな食べ尽くしてはいけません。大麦、小麦、ササゲ豆、大豆、小豆、これら作物の葉もたくさんあるでしょう。でもこれもみんな独り占めして食べ尽くしてはいけませんよ。虫たちも、吾らも皆同じ生き物、みんな仲間なのですから。さあ飛んでゆきなさい。

さてこの歌は、次のような逸話の中で登場しました。

成長され和歌の達人となられたヒルコヒメ（ワカヒメ）。すでに母のイザナミは熊野で不慮の死を遂げていました。そしてアマテラスが原見山から遷宮された伊勢イサワの宮でヒルコヒメもともに過ごされていた頃のことです。

紀志伊の国（キシヰ・後の律令制下の紀伊・伊勢・志摩か、主に今の和歌山地方）の稲田がイナゴの大群に襲われてしまい、稲に大被害が起きていました。この状況がイサワの宮に告げられたのですが、あいにくアマテラスは真名井の朝日宮（宮津）に行幸中で不在でした。

民の嘆きに心を痛められた正后・セオリツヒメ（瀬織津姫、別名向津姫《むかつひめ》）は、急ぎヒルコヒメをともなって紀志伊に出向かれます。そして田の東方に立ち、ヒルコヒメが詠ったのがこの歌です。

セオリツヒメもまた左右に30人の侍女を佇《たたず》ませ、皆で一斉に扇を煽《あお》ぎながらこの歌を３６０回詠いどよめかすと、イナゴの大群は西の海の彼方へザラリザラリ、続々と飛び去ってゆきました（今に「西の海へさらり」〈厄払いの文句の末尾のことば。一年中の災厄や諸悪を西の海へ流してしまうの意。また、転じて、古いものをあっさり捨てること〉との用語が伝わっている。広辞苑）。

こうして稲の汚穢《おゑ》を祓った結果、再び稲穂はもとのように若やぎ、稲は豊かに実りました。

一時は虫の害で世の中はまるで「ぬばたま」のように夜の闇に打ち沈んでいたのですが、再び糧《かて》を得ることができ、御田族（おんたから・百姓）、国民《くにたみ》はこぞって明るい喜びの心を取り戻したのです。これでヒルコヒメの和歌の才は全国になり響いたことでしょう。

身を清らかにして清浄を保つ禊《みそぎ》の道とともに、和歌は言霊《ことたま》の発露であり、心を明《あ》かし素《す》直《なお》（清直）な心を得て、身心を若々しく保つのが歌の道です。

この禊の道と歌の道は、ともに弥真瓊《やまと》の道の根幹をなすものとして、イザナギ・イザナミの両神の時代に確立しました。そしてその歌の道を大成したのがヒルコヒメです。

記紀ではこの神様のことは語られません。なぜヒルコとされて流されてしまったのでしょうか。

15

ヒルコヒメの逸話——今に伝わる和歌山の神事

ホツマツタヱでのみわかるヒルコヒメの逸話が、今もそのままほうふつと甦る和歌山の神社と神事。稲虫祓いの逸話から発祥した和歌の浦の玉津島神社もその一つ、今もヒルコヒメ（ワカヒメ）を祀ります。また熊野速玉大社の扇立祭と熊野那智大社の扇祭り（那智の火祭）に注目です。

和歌山県は和歌の国

古事記では全く窺《うかが》い知ることができない、現代に伝わる祭の起源説話がここにあります。以下ホツマツタヱをみてゆきます。

前項の稲虫祓いの故事につづく文章です。

御田族《おんたから》　喜び返す　紀志伊国《きしゐくに》　天日《あひ》の前宮《まえみや》　玉津宮《たまつみや》　造れば休む　天日宮《あひみや》を
国懸《くにか》けとなす　若姫の　心を留《とど》む玉津宮　枯れたる稲の若返る　若の歌より

和歌の国

（2綾―82行）

田に群がっていた稲虫がきれいに去ったので、紀志伊国の農民は大喜びです。この御礼に正后・セオリツヒメ（別名日《ひ》の前向津姫《まえむかつひめ》）には天日の前宮（日前神社《ひのまえ》）を、またヒルコヒメには玉津宮（玉津島神社《たまつしま》）を建てて奉りました。天日の前宮はその後イサワの宮の出先機関（政庁）となり、各地に向かう中継拠点の役割を果たすことで、国懸《くにかけ》神宮と呼ばれて今に至ります。

ヒルコヒメお気に入りの玉津宮は、稲虫祓いの歌の光明で和歌興隆の中心地となり、その地は「和歌の浦」と呼ばれ、また国の名もヒルコヒメの別名「ワカヒメ（若姫・和歌姫）」の和歌の国となったのです。

こうしてこの地の国民《くにたみ》が感謝を込めて造ったのが、天日《あひ》の前宮（セオリツヒメは日の神・アマテラスに向かい立つ正后として向津姫《むかつひめ》と尊称された）と玉津宮です。

セオリツヒメとヒルコヒメはしばらくここに滞在され、またこの天日の前宮は、後に国の中央政庁につながる大事な懸け橋の宮とされ出先政庁になったのです。

ヒルコヒメはとりわけ玉津宮をお気に入りになり、心を留めました。歌心もますます湧いてきたことでしょう。

現在、和歌の国である和歌山の地には、同じ境内に日前《ひのまえ》神宮、国懸《くにかけ》神宮があり、また当時は島山があたかも玉のように海中に点在していたという玉津島《たまつしま》神社があります。

そのおし草は　ぬばたまの　花はほのぼの　烏羽《からすば》の　明《あか》きは日の出
桧扇《ひあうぎ》の　板以《いたも》て作る　扇《あふぎ》して　国守《くにも》り治《をさ》む　教《をし》え草《くさ》
烏扇《からすあふぎ》は　十二《そふ》葉《は》なり　桧扇《ひあふき》の葉《は》は　みな祓《はら》ふ
天地《あわ》の四十八《よそや》ぞ　また三十二《みそふ》　道な忘れそ
（1綾―118行）

烏扇《からすおうぎ》（檜扇《ひおうぎ》）の押草《おしくさ》で作った扇によって、それまでのぬばたまの夜は明けました。その花の色は赤黄のグラデーションとなってほのぼのとした美しさをかもし出し、あたかも夜明けの日の出を思わせる。この檜扇の花にちなんで日の霊気を受けた檜（日の木）の板で扇を作り、国を治める教え草（教訓）としたのです。

檜扇の草が12葉であるように、扇は12扇（12ヶ月）に配し、檜扇の草の葉は天地《あわ》歌の48音を表す48株をもって作り、これで汚穢《をえ》、災厄《さいえん》を祓ふ。48音が持つ言霊《ことだま》の力を引き出し、禍《わざわい》（まがこと）を祓うために32音（三十二《みそふ》神にもつながる意を含むか）の和歌を詠うのです。

この深遠なる天地《あめつち》の理、教えの道を忘れてはなりませぬぞ。

このように天君の役割の一翼を担う聡明な中宮・セオリツヒメと和歌に秀でたヒルコヒメの二人の女性の理智に富んだ大活躍、そして和歌の神力をいかんなく発揮した稲虫祓いの故事がホツマツタヱの最初の綾に載せられたことの意味はとても大きいと考えます。

また、ぬばたま、檜扇の花と種（まっ黒の種）は古来より我が国で愛されてきた花だったことがわかります。ぬばたまが夜、闇の枕詞になったのもこのヒルコヒメの故事からきたのでしょうか。

和歌山の神事にも伝わるホツマツタヱの教え草

このホツマツタヱの稲虫祓いの故事は、和歌山県に二つの扇祭りとして伝承されています。ホツマツタヱの教え草がその故地和歌山県において、五穀豊穣、国家安泰を願う神事として今も息づいているという、驚くべき事実がここにあります。

1　熊野速玉大社の扇立祭《おうぎたてまつり》

熊野速玉大社では、社殿に国宝の檜扇を立て『虫を払い五穀豊穰を願う』神事が執り行われます。7月14日夜、桧扇を神前に奉り、扇に宿る神霊を拝む扇立祭です。

当日、本殿と各殿に国宝・彩絵《さいえ》檜扇《ひおうぎ》の模写扇が開帳されます。檜扇とは檜の薄板に、花鳥風月をあしらい、金銀箔をちらして綴った扇で、主として宮中においての儀式に際し公家の男女が正装して所持したものでした。

2　熊野那智大社の扇祭り（火祭り）

「那智の扇祭り」は毎年7月14日に執り行われる熊野那智大社の例祭です。昭和27年重要無形民俗文化財に指定されました。それまでは「那智の火祭」の呼び名として長年親しまれてきた祭りです。

12柱の熊野の神々を、御滝の姿を表した高さ6ｍの12体の扇神輿に遷し、御本社より御滝へ渡御をなし、御滝の参道にて重さ50kg～60kgの12本の大松明でお迎えし、その炎で清める神事です。

扇神輿は12台、それぞれ幅1メートル、長さ6メートル程の細長い框《かまち》に赤緞子《あかどんす》が張られ金地に朱の日の丸扇が付けられています。

各扇神輿の日の丸扇は、全開30扇、半開2扇の計32扇で、また檜扇の葉がそれぞれの神輿に四株付けられており全体で計48株となっています。そして、これらを組み立てる際に用いる竹の釘は、古くからの慣例に従い３６０本を用いています。

このお祭りはまさに火と水の祭りです。水は古来より崇拝される那智滝の本体であり生命の源であり、火は万物の活力の源であるとともに汚穢《をゑ》を祓います。生命の復活と五穀豊穣の祈りが縄文時代から今に至るも続いているのです。

熊野速玉大社の扇立祭と熊野那智大社の扇祭り、このふたつのお祭りでの重要なキーワードである檜扇、日の丸、12、全開30＋半開2の全32の日の丸扇、48、３６０などの意味するところは、まさにホツマツタヱによってのみわかるものなのです。前述のホツマツタヱ原文（1綾―１１８行）とその訳文をご覧ください。

さらに、31文字に対する32文字の厄祓いの歌の意味、また天球の全方位度が３６０度としていたこと〔この３６０度は罪状に対する量刑判断の基準値（３６０度を超えると死刑にもなる）〕なども含め、ホツマツタヱが明らかにする天体観測から得られた当時の正確な暦（太陰太陽暦）の理解があったことが窺《うかが》えます。

16

ヒルコヒメ(ワカヒメ)の恋歌・回り歌《まわりうた》の神力

オモイカネに寄せたヒルコヒメの恋心、これが和歌の回り歌に言霊として込められました。我が国最初の女性の恋歌です。日本語のもつ特徴を如実に表す回り歌の醍醐味がここにあります。また古来より伝わる有名な回り歌(七福神の宝船歌)もホツマツタヱに典拠があったことがわかります。

ヒルコヒメはワカヒルメ(稚日女尊)なのか!?

古事記は、歌謡をふんだんに取り入れた歌物語でもありますが、我が国和歌の真骨頂である回り歌《まわうた》については、全く触れていません。回り歌とは、和歌の中でも最高の技巧をもって作られた歌です。一首31文字を上から読んでも下から読んでも同音の全く同じ歌となるものです。

日本語のもつ特徴を如実に表す回り歌の醍醐味をホツマツタヱで紹介しましょう

紀志伊《きしゐ》の国での稲虫祓いの一件が落着し、土地の民が感謝の気持ちを込めてヒルコヒメのために玉津のお宮を造りました。ヒルコヒメはことのほかここが気に入り、詩心もますます深まって楽しい日々をすごしていたことでしょう。この地は後に和歌の浦と呼ばれます。

そして今もこの地に玉津島神社があります。御祭神はなんとワカヒルメノミコト（稚日女尊）とあります。

神社ホームページによれば、

『……稚日女尊は、伊弉諾《いざなぎ》・伊弉冉尊《いざなみのみこと》の御子であり、天照大御神の妹神です。元よりこの地におわす神で、後世、丹生都比売神《にうつひめのかみ》の御名でも呼ばれています。』

この説明はまさにホツマツタヱの語るところに一致しています。ただし実際はアマテラスの姉です。アマテルが天を照らし治めるようになってから、ヒルコヒメはシタテルヒメ（下照姫）となって地上を照らす妹姫のように語られたからでしょうか。

ちなみに丹生都比売神社（紀伊国一の宮）のホームページでは、『第一殿に祀られる丹生都比売大神は伊勢神宮に祀られる天照大御神の妹神で、稚日女尊とも申し上げる。』となっています。


さて、その玉津のお宮に伊勢イサワの宮からのお使い、勅使としてオモイカネが遣わされてきました。このオモイカネは、ヒルコヒメの母イザナミの兄である第六代タカミムスビ・ヤソキネ（八十杵）の長男で、ヒルコヒメにとっては従兄弟にあたります。

幼名はフリマロ、かつてアマテラスが日高見で祖父の第五代タカミムスビ・トヨケより王道教育を受けていた時に、常に近侍して共に教えを受けていました。大変頭が良く、アマテラスからも厚い信任を受けた優秀な方でした。後述しますが、アマテラスが隠れた天の岩戸開きの場面でも大活躍した方です。

ちなみに記紀では、オモイカネはタカミムスビの子であり、その妹はヨロズハタトヨアキツシヒメ（万幡豊秋津師比売、別名タクハタチチヒメ／アマテラスの子・オシホミミの正后）としています。

しかしながらホツマツタヱによると、タクハタチチヒメは第七代タカミムスビ・タカキネ（高杵／高木神）の娘です。記紀は第六代と第七代のタカミムスビを混同しています。

この頃のヒルコヒメがいくつ位の年だったのか、それはわかりません。が、これまでの歴史経過からするとそう若いとは思えないのです。すでに思慮深い才媛の婦人であったように思われます。しかもアマテラスの実の姉なのですから、並の臣下では畏れ多くて近づけないお方です。やはりそう簡単に誰彼と恋ができるというものではないのです。

そこで周りの者たちがオモイカネに白羽の矢を当てて玉津に遣わせたという段取りでしょうか。そんな流れの中でヒルコヒメが、とうとうこのオモイカネに一目惚れされたのです。

慕る思い、恋心を歌にして、ねりに練ってできた歌が次の回り歌《まわうた》でした。それを歌身《うたみ》（短冊）にしたためて、さてどうしたものか。千々に乱れる女の一途な恋心、もう思案もしかねてエイッとばかりに、思いきって手づから彼に渡すのでした。

「思い兼ねてぞ　すすむるを」（思いを決して勇気を出して、ヒルコヒメは手づから歌身を手渡した）。「オモイカネ」という称え名はここから付きました。オモイカネの斎名《いみな》はアチヒコ（阿智彦）といいます。

オモイカネも、どうしたのだろうとつい手にはしたものの、その歌身を見てさぞやビックリしたことでしょう。なにしろお相手は時の天神・アマテラスのお姉様、しかも歌の名手と世に名高い姫君なのです。お近づきするのも憚れるお方なのです。

その歌身の歌がこれです。

きしゐこそつまおみきわにことのねのとこにわきみおまつぞこゐしき

《紀志井《きしゐ》こそ　妻《つま》を身際《みきわ》に　琴《こと》の音《ね》の　床《とこ》に吾君《わきみ》を　待《ま》つぞ恋《こい》しき》

この紀志伊の国で、今こそ私は想い描いてきたお方、あなた様にめぐり会えました。この私を妻としてあなた様のお側においてくださいませ。琴を奏《かなで》てさし上げましょう。私の胸は琴の音のように高鳴り響きわたっております。吾がひとり寝の床で、恋しきあなた様を待っております。

読み人知らずで有名な宝船歌の出典はホツマツタヱ

回《まわ》り歌《うた》とは、和歌の中でも最高の技巧をもって作られた歌です。

ご覧のように、一首31文字を上から読んでも下から読んでも同音の全く同じ歌です。日本語が持つ特性から可能になる、まさに驚くべき和歌の至芸といえましょう。そしてこの現代にもこの回り歌を自在に作る方もいるのです。特殊な能力の発現でしょうか。

これにオモイカネは返す言葉、返歌もできずに戸惑うばかりです。また、当時の結婚は仲人を立ててとのしきたりがありましたので、まずはお待ちください……、後ほどお返事を、としてその場を切り上げ、イサワの宮に帰り重臣方に相談するのでした。

ここでカナサキが登場します。次の自身の作「長き夜の……」をもちだして、回り歌に秘められた言霊《ことだま》の霊力を説明し、そこには作者の強い思いが込められており、この歌に逆らうことはできぬ旨を助言するのでした。この思念《しねん》の中に一度入ったらもう抜け出せません。

カナサキは内心ニンマリ、しめた！　と思っていたかもしれませんね。なにしろカナサキにとっては、幼子の時から愛しみ育てたヒルコヒメなのですから。よい縁談とみて積極的にこの縁の舟渡しをするのです。

そこでかつてカナサキが作った回り歌を披露します。

長《なか》き夜《よ》の　遠《とお》の眠《ねふ》りの　皆目覚《みなめざ》め　波乗《なみの》り船《ふね》の　音《おと》の良《よ》きかな

自分がかつて君の行幸にお伴して船に乗っていた時のこと。風が激しく吹きだし、海が荒れて高波が押し寄せてきた。そこで波を打ち返し難局を開こうと、何度も何度も詠み祈ったのがこの歌である。長い暗夜におし寄せる嵐に、皆疲れきって眠り込んでいたのだが、この歌のおかげで皆は目覚めて元気を取り戻し、やがて波も静まり波乗り船も快適な音を出しながら、無事阿波の港につくことができたのである。

この歌は昔から詠み人知らずで有名な宝船歌です。この歌の出典は不明とされていますが、室町時代の文献などに見え、とくに江戸時代には正月初夢用に七福神が乗った宝船の絵に付されて世に流布されました。この歌はなんとホツマツタヱが源流だったのです。

こうしてオモイカネはヒルコヒメの歌に示された自分への愛を清直《すなお》に受け止め、カナサキを仲人に、アマテラスのお許しの御言宣《みことのり》もいただいて、晴れて婦夫《めをと》になられたのでした。

この一件で「思兼《おもいかね》」という称え名を、またヒルコヒメも天を照らす天照神に対して地上を照らす「下照姫《したてるひめ》」との称え名を賜り、二人は後に琵琶湖東岸の野洲川辺《やすかわべ》に居を構えました。

二人してアマテラスの治世を支え、また皇子・ヲシヒト（忍仁／後のオシホミミ）の御養育の任にもあたられたのです。

和歌は時として、心からの魂の叫び、想いの念を遂げるための力を表出します。日本語の一音一語の言の葉を綴ることで、まさに言霊となって響き渡るのです。それは一音一音が天界の四十八《よそや》の神々を表すからでもあります。しかもグルグルと回り、止めどなくその響きが繰り返される回り歌となれば、それはまさに強い霊力を引き出すと考えられていたことでしょう。日本語のもつ底知れぬ凄みを感じます。

17

両神《ふたかみ》の長男・アマテラスの実像

天照大御神は天上の女神、という現代の常識は明治以後にできたもの。また記紀はアマテラスをはっきりと女性とは書いていません。はて真相は？　アマテラスとスサノオとの誓約《うけい》の実際は、スサノオと姉・ヒルコヒメとの間の出来事だったのです！

アマテラスはなぜ女神になったのか？

古事記では、そもそもアマテラスが女性であるとはっきり窺《うかが》わせたり、言いきっている部分はありません。ただスサノオとの誓約（互いにあらかじめ決めごとをし、その結果に従うことを約束する宣誓《せんせい》）をする描写からアマテラスが女性と錯覚してしまいそうです。また日本書紀では、古事記と同じ描写の場面でそれとなく女性をにおわすように書いています。その詳細は後に詳述します。

さて、天照大御神は我が国皇室の祖神です。すべての神社の上に位置し社格の対象外にあるというあの伊勢神宮（正式名称は「神宮」）において、最高の尊崇をもって祀られています。にもかかわらず、記紀にはこの神様に関する記事はそれほど多くなく、しかも天上に坐す女神のように書かれているため、結果として現在の常識では女神とされています。

しかしホツマツタヱの記述は全くこれと異なります。

ホツマツタヱでは、アマテラスは縄文時代晩期、今からおよそ3100年前にお生まれになり、長きにわたって日本の国体を形作るうえで最大の役割を果たされた男の神様、我が国最高の聖賢だったと語ります。

なおここで「国体」とは、日本民族の長い歴史のなかで伝統的に形成され、大多数の国民によって尊重されてきた精神的、文化的価値の体系を意味します。かつての皇国史観のもとでの、狭い意味の国体のみを意味するものではありません。

これから数項にわたって、アマテラスのご生誕の前後から、成人して正式に宮を構え即位して、お妃を娶ったところまでをみてゆきましょう。アマテラスが実在した人物であるとのイメージが明確に浮かび上がることでしょう。

古事記ではアマテラスが女性であるとはっきり言いきっている部分はありませんが、日本書紀では、次のようにして女性をにおわすように書いています。

その第一は、日本書紀第五段本文で、「ここに共に日神を生みたまふ。大日孁貴《おほひるめのむち》と号す。」と記しました。これは、太陽である女性、あるいは日に仕える巫女と解されています。本来御魂《みたま》であるべき「霊・靈」の一文字を女性をにおわす「霎」にしてしまったのです。

その第二は、第六段本文、スサノオとの誓約のところで、スサノオがアマテラスに対して「姉」や「阿姉」（どちらも読みは「なねのみこと」）といった女性に対する言葉を4回言っているのです。

その第三は、第七段本文ではアマテラスが機殿《はたどの》で自ら機を織っているように書かれています。この時代も機織りの仕事は女性でした。

一方、古事記のこの部分はスサノオが狼藉《ろうぜき》を働くところで、アマテラスが神の衣を織る神聖な機織屋《はたおりや》にいらっしゃって「神御衣《かむみそ》を織らしめたまひし時に（機織女《はたおりめ》に織らせなさっていた時に）」となっています。

以上のことを考えると、日本書紀ははっきりとアマテラスの性別を示しはしませんが、実に巧妙に、注意深くアマテラスを女性にしてしまったといえるのではないでしょうか。

いつの頃、誰による作為なのか、これについては別の機会にじっくりと考えます。

そして現代は完全にアマテラスは女性神として常識化し、これに反するものを異端視するようになってしまいました。

『古事記伝』の本居宣長の強い影響もあると思います。宣長はアマテラスは女性とはっきり主張しています。この宣長流の国学を学んできた明治維新の立役者たちは、その後、明治新政府の中で中枢を占めることになりました。

こうした流れから、アマテラス女性神論は明治に入っての小学校からの学校教育と、国家神道になってから常識化した、ということを指摘しておきたいと思います。

江戸時代以前には、アマテラス男神論を唱える人もかなりいたのです。あの木彫仏で有名な円空は男神としてアマテラスの塑像を彫りました。

また昭和のホツマツタヱ発見者、松本善之助氏は『月刊ほつま』でこう指摘されました。「天照大神男性論者を顧みると、荻生徂徠やその影響を受けたらしい度会延経があり、下っては山片蟠桃、山県禎、帆足万里などが挙げられる。これらの内には、男神とする理由として太陽は本来陽であり陰であるはずがないとし、推古女帝の摂政聖徳太子に作為ありとする論もあり、最近では津田左右吉もこれを支持している。」

さらに松本氏は、江戸初期に伊勢神宮の神官だった度会延経が「内宮男体考証」の中で、平安後期に朝廷から伊勢神宮に納められたアマテラスの装束が、男性用のものであることを論証している点を紹介しています。

また延経は、伊勢神宮内宮の別宮・荒祭宮の御祭神アマサカルムカツヒメはアマテラスの正后であったのであろう、とズバリ指摘しているのです。ただし現在の伊勢神宮ではアマテラスの荒御霊であるとしていますが。

ホツマツタヱからすれば「アマサカルムカツヒメ」とはまさにその通り、正后・セオリツヒメ（向津姫《むかつひめ》）なのです。このことはまた後述します。

一方、岩波書店版日本書紀（校註：坂本太郎他）では、その補注で「もっとも、皇祖神は最初男性であったのを女帝推古天皇の代に女性に改めたのであるとする推測説が荻生徂徠・山片蟠桃の著書に見え、津田左右吉もその結論を支持しているが、この神の原始的な名称であったと思われる、オオヒルメノムチが女性を意味するとすれば、やはり最初から女性と考えられていたのであろう」としています。

この結論はこれからお話しするアマテラスのご生誕の時の逸話（生まれた御子アマテラス君が発した第一声「ウヒルギ（大日霊杵）」）によって大きく崩れると考えなければなりません。

たかだか明治時代から常識化した「アマテラスは女神」なる妄信は、もういよいよ再考する時が来たのではないでしょうか。以下に述べるアマテラスの逸話の数々により読者とともに考えてまいりましょう。

アマテラスとスサノオとの誓約（記紀の記述）

古事記では（日本書紀本文もほぼ同じ内容です）、スサノオが根の堅洲国《かたすこく》（日本書紀では根の国）に行く前に高天原に昇天し、アマテラスと誓約《うけい》をする場面があります。（この場面は第24項で詳述します。）

　ここでアマテラスは「我が国を奪いに来たのだろう」として髪を解き男の髪型である角髪《みずら》に結いなおして、勇ましく武人のようにふるまい、そこで二人の間の誓約がなされます。アマテラスは、スサノオの十握《とつか》の剣を貰い受けそれを噛みくだいて三女神を生み、スサノオは、アマテラスの勾玉《まがたま》を貰い受け噛みくだいて五柱の男子を生む、という摩訶不思議な場面です。

　ホツマツタヱによれば、アマテラスではなく、琵琶湖野洲川《やすかわ》にいる姉のヒルコヒメに会いに行ったのであり、アマテラスとすり替えられています。しかも天の岩屋籠《いわやこ》もりの話とその後のスサノオが断罪され流刑が決定された後の出来事なのです。

　また生まれた子の3人の女子と5人の男子の名は皆正しくアマテラスの御子ではありますが、その生まれた事情は全く異なります。

　古事記のこの場面の記述は、ホツマツタヱの記事を継ぎはぎし合成して作り上げたようです。

18

アマテラス誕生前の世継《よつの》ぎ祈り

古事記のアマテラス誕生の記述は、イザナギ一人で目を洗って成ったという摩訶不思議なものです。ホツマツタヱには、我が国最高の日の御霊神誕生にふさわしい、じつに感動的な情景描写があります。世継ぎの皇子をなんとしても得たいという強い思いの、祖父となるトヨケ、そして両神《ふたかみ》の祈りの行をみます。

トヨケの世継ぎ祈り

黄泉国から帰ったイザナギは、禊をして身を清めようと筑紫《つくし》の日向《ひむか》の橘《たちばなの》小門《おど》の阿波岐《あわぎ》原《はら》に出向いて禊祓《みそぎはら》いをします。ここで多くの神々が成った後、最後に顔をすすぎます。左の御目を洗われた時に成ったのがアマテラスでした。つづいて右の目を洗われた時にツクヨミを、鼻を洗われた時にスサノオが成りました。これはすでにおわかりのようにホツマツタヱと全く異なります。

以下にホツマツタヱの語るところを見てゆきます。

天の世第七代のイザナギ・イザナミの両神は、先代のオモタル・カシコネの末期における国の衰退、混乱をみごとに乗り越えて、瑞穂《みずほ》の国の基礎固めを成し遂げました。

そしてこの国家中興をさらに後の世に確実につなげていくために、良き立派な後継ぎを強く願います。最初の御子・ヒルコヒメの後、世継ぎとなる皇子はなかなか生まれませんでした。

その時にあたり、東北・日高見を拠点とするイザナミの父・トヨケは、両神の宮がある富士山麓に行幸し山に登りこう嘆くのでした。

神孫《かんまご》の　千五百大人《ちゐをうし》ある　その中《なか》に　天《あめ》の道得《みちえ》て　人草《ひとくさ》の
嘆《なげ》きを和《やわ》す　神《かみ》あらず　あらねば道《みち》も　尽《つ》きんかと

（4綾―27行）

多くの国守《くにかみ》、クニトコタチの末裔《まつえい》はいても、国民《くにたみ》の喜び、悲しみを共にして人々の心を和《や》わし、国民を統合する立派な指導者はいないのでした。

人の数は増えてはきたものの、人々はただ蠢《うごめ》くように日々の生活に追われています。このままでは、天の道も廃れてしまうかもしれない。

と、このようにトヨケは国の将来を見据えて深い危惧の念を抱かれたのです。

そしてトヨケは、両神とともにこのことに深く思いを巡らした後、月桂木《つきかつらぎ》の鳳鳥山《いとりやま》（この場所は山形県の鳥海山と思われます。また月のイメージから月山も連想されます）での神祈《かみの》りの行、八千座《やちくらちぎ》契りを開始します。世継社《よつぎやしろ》を設け、神に祈りを捧げる神座《かみくら》にて八千回もの祈願と禊の行を続けました。

トヨケの強い願いが神に通じたのでしょう。アメミヲヤ、トホカミヱヒタメ天元神《あもとかみ》、その他すべての神々が働かれたのです。

抜《ぬ》きんづる　稜威霊神徳《ゐつちかみのり》　徹《とほ》りてぞ　天《あめ》の御祖《みをや》の　眼《まなこ》より　漏《も》るる日月《ひつき》と
天元神《あもとかみ》　三十二《みそふ》の神《かみ》の　守《まも》る故《ゆえ》　子種成《こたねな》ること　覚《おぼ》えます
（4綾—44行）

トヨケみずから八千回もの禊と祈願の行を行った結果、とうとう天の神々に願いが届いたのでしょう。アメミヲヤの眼《まなこ》から日と月の光が差し、そのアメミヲヤを取り巻く天元神《あもとかみ》（トホカミヱヒタメ八神とアイフヘモヲスシ八神）と三十二《みそふ》の神々すべての大いなるご加護のもとに、両神に子種が下されるとの確信をトヨケは感知したのでした。

これはすごいことですね。これほどの天界すべての神々の御加護のもとに、人々の願いと期待を一身に受けて我が国に誕生された方はいないのです。それほどに、アマテラスは当時の人々の思いと、天界の神々の甚大なお働きによってこの世に生まれたお方なのです。

ところでこの場所、鳥海山は古くから鳥見山といわれ、そこには出羽の国一の宮鳥海山大物忌《おおものいみ》神社があります。この神社は平安時代中期に編纂された『延喜式』での式内社（名神大社）であり、またそのなかの「主税式」においては国家から祭祀料を受けた神社で、当時その他に国家の正税から祭祀料を受けていたのは陸奥国鹽竈《しおがま》神社、伊豆国三島社、淡路国大和大国魂社の3社しかないといいます。

記紀にトヨケのことは書かれなくとも、ホツマツタヱの伝承はやはり当時も消し去ることはできなかったのでしょうか。

両神の原見山《はらみやま》での世継ぎ祈り

さて、東北でトヨケが世継ぎ祈りを始めると同時に、両神も原見山（富士山）で世継ぎの皇子を得るために千日行の祈願を開始します。

池水《いけみづ》に　左《た》の目《め》を洗《あら》い　日霊《ひる》に祈《の》り　右《か》の目《め》を洗《あら》い　月《つき》に祈《の》り　石凝姥女《いしこりどめ》が
真澄鏡《ますかがみ》　鋳造《いつく》り勧《すす》む　イサナギは　天《あめ》を治《し》らする　偉大《うつ》の子《こ》を　生《う》まん思《おも》ひの

真澄鏡《ますかがみ》　両手《まて》に日霊月《ひるつき》　擬《なづら》えて　神生《かみな》り出《い》でん　ことを乞《こ》い　首回《くびめぐ》る間《ま》に
天慈乞《あぐりこ》う　斯《か》く日《ひ》を積《つ》みて　御霊入《みたまい》る　門《かど》は身柱《ちりけ》の　綾処《あやところ》　行《おこな》ひ千日《ちか》に
なる頃《ころ》は　白脛染《しらはぎそ》みて　櫻色《さくらいろ》
（4綾―54行）

そこで山頂の池（富士山頂子の代池）の水で左右の目を洗い、（アメミヲヤの眼《まなこ》より漏れた日月の御霊《みたま》を洗い清める思いで）日月の御霊に祈られた。イシコリドメ（伊斯許理土度売命／鏡作部の遠祖とされる）が真澄鏡二面を鋳造り、両神に献上する。

イザナギは、天の下の地上国土、国民を治め得るような尊い御子を得たいとの切なる思いで、真澄鏡を両手に持ち、左の鏡を日の御霊に、右の鏡を月の御霊に準《なずら》えて、天界の神々のご降臨を請ひ、首をめぐらしながら、神の御加護を請ひ願うのだった。

こうして祈りの行を重ねていると、やがて身柱《ちりけ》（うなじの下、両肩中央の天柱（チリケ）の急所）より天の霊気が身体に入ってくるのを感得する。そしてこの行が千日になる頃には、白脛《しらはぎ》も桜色に染まってきたのだった。

さてこの右の情景描写で、もうおわかりですね。古事記がイザナギひとりで三貴子を生む光景は、まさにこのイザナギの祈りの行の記述をもじってのことだった、と想像がつくのではありませんか。

こうして両神の原見山での精魂を込めた祈りの行が満願の時をむかえて、日輪の御霊《みたま》が降り下ります。思わず抱く夢心地、覚醒《かくせい》の境地に浸るのでした。

この覚醒を体験し、眠れる遺伝子がスイッチ・オン、目覚めた後に両神は宮に戻って床《とこ》神酒《みき》の儀にのっとり床入《どこい》りされてイザナミは懐胎します。

しかし通常の懐胎期間をはるかに超えて、なんと96ヶ月という長い時を経て苦心の末の若皇子誕生でした。

このように、両神の長い専心精励の姿と誕生までの様子が実に詳細な情景描写をともなって綴られています。ではいよいよアマテラスご誕生の感動的な場面に移りましょう。

19 白山信仰の女神キクキリヒメとは？

アマテラス誕生の感動的な描写とともに、ウヒルギと自ら発した声を聞き取ったイザナギの姉・キクキリヒメ（菊理姫）。この「ウヒルギ」を日本書紀が大日孁尊としたことはまことに残念です。今も伝わる白山信仰の偉大な神・白山比咩こと菊理姫の名の謂《いわ》れもこれでわかります。

アマテラス誕生と瑞兆

以下はすべてホツマツタヱに基づきます。

アマテラス君ご誕生のこの年は、西暦で前1100年頃にあたります。今からおよそ3120年前のことです。

二十一鈴《ふそひすず》　百二十五枝《ももふそゐえだ》　年《とし》キシヱ初日《はつひ》ほのぼの　出《い》づるとき共《とも》に生《あ》れます

御容《みかたち》の　円《まとか》の玉子《たまご》　訝《いぶか》しや

（4綾―95行）

21鈴125枝31穂（西暦前1100年頃）新年初日の出がほのぼのと出ではじめるとともにアマテラス君がお生まれになりました。ただ不思議なことにそのお姿は、日輪の御子ゆえでしょうか、球形の卵の形だったのです。かたい卵の殻に包まれていたのです。

アマテラス君は富士山の麓、原見の宮で新年元旦、誕生しました。その際富士山には見事な瑞兆が現れました。私の最も好きな句のひとつがここにあります。

天《あめ》に棚引《たなび》く　白雲《しらくも》の　架《か》かる八峰《やみね》の　降《ふ》る霰《あられ》　日隅《ひすみ》に木霊《こたま》　この瑞《みづ》兆を
布《ぬの》以《も》て作《つく》る　八豊幡《やとよはた》　八隅《やすみ》に立《た》てて　君《きみ》となる
（4綾—126行）

白雲架かる富士の八峰には霰が降りしきり、四方《よも》にこだまのごとく響き渡る。この瑞兆を表す八豊旗を八隅に立てて、アマテラスは生まれながらの君となられた。

※この八豊旗は今に至るも、天皇陛下御即位の大礼では、正殿の儀前庭に八流の幡として掲げられます。

アマテラスご誕生の時に現われた瑞兆の情景描写が、実に詩情豊かに謡い上げられています。

このようにホツマツタヱはその全文が五七調（ここの場面では七五調）で綴られており、きらきら光る美しい文章がたくさんちりばめられています。

アマテラス君は、まさに日本中の人々から待ち望まれて、ようやくに待望の皇子がお生まれになりました。

イザナミの父・トヨケの世継祈《よつぎの》りの行と両神の原見山（富士山）での神祈《かみの》り、そして国の民すべての願いがかない、ここにアマテラス君のご誕生となったのです。

明《あか》（赤）玉《たま》の　若日霊《わかひる》の霊《る》は　蒼《あお》き玉《たま》　暮《く》れ日《ひ》の御玉《みたま》　射干玉《ぬばたま》なりき

（４綾―１４８行）

明けの太陽の日霊の降りた若皇子の御霊は、まだ若く蒼き玉の色、暮れの沈んでしまった太陽の御霊の色は、漆黒のぬばたまの色である。けれども、この烏扇《からすおうぎ》の種は、日が昇り、芽が出て扇の葉が伸び花が咲くと、それは赤黄のほのぼのとした、紅き日の出の美しさをかもし出す。

これまで暗く沈んだ世の中でしたが、久方ぶりの世継ぎ皇子誕生に、一瞬にして明るい光が差し込みました。まさに「久方《ひさかた》の　光生《ひかりあ》れます」なのです。そして成長された暁には、この国にまた花が咲くのです。次の句が続きます。

久方《ひさかた》の　光生《ひかりあ》れます　初嘗会《ういなめゑ》　天悠紀地主基《あゆきわすき》に　告《つ》げ祭《まつ》り
皇子《みこ》養育《ひた》さんと　両神《ふたかみ》の御心《みこころ》尽《つ》くす　天《あま》の原《はら》

（4綾―151行）

これまで後継ぎがなかなかできずに、暗く沈んだ世の中でしたが、久しぶりに明るい光が射し込み、まさに日輪の皇子のご誕生です。世継ぎ皇子の誕生を天悠紀・地主基の神々にお告げする初嘗会《ういなめゑ》（新嘗祭）が厳粛に執り行われました。こうして、両神はこの皇子を心を尽くして大切にご養育されたのでした。

「ぬばたま」「久方の」は、万葉集以来枕詞として使われてきました。

「ぬばたま」は黒い種子であることから、夜・闇・髪・黒・夕などの枕詞であり、「久方の」は天、空、月、光などに懸かる用例がありますが、大本は、この「久方の　光生れます」でした。久しぶりの皇子誕生に一転、光が差し込んだという喜びの表現でした。

このようにホツマツタヱには、万葉集やそれ以降の詩歌に脈々と伝わる光る言葉の数々があります。5綾には枕詞の意味も明確に述べられています。

「枕詞」とは、たとえば「ぬばたまの」や「足曳《あしびき》の・足引《あしひ》きの」とくると、その前詞《まえことば》が使われた過去の天君や立派な方々が残したご事績や教訓、その時の状況がパっと思い浮かび、新たな歌の種が生まれてくる。心を明かし清直《すなお》にしていれば、天より賜る言葉の妙により、また新たな歌が生まれてくるというものです。

また「初嘗会　天悠紀地主基に　告げ祭り」についてですが、これがその後、現代にまで続く大嘗会《おおなめゑ》＝践祚大嘗祭《せんそだいじょうさい》―天皇が即位され最初の冬至の頃に行われる天皇一世一度の重儀の淵源なのです。

アマテラスは日本中の国民が待ちに待った念願の皇子でした。生まれながらに天の日嗣を受けられる御子なのです。それゆえに、父母のイザナギ・イザナミは御子誕生後の最初の冬至の日の嘗会《なめゑ》において、アユキ・ワスキの神々に感謝の念をもって告げ奉られました。

ユキは天（あ）であり、天悠紀殿（アユキ）に、アメミオヤ＝アメノミナカヌシ＝クニトコタチと、トホカミヱヒタメの天元八神（これらすべてをアメトコタチ―九神《こかみ》という）を祭ります。私たちの命、心を守る天の神々です。

スキは地（わ）であり、地主基殿（ワスキ）にウマシアシガイヒコヂ（＝東西央南北・キツヲサネの五神とアミヤシナウの六神合わせた十一《そひ》の神）を祭ります。地上に生きる私たちに御食《みけ》を下さりその神気をもって五臓六腑・身体を守る地神《はにかみ》です。

現代で使われる悠紀《ゆき》・主基《すき》の漢字は当て字に過ぎず、「ユ」は斎庭《ゆにわ》、雪などに通じる清らか、清浄を表し、「キ」は気、木、精気などの生命力であり、「ス」は清《すが》、澄む　に通じ、ユキ・スキどちらも精妙、清浄で尊いものを表しているようです。このユキ・スキ祭りの我が国の初出事例が、アマテラスご誕生の場面にあったわけです。。

君の幼名《おさなな》はウヒルギ（大日霊杵）

君ご誕生の時の逸話をもう一つ、アマテラス君のご幼名に関する重要な記述があります。君の伯母・キクキリヒメ（菊桐姫、キクリヒメ、ココリヒメ、シラヤマヒメ／イザナギの姉）も登場します。

伯母姫《おばひめ》が　扶桑北《こゑね》の国《くに》に　御衣織《みはお》りて　奉《たてまつ》る時《とき》　泣《な》く皇子《みこ》の　声聞《こえき》き取《と》れば
あな嬉《うれ》し　これより諸《もろ》が　名《な》を請《こ》いて　伯母《おば》より問《と》えば　大日霊杵《ウヒルギ》と　自《みずか》ら答《こと》う
皇子《みこ》の声《こえ》　聞《き》き切《き》る時《とき》は　幼《おさ》な名《な》の　ウは大《おお》いなり　ヒは日《ひ》の輪《わ》　ルは日《ひ》の霊魂《ちたま》
ギは杵《きね》ぞ　故大日霊杵《かれウヒルギ》の尊《みこと》なり　杵《きね》は婦夫《めをと》の　男《を》の君《きみ》ぞ　両神伯母《ふたかみおば》を称《たた》えます
菊桐姫《きくきりひめ》も　あなかしこかな
（4綾―134行）

アマテラスの伯母のキクキリヒメが、扶桑国《こゑくに》の北＝今の北陸地方（養蚕の発祥地）にて御衣《みは》を織り皇子に奉る時、泣く皇子の声を聞き取りました。「あな嬉し」と自ら言葉を発しているという。そしてさらにキクキリヒメが皇子にお聞きすると、「ウヒルギ」と自らお答えになった。

この皇子の声を聞ききった結果の幼な名「ウヒルギ（大日霊杵）」は、ウは「大」の意、ヒは日の輪の「日」、ルは日の御霊の「霊」、ギは男子を表す杵、貴である。ゆえに「大日《うひ》霊杵《るぎ》の尊」（ウホヒルギともいわれる）である。

キクキリヒメという名前は、この時の皇子の声を聞き取ったゆえに、イザナギ・イザナミの両神によって讃えられてつけられた名前です。キクキリヒメも生まれた皇子もなんと畏《かしこ》くも賢《かしこ》いことでありましょうか。

このはっきりとした記述があるにもかかわらず、後世アマテラスが女神になってしまったのはどうしたことでしょうか。

日本書紀は、このウヒルギに大日孁尊、大日孁貴と漢字表記してしまいました。

ところでここで大いに活躍したキクキリヒメ（菊桐とここでは表記しましたが）とは、イザナギの姉です。

トヨケの嫡子で第六代タカミムスビであるヤソキネの妻となり、後に根の国（扶桑北《こゑね》の国ともいわれ物産の豊かな国、北陸）の国守《くにかみ》としてこのご夫妻は大変尊崇されました。

キクキリヒメの別名はシラヤマヒメです。今にいたるも白山信仰の総本山、加賀の国一の宮の白山比咩《しらやまひめ》神社の御祭神として祀られています。

しかし古事記ではこの神を省いてしまい、日本書紀は一か所のみチラリと出てきます。それは、正文ではなく第五段の第十の一書で、イザナギが黄泉を訪れたがイザナミから追い返される場面で、このキクキリヒメ（日本書紀ではキクリヒメ）が出てきます。キクキリヒメは何か申し上げたというが、何を言ったのかは書かれておらず出自なども不明です。要は日本書紀もこれだけの記述なのでキクキリヒメがいったい誰なのかもわかりません。

ホツマツタヱによれば、この時キクキリヒメは、亡き妻の後を追うイザナギに「行ってはいけない、亡き妻を見てはいけない」と言って制止したのでした。日本書紀の伝承のあいまいさの表れです。

20 アマテラスと12人の后妃《きさき》

日高見での王道教育を終えられて、原見の宮に帰還されたアマテラス。新宮の完成とともに12人のお后を迎えて、アマテラスの時代が始まります。妃たちの出身係累を見ることで、当時の重臣たちの布陣がわかりそこから選りすぐられたことが窺《うかが》えます。

アマテラスの原見山新宮と后妃決定

記紀ではアマテラスを女神のように表しましたので、当然、お妃などあろうはずはないですね。しかし、ホツマツタヱにはそのあたりがしっかり書かれています。

アマテラスは、祖父・トヨケと、両親である両神《ふたかみ》（イザナギ・イザナミ）の強い祈りの行と、国民皆の願いが叶って誕生しました。

そして16歳になるまで、富士山原見《はらみ》の宮にて両神の篤《あつ》き恵《めぐ》みのなかで育てられ、以後11年の間（実年数換算）、東北日高見のトヨケのもとで天の道（御柱の道・王道教育）を授けられました。立派な天神になるためのすべての教えを自ら深く欲して学びます。

トヨケの王道教育を終え原見の宮に御帰還されたアマテラスの実年齢は御年27歳、そしてアマテラスの新宮の完成と同時に、両神の「良きお妃《きさき》を」との御言宣《みことの》りによってお妃が選ばれました。

君は太陽に、お妃は月に準《なぞら》え、東西南北《きつさね》に四つの殿を設け、それぞれに、典侍《すけ》、内侍《うちめ》、下侍《おしも》を配します。

時の名だたる重臣の姫君の中から、トヨケの嫡子・ヤソキネが諸臣と諮《はか》ってまず12人を選びぬきました。

結婚制度を初めて布いた四代天君ウビチニ・スビチニ以来これまで皆一夫一婦制でしたが、この時初めて御側室が設けられたのです。皇位継承者を絶やさないための大いなる計らいの下での決定でした。

東西南北の季節ごとに局は替わり宮仕えされます。

「みな機織《はたお》りて　みさほ立つ」とあります。「操《みさお》」は固く守って貞節を保ち心をかえないということですが、「機《はた》」と「幡《はた》」にかけて御幡《みはた》の御棹《みさお》を立てることの意も含ませているようです。

アマテラスは、数いるお妃の中で次第にセオリツヒメの類いまれなお人柄にひかれ、ついに内宮に入れられました。正后・中宮の誕生です。その後、ウリフヒメ（瓜生姫）も暦のウリフ月（閏月《うるう》）に因んで十三人目に補選されました。

そのなか一人《ひとり》　清直《すなお》なる　瀬織津姫《せおりつひめ》の　みやびには　君《きみ》も階段《きざはし》　踏《ふ》み下《お》りて　天離《あまさか》る日《ひ》に　向津姫《むかつひめ》　終《つい》に入《い》れます　中宮《うちみや》に（6綾—30行）

各局《つぼね》にて輪番制での宮務めをする多くのお后の中で、最も性格が素直で教養もあり優雅なお姿の南の典侍《すけ》がセオリツヒメでした。君はみずから高殿の階段を踏み降りて、姫の手を取り中央の中宮《うちみや》に正后として迎え入れたのです。天が下がるその日に向かう月に準《なぞら》えて「ムカツヒメ（向つ姫）」と称えられたのでした。

この「すなお」とは、ほつまの道の中でも極めて大切な心の在り様を言います。単に穏やかで、逆らわず、従順である、ではありません。心正しく、清らかで、ありのままの純真、淳朴《じゅんぼく》さなのでしょうか。さらに「みやび」は、平安王朝時代の「雅」とも違うようです。女性の、優美で上品な、情けが深く、洗練された美しさなのです。

この「すなお」で「みやび」を兼ね備えた理想的な女性がセオリツヒメだったのです。君も思わず宮殿の階《きざはし》を踏み降りて、自ら手を取るようにして姫をわが内宮に迎え入れました。

天日（あまひ・太陽）の位のお方が下へ降りて迎えられ、それに向かう月となられたセオリツヒメ、よって称名《たたえな》は、日《ひ》の前向津姫《まえむかつひめ》なのです。

そしてその後のセオリツヒメのお振舞はまさにその通り、慈愛に満ち聡明で、アマテラスの正后《せいごう》として重要や役割をみごとに果たされ、我が国最高の正后・皇后様になられたのです。

セオリツヒメの父君はサクラウチ（桜内）です。アマテラスの初期の重臣（右の臣）であり、次代の子息・オオヤマスミ（大山祇）以降の一族（代々オオヤマスミを名乗ったようです）の氏祖《うじをや》となった方です。

また、サクラウチの子孫にコノハナサクヤヒメ（木花咲耶姫、別名葦津姫《あしつひめ》）が生まれています。アマテラスの皇孫《みまご》ニニギの正后となり次代の天君・ヒコホホデミ（日子穂穂手見命）を生んだ方です。

かように、セオリツヒメを取り巻く係累は、当時の歴代天神を補佐する股肱《ここう》の臣の一族だったのでした。

21

歴史の闇に消えたセオリツヒメ

記紀にはいっさい書かれていないが多くの神社で祀られているセオリツヒメ。アマテラスの正后で、あまりにもよく知られた方ゆえに祓戸《はらえと》四神にして封じ込められたのか、その謎に迫ります。中臣大祓詞《おおはらえのことば》はすべての官人に周知され、以来この四神を語ることはタブーになったかのようです。

ホツマツタヱが明かすセオリツヒメの実像

前項のようにセオリツヒメは、歴史上、我が国最高の皇后様だったにもかかわらず、記紀にはその名も書かれず実像は全く隠されてしまいました。その原因はアマテラスを天上の女神のようにしたからです。セオリツヒメを祀る神社は全国に数多くあるのですが、実像はなお不明で混乱しています。

現在そのセオリツヒメは主に次のように説明されているようです。

・中臣大祓詞では祓戸四神の一柱であり、災厄抜除《さいやくばつじょ》の女神であるとしている。

セオリツヒメ、ハヤアキツヒメ（速開都比売）、イフキドヌシ（気吹戸主）、ハヤサスラヒメ（速佐須良比売）の四神

・セオリツヒメはアマテラスと浅からぬ関係がある。アマテラスの荒御魂《あらみたま》・ツキサカキイツノミタマアマサカルムカツヒメノミコト（撞榊厳魂天疎向津姫命）とされることもある。

・兵庫県西宮市所在、西宮の地名由来の大社である廣田神社は天照大神荒御魂を主祭神としているが、戦前の由緒書きには、セオリツヒメを主祭神とすることが明確に記されていた。

・そして、祓神としての関連で『中臣祓訓解』『倭姫命世記』『天照坐伊勢二所皇太神宮御鎮座次第記』『伊勢二所皇太神宮御鎮座伝記』は伊勢神宮内宮の別宮・荒祭宮祭神の別名をセオリツヒメ、ヤソマガツヒ（八十禍津日神）と記している。

このように、その存在があまりにも大きく人々の間に語り継がれていたために、消そうにも消しきれず、とうとう災厄を取り除く神に祭り上げ、封じ込めてしまったかのようにさえ感じられます。もはやこの神を語ることなかれ、恐ろしきことなるぞ……と。

ホツマツタヱからするとこれらの疑問点はそのほとんどが氷解します。以下に解明します。

（1）祓戸四神のうちセオリツヒメとハヤアキツヒメは、アマテラスの双璧《そうへき》のお妃であり、

イフキドヌシはツクヨミの御子であり、ハタレ（破垂れ）の乱（アマテラス治世の初めの頃に起こった国内の大騒乱、後に詳述します）をまねく原因を作った罪人のシラヒト（白人）・コクミ（胡久美）らを征伐し乱を鎮めた功臣です。大祓詞に出てくるシラヒト・コクミの意味はホツマツタヱで明確にわかります。記紀はこのアマテラス時代のハタレの大乱をいっさい書きません。

（2）日本書紀の神功皇后の段で、仲哀天皇が崩御された後、熊襲征討に出発する直前でのご神託の中で出てくる次の神の意味もわかります。

神風《かむかぜ》の伊勢の国の、百《もも》伝ふ度逢県《わたらいあがた》の、析鈴《さくすず》五十鈴宮《いすずのみや》に居《ま》す神、名は撞賢木厳之《つきさかきいつの》御魂《みたま》天疎《あまざかる》向津媛命《むかつひめのみこと》なり

（日本書紀　神功皇后条）

神風（伊勢の枕詞）の伊勢の国の（多くの地を伝え過ぎ行く）度逢県の析鈴（鈴の枕詞）五十鈴宮（伊勢神宮）に坐す神、名は撞賢木厳之御魂天疎向津媛命なり

日本書紀ではこの後、神功皇后が新羅親征から凱旋する途上で、この神を務古水門《むこみなと》（摂津国武庫、現在の兵庫県尼崎市武庫川河口の港）にて、次のアマテラスのご神託により広田国に祀らせています。

我が荒魂《あらみたま》、皇后（神功皇后のこと）に近づくべからず。まさに御心の広田国に居《いま》しますべし。とのたまふ。

ホツマツタヱによれば、この意味はこうなります。

アマテラスは伊勢イサワの宮（後の渡会県）において、多くの人々を伊勢の道のご講話などを通して教え導かれました。その御教えは、まさに神の風の如く、多くの教えが広く百《もも》つたい吹き渡り、青人草《あおひとくさ》がその風光になびくように感化されていったのです。

「神風の」は伊勢に掛かる枕詞にもなりました。

そしてアマテラスの最晩年、多くの妃たちもすべて神上がりセオリツヒメとお二人だけになり、イサワの宮から御裳裾川《みもすそがわ》（いまの五十鈴川《いすずがわ》）のほとりの天に昇るにふさわしいサコクシロウチ（天界のサコクシロの宮につながる土地。「ウチ」から宇治となった）の宮居へ遷られました。この地が今の伊勢神宮の地なのです。

そのうちに暦の49本目の真栄木《まさかき》（鈴の木、この木の成長度合いにより紀年の年数を測《はか》る）も析鈴《さくすず》（木の寿命が尽き果てること）となり、朽ちると五十本目の鈴が宮に自然に生えてきました。これに因んで御裳裾川が五十鈴川《いそすず》となったのです。

この自然に生えてきた真栄木にアマテラスは深く心を致して、我が命が天寿を全うする時が来たと悟り神上がる（50鈴0枝1穂―西暦前550年頃に崩御）ことになるのでした。

そしてこの50本の鈴を最後に次の鈴の苗は見つからず、よって真栄木暦は終わり、次の天鈴《あすず》暦の時代に代わります。

「撞賢木《つきさかき》」とは、この50本目の真栄木で尽きてなくなったことを意味しています。

また、「厳之御魂《いつのみたま》」はもちろんアマテラスの御霊であり、その天日《あまひ》の位のお方が高みの殿上から階《きざはし》を降り下り姫を迎え入れられたことを「天《あま》さがる」とホツマツタヱは述べます。日本書紀の「天疎《あまざかる》」は「天さがる」の訛伝《かでん》なのです。

そしてすでに説明しましたように、ムカツヒメとは、天日の君が天より下がるその日に向かう月、向津姫《むかつひめ》、まさにセオリツヒメその方なのです。

日本書紀の「撞賢木厳之御魂天疎向津媛命」の意味は、こうしてホツマツタヱによりセオリツヒメと理解されるのです。

（3）神戸西宮に鎮座する廣田神社は、セオリツヒメの終焉の地にふさわしい所です。

アマテラスが神上がる際の遺し言にこうあります。

また后《きさき》　広田《ひろた》に行《い》きて　和歌《わか》（若）姫《ひめ》と　共《とも》に妹《ゐ》心《こころ》守《まも》るべし
吾《われ》は豊受《とよけ》と　男背《をせ》を守《も》る　伊勢《いせ》の道《みち》なり

（28綾―171行）

セオリツヒメよ、そなたは広田に出向いてワカヒメ（ヒルコヒメ）の御霊とともに婦女子の道を広く教え導きなさい。われはトヨケの鎮まれるところに居て、男子の道に誤りなきことを見守る、これで共に、伊勢《いせ》の道（陰母陽精《いもをせ》）を守ることにしよう。

アマテラスの姉・ヒルコヒメは、幼少時代にカナサキ夫婦によりその本拠地、広田の西殿（今の西の宮）で育てられたこともあり、神上がられた後もその御霊は広田（今の廣田神社）で祀られていたことでしょう。その広田に出向いてヒルコヒメの御霊とともに婦女子の道を広く教え導きなさい、とセオリツヒメに遺しました。このようなわけで、廣田神社や六甲山（武庫山）の辺りは注目すべき地と言えます。六甲比命神社は荘厳な磐座をご神体とする神社で、セオリツヒメを祀っています。

（4）伊勢神宮の境内別宮・荒祭宮のご祭神はアマテラスの正后・セオリツヒメゆえに本来別格の大切な別宮なのですが、現在はこれをおおやけに語ることなく、神宮神官の方々はただ静かに、日々のお祭りを欠かすことなく勤めています。

アマテラス神、セオリツヒメ様の真《まこと》のお姿が世に顕れますことを、私たち、草莽の民は祈るばかりです。

22 謎多きツクヨミとイフキドヌシ

アマテラスの弟にもかかわらずツクヨミの記述はあまりありません。古事記ばかりか日本書紀も同じです。その理由は、ツクヨミがしでかした大事件にありました。以来しばらく朝廷からは遠ざけられていましたが、後に伊予の二名の国（四国）が乱れた時に活躍しその地を鎮め治めました。その地でイフキドヌシが生まれたのです。

アマテラスを怒らせたツクヨミのなした大事件

アマテラスの弟であるツクヨミは、古事記ではただ生まれたことを書いただけ（三貴子の一人）であり、イザナギから「夜の食国《おすくに》を知らせ」と命じられますがこれ以降の活躍は一切ありません。また古来よりこの神を祀る神社は、アマテラスやスサノオほど多くはなく謎の多い神とされてきました。

たしかにホツマツタヱでもツクヨミの記事は極めて少ないのですが、ただ一か所注目する逸話が15綾に書かれています。これにより、影の薄いツクヨミになってしまったわけにハタと気付かれることでしょう。その内容をホツマツタヱの記事をできるだけ忠実に口語訳して紹介します。

アマテラスの治世に入ってまだ間もない頃のことでしょうか。ツクヨミの若い頃の逸話です。良質の稲種や食糧の種を得る目的で、弟のツクヨミを中国《なかくに》にお遣いになりました。

彼は勇んで当時の食糧生産を司るウケモチ（保食神）のところへ出向きます。ウケモチはヱのクニサツチの5人の御子のうちの一人であり、この当時すでに七代目になっていたようです。日の精気を受けて豊かに実る稲種などの研究に従事していました。

その拠点である中国葦原《なかくにあしはら》（近江地方）のウケモチの許に至ると、ウケモチはツクヨミを日常普通に使っている室屋にて迎えます。

そこでは水汲みの桶を使って普段のように米を炊いており、また田園に見学に行くと、肥《こえ》をかけるのに使うような手桶にかぶ菜汁をたっぷりと入れて御饗《みあえ》を差し上げるのでした。

農村ではごく普通の姿をもってウケモチはツクヨミをお迎えしたのですが、これに対してツクヨミはおおいに怒り、

「なんと卑しく汚らしいのだ、唾を吐くほどに穢《けが》らわしいことよ。もうよう要らぬ」と、剣を抜いてウケモチをその場で切り捨ててしまいました。

このことをツクヨミが宮に還ってアマテラスに報告すると、君は怒りを露わにされて、強く批難します。

「そなたはなんと物事の善悪をわきまえないのか、もう顔も見たくない」

これ以来、ツクヨミは政務を離れて、宮中に来る時はアマテラスに会わないように夜に来られるようになったのです。

その後、アマテラスは、アメクマド（天熊人）を使者として中国に遣わすと、すでにウケモチは身罷《みまか》ってしまわれていました。跡を継いだカダ（荷田）が日の霊気をたっぷり受けた稲種を使者に捧げました。

これを受けてアメクマドは持ち帰り、村長《むらをさ》の田に植えると、その秋には立派な八握穂《やつかほ》の稲がみずみずしく実り、国民は大いに喜び豊かになっていくのでした。

またさらにカダは、桑の葉で蚕を育て繭に水を含ませて絹糸を採る養蚕の道も指導されたので、後の人々はカダを代々の田守《たも》り司《つかさ》として讃えたのです。

アマテラスはこの事件の後、ウケモチの不幸に報いるかのように、カダをとり立て、ハタレの乱でも大いに活躍させます。

古事記ではオオゲツヒメによる食物・養蚕起源説話に変容する

ところで古事記では、右のツクヨミのウケモチ殺しの説話とよく似た内容が、スサノオのオオゲツヒメ（大気都比売）殺害にすり替わって語られています。それはアマテラスの岩屋籠もりの後、スサノオが断罪されて追放される時のことです。

その内容は、

「スサノオは食物をオオゲツヒメに求めました。するとオオゲツヒメは、鼻・口と尻から様々な美味なものを取りだして、様々に料理し盛り付けて差し上げます。その時にスサノオがこの様子を窺《うかが》っていて、食物をわざと汚くして自分に差し出すのだと思い、たちまちそのオオゲツヒメを殺してしまいました。すると殺されてしまった神の頭には蚕が成り、二つの目には稲の種子が成り、二つの耳には粟が成り、鼻には小豆が成り、女陰には麦が成り、尻には大豆が成りました。」

とこのように、何とも異様な話に脚色されてしまったようです。

一方、日本書紀では、第五段一書の十一にホツマツタヱと同じく、ツクヨミがウケモチを殺してしまう話が載っています。

そこではツクヨミを迎えたウケモチは、首を廻らせて陸に向かうと、口から飯が出、また海に向かうと大小の魚類が出、また山に向かうと鳥獣が口から出てきて、それらを多くの机に積んで饗応します。これに怒ってツクヨミはウケモチを剣で殺してしまいました。

その後、殺されたウケモチの死体の頭には牛馬が生じ、額の上には粟が生え、眉の上には繭が生え、眼の中には稗が生え、腹の中には稲が生え、陰部には麦と大豆・小豆が生えていたので、アマテラスの使者・アメクマヒトはそれらを残らず持ち帰りアマテラスに献上しました。これをアマテラスは喜んだなどと、こちらもなんとも異様・奇想天外な脚色が施された食物起源説話になっています。

ホツマツタヱでのツクヨミに話を戻しますが、ウケモチ殺害事件の後しばらくは、アマテラスはツクヨミを遠ざけていたようですが、後に伊予の二名《ふたな》の国（四国）が乱れた時、ツクヨミが派遣されます。

そこで彼は汚名を挽回するかのように息吹きをあげてみごとにその地を鎮め治めました。そしてその地で宮を建てイヨツヒメ（伊予津姫）を娶り、イフキドヌシが生まれたのです。

このイフキドヌシがその後、改心したスサノオとともに、みごとハタレを討伐し功績をあげることになります。これは第27項で述べますが、イフキドヌシはスサノオにとっては大恩人であったわけです。

時代は下りこのイフキドヌシは立派な功績があったゆえに、琵琶湖東岸にある伊吹山に祀られその山の神として崇めまた畏れられていたようです。

そしてさらに後の時代に移ると、あのヤマトタケル（日本武尊／ホツマツタヱではヤマトタケ）が東の蝦夷《えみし》を平定して都へ凱旋する途上、尾張にいる愛する妻・ミヤズヒメ（宮簀姫）のもとに立ち寄った際、伊吹山に荒ぶる神がいると聞き、剣をもたず軽んじて、また途上の神路《かみぢ》に和幣《にぎて》も捧げずに出向きます。

その祟りゆえでしょうか、ヤマトタケルはひどい目にあい、それがもとで命を落とすことになってしまうのでした。

これは彼の心根にひそんだやや傲慢《ごうまん》な性癖がひき起こしたフトした油断によるせいなのです。それはなぜか、どうしてこんなことになってしまったのかについて、ホツマツタヱはその最終章40綾で明かします。

なんと、スサノオの生まれ変わりがヤマトタケルであったというのです。すごいモチーフのもとでこの両者がつながるという、まさに極上文学の醍醐味がここにあります。

第51項にてこれを語りましょう。

23

両神《ふたかみ》の三男・スサノオの人物像と人生

スサノオがなした悪行の数々により、とうとう断罪されて追放されてしまいます。そこに至る大きな原因がホツマツタヱで明らかになります。古事記が描くスサノオの人物像と異なり、複雑な要因がからんだその波乱万丈の人生をホツマツタヱでたどってみます。

古事記とホツマツタヱで異なるスサノオの人物像

古事記でのツクヨミは、イザナギが右目を洗った時に生まれたとするのみで、それ以外の記述はありません。それに対して弟のスサノオについては大変多くの記述があります。

古事記が描くその人物像は、父から委任された海原を治めることなく、成人しても長い髭づらで泣きわめいており、それによって世のなかは多くの禍《わざわい》が起こったとしています。

さらにアマテラスとの誓約《うけい》の結果ますます凶暴になり、アマテラスの天の岩屋籠《いわやこ》もりの後に罪を負わされ追放されます。

その後、自分がめざした根之堅州国《ねのかたすくに》に行くかと思えば出雲に行き、八俣《やまた》の大蛇《おろち》退治の後でその出雲に須賀の宮を建ててそこに落ち着くことになります。

そしてずっと後段での、六世の孫とされるオオクニヌシとのやり取りでは、スサノオは根之堅州国にいる、という何とも不思議な物語の展開になっています。これでは多くの疑問が起こらざるを得ないですね。


ではホツマツタヱでは、このスサノオの人物像やそれ以降の展開はどうなっているのでしょうか。ホツマツタヱではじつに多くの記述とともに、理路整然とした長い物語の展開が書かれていました。それはあたかも、古事記は（日本書紀も同じですが）それぞれの事件をホツマツタヱから拾いながら、それをつなぎ合わせ、かつおもしろく脚色してまとめ上げたかのように私には思えます。

以下、ホツマツタヱの内容をベースに述べてゆきましょう。


すでにイザナギ・イザナミ両神の痛恨の遺《のこ》し書《ふみ》（第12項記載）で明らかになったように、スサノオは、自分では如何ともしがたい運命のもとに荒れた性格をもって生まれてきてしまったのでした。しかしたとえそうではあっても、その後の人生を自分がどう歩むか、その結果の責めは自分自身が負うものなのです。

成長してからの歩みをホツマツタヱによってたどってゆきます。

スサノオの前半生

スサノオの前半の人生を振りかえりまず感じることは、彼はふた親からの愛情を十分に受けて育ったにもかかわらず、その愛や期待をしっかりと受けとめそれを自覚してはこなかったように思えるのです。

兄のアマテラスは生まれながらの日嗣《ひつぎ》の皇子として育ち、また次兄のツクヨミは若気の至りでウケモチの殺害事件を起こしたものの、その後伊予の二名《ふたな》（四国のこと）を息吹きを挙げてみごとに平定し、以来その国の外《と》（弟《と》）の宮《みや》で政祭を執ったのに対し（ちなみにこの地でツクヨミはイフキドヌシを儲けています）、スサノオは自分の立場をなかなか確立できません。

結果いつまでも高貴な血筋にもかかわらず、宮殿《みやとの》を構えることが（よって妻を迎えることも）できなかったのです。

父のイザナギからは早い段階で、「ハナキネ（花杵／ホツマツタヱでのスサノオの別名）は北（ネ・根）の国、細矛《さほこ》治《し》らすべし（北陸地方を治めなさい）」との御言を受けていたにもかかわらず、自分の意にそわないからか、またその力量がないからなのか、いつまでも熊野の姉・ヒルコヒメのもとで臣下たちに輔《たす》けられていました。

またヒルコヒメはオモイカネと結ばれた後は、琵琶湖畔野洲川《やすかわ》の安宮《やすみや》でアマテラスの皇子・オシホミミを養育するとともに、北《ね》（根）と細矛国《さほこ》を兼ね治めてスサノオを影からかばっていたようです。

彼は父からなかなか認められないと感じており、その思いは鬱積《うっせき》していたことでしょう。まさに日本版エディプスコンプレックスです。亡き母の母親代わりは一時は姉のヒルコヒメだったのでしょうか。

また母親のイザナミは、早い段階で不慮の死を遂げたため、母の愛情や慈しみ、また女性の本当のすばらしさを知ることもなく、いわば女性に対する思いや接し方にやや屈折したものがあったのかもしれません。

彼のまわりに近づく女性たちは、大きな問題をもった者（アマテラスの后・モチコ／持子とハヤコ／早子の姉妹）や、また不幸な最期を遂げているアカツチ（赤土）の娘のハヤスウヒメ（早吸姫）や、佐田の村長《むらをさ》アシナツチの八姫のうちの七姫などです。

ただ最後にめぐり会ったクシナダヒメ（八姫の末）だけは別格であり、今生の救われとなったのです。その辺りが、彼が八俣の大蛇を退治した後に詠んだ歌「出雲八重垣　妻籠めに」（第28項参照）によく表れています。

スサノオが断罪され追放された真の原因とその後の人生

さてそのスサノオが不幸にして最初に近づき関わりを持った女性たちがなんと、アマテラスの北の局のモチコ（北の典侍《すけ》）とハヤコ（北の内妃《うちきさき》／モチコの妹）でした。

この姉妹はイザナギの弟で根の益人《ますひと》（地方長官）であるクラキネ（椋杵）の娘なので、大変出自を誇れるお妃でした。

アマテラスにとって最初に生まれた皇子、ホヒ（天之菩卑能命、ホツマツタヱでの別名はタナヒト／棚仁。後に母の不祥事によりタナキネ／棚杵に改称される。すなわち次の皇位継承者からはずされる。「仁」は皇位継承者に与えられる）を生んだのがモチコです。

しかし後に実に清直《すなお》で、たぐいまれなみやびの心を持った南の局のセオリツヒメが正后として内宮《うちみや》に登り、そしてオシホミミ（オシヒト／忍仁）が生まれて以来、この姉妹の立場は大きく変わってしまったのです。心は嫉妬と悔しさにさいなまれます。

そのあげくの果てに、以前からたびたび北の局に出入りし夜を明かすこともあったスサノオに言い寄り、世に大乱を引き起こし、天下を取ることまでそそのかす始末です。

この謀反の中心に引き込まれる中で、スサノオは昔のような凶暴性を発揮しはじめ、多くの乱行をしでかし始めます。

こうしてアマテラスの岩屋籠もりの事件（第26項参照）が起こり、二流浪姫《ふたさすらひめ》となったモチコとハヤコは、とうとうオロチ（大蛇・愚霊）に変じて後のハタレの大乱につながってゆくのです。

この詳細は省きますが、スサノオはアマテラスの岩屋籠もりの後に断罪され、菅笠《すげがさ》・青衣《あおい》（当時の罪人が追放される時に装う姿）の下民《したたみ》となって処払いされ流浪《るろう》が始まります。

これからおおむね8年の流浪のなかで、八俣の大蛇退治、そしてハタレ根の討伐をへて晴れて出雲の国を建国するに至ります。（第27、28項参照）

実に波乱万丈の人生でした。

さらに父親と女性に対する心根のゆがみは、ずっと後のヤマトタケルに再び生まれ変わって心底それを晴らすというモチーフのもとにホツマツタヱはまとめるのです。（第51項参照）

第4章

アマテラスとスサノオ

（高天原《たかまがはら》神話と出雲《いづも》建国）

天界の高天原を舞台に展開されるアマテラスとスサノオの誓約のやり取りと天の岩屋籠もりは高天原神話の中心です。その後スサノオは追放され、出雲で八俣の大蛇を退治し、クシナダヒメと結ばれて須賀の宮を造る……。ここで生まれる多くの謎をホツマツタヱで解きます。追放の直前でスサノオが会いに行った相手は、アマテラスではなく姉のヒルコヒメでした。

24

誓約《うけい》で生まれた御子たちの真実

古事記はアマテラスとスサノオの誓約の場面で、８人の御子が生まれたとします。実際はすべてアマテラスの８人の御子でした。その御子の誕生譚《たん》がホツマツタヱで語られます。しかもスサノオが会いに行った相手はアマテラスではなく姉のヒルコヒメだったのです。

古事記が語る誓約の場面はホツマツタヱとおおいに異なる

古事記では、高天原を舞台に展開される神話の前半に、アマテラスとスサノオが相対峙する場面があります。

まずスサノオが昇天し、姉・アマテラスに暇乞《いとまご》いをしますが、それに続いて二人が合わせて８人の子を生み合うという、いわゆる「誓約」がなされます。以下に古事記の語るストーリーを順序立てて述べていくと次のようです。

①スサノオは根《ね》の堅州国《かたすくに》に行く前に高天原にいるアマテラスに会いに行くが、その時山川

はどよめき、大地震が起こったかのように荒々しく近づいてゆく。

②それに対しアマテラスは自分の国をスサノオが奪いに来ると疑い、警戒して自ら武装して闘志を高めて迎えうつ構えをする。

③そしてスサノオに悪意がないことを明らかにするために、「ウケヒ」（古事記では宇気比と記し、日本書紀は誓約と記す）をして互いに子を生みあう。

④まずアマテラスは、スサノオの十拳《とつか》の剣《つるぎ》を乞い受け、三段《みきだ》に打ち折って天の真名井《まなゐ》に振りすすぎ、サガミにかみて、吹き棄てて気吹《いふ》きの狭霧《さぎり》に成ったのが三女神、タキリヒメ（多紀理毘売、またの名をオキツシマヒメ／奥津島比売）・イチキシマヒメ（市寸島比売、またの名をサヨリヒメ／狭依毘売）・タギツヒメ（多岐都比売）であった。

⑤次にスサノオがアマテラスの身につけた珠を乞い受け、マサカツアカツカチハヤヒアメノオシホミミノミコト（正勝吾勝々速日天之忍穂耳命）、以下同じように身につけたものを乞い受けて、アメノホヒノミコト（天之菩卑能命）、アマツヒコネノミコト（天津日子根命）、イクツヒコネノミコト（活津日子根命）、クマノクスビノミコト（熊野久須毘命）の合わせて五柱の男子を生む。

⑥ここでアマテラスは、五柱の子は自分のモノザネにより生まれたので自分の子、三柱の女子はスサノオのモノザネなのでスサノオの子だという。そしてスサノオは、自分の心が清明なので自分は手弱女《たわやめ》を生んだのだと宣言して勝ち誇り、この勝ちさびに勢いづい

て数々の悪行を働きはじめる。このスサノオの乱行によりアマテラスの岩屋籠もりが起こる。そもそもこの誓約では、どうなったらどちらが勝ちだ、という取り決めがなされていないのに、スサノオは一方的に勝ち誇るというのですからおかしなことですね。

ホツマツタヱの記述からの切りはぎによるボロが出たのでしょうか。

以上が古事記の語るストーリーの概要です。

注目すべきは、この①から⑥の内容すべてが日本書紀本文第六段とほとんど一致していることです。もちろん日本書紀のほうは多くの文飾を重ねており細かいところは異なりますが、おおむね古事記の骨組みをなぞっています。

ではこの記紀に対して、ホツマツタヱと比べるとどこが異なるのかを以下に指摘します。

まずホツマツタヱでは、①の部分は、スサノオが会いに行くのはアマテラスではなく、野洲川辺《やすかわべ》に住まう姉のヒルコヒメなのです。

そして②はほぼ同じですが、③はスサノオとアマテラスが互いに子を生み合うなどという記述はありません。

④のアマテラスが三女神を生む場面は、次の25項で詳しくみますが、実はアマテラスが后のハヤコと床神酒《とこみき》をして交わった夜に見た夢の中のあり様なのです。記紀はこれを引用

してアマテラスが子を生んだとしました。
⑤の部分は、アマテラスが以下に示すお妃方との間に儲けたまぎれもない五人の実子です。
そして⑥は記紀独自の創作部分です。
①から⑤までを原因としてスサノオが勝ち誇って、それ以降いろいろな悪行に及んだのではなく、ホツマツタヱでは、もっと深い理由があって悪行に及んだことがわかります。
またスサノオのヒルコヒメ訪問は、アマテラスの岩屋籠もりの後、断罪を受け北《ね》（根）の国（北陸地方）に追放される直前での出来事なのです。

以上のことから、古事記と日本書紀の編纂主体（指嗾者《しそうしゃ》）は、ほぼ同一人物の可能性があり、古事記が先行文献だとすれば、まず古事記作者が依拠した原典（ホツマツタヱまたはその漢訳部分と私は考えます）の記述を目にして、その各箇所の部分をつなぎ合わせて神話の物語を創作し、さらにその後の日本書紀は同じ述作方針のもとに、この両書をまとめ上げたかのように私にはみえます。今後のさらなる探求課題です。

ホツマツタヱが明かすアマテラスの八御子

さてでは、ホツマツタヱのこの誓約《うけい》の場面（そもそもホツマツタヱにウケイという用語はない）の内容を見てゆきましょう。

まず①～③の場面については、スサノオが姉のヒルコヒメのところに出向いての出来事であり、その場面の様子はほぼ同じです。

④の部分は次の第25項に譲ります。

以下に①～③部分のホツマツタヱでの原文（漢字かな混じり訳文）をここに挙げます。

記紀の文章よりはるかに完結明瞭な文体を味わってみてください。

流離男《さすらを》は　御言《みこと》を受《う》けて　北《ね》に行《ゆ》かん　姉《あね》に目見《まみ》ゆる　暫《しば》しとて　許《ゆる》せば上《のぼ》る
安河辺《やすかわべ》　踏《ふ》み轟《とどろ》きて　鳴《な》り動《うご》く　姉《あね》は元《もと》より　流離男《さすらを》が　荒《あ》るるを知《し》れば
驚《おどろ》きて　弟《おとと》の来《く》るは　然《さ》はあらじ　国奪《くにうば》うらん　父母《かぞいろ》の　寄《よ》ざしの國《くに》を
捨《す》て居《お》れば　遭《あ》え窺《うかが》うと　*①揚巻《あげまき》し　裳裾《もすそ》を束《たば》ね　袴《はかま》とし　五百瓊御統《ゐをにみす》まる
絡巻《からま》きて　*②千篋五百篋《ちのりゐをのり》　肘《ひじ》に付《つ》け　弓弭《ゆはず》を振《ふ》りて　剣《つるぎ》持《も》ち　堅庭《かたにわ》踏《ふ》んで
蹴散《けち》らして　稜威《いつ》の雄叫《おたけ》に　詰《なじ》り問《と》う　素佐之男《そさのを》曰《いわ》く　な恐《おそ》れそ　昔北《むかしね》の国《くに》
行《ゆ》けとあり　姉《あね》と目見《まみ》えて　後行《のちゆ》かん　遥《はる》かに来《く》れば　疑《うたが》わで　稜威《いつ》返《かえ》しませ
姉問《あねと》わく　清心《さこころ》は何《なに》　その答《こたえ》　北《ね》に到《いた》る後《のち》　子《こ》を生《う》まん　女《め》ならば穢《けが》れ
男《を》は清《きよ》く　これ誓《ちか》いなり

（7綾―184行）

*①　少年の髪結い、以下も男装に変身したことを表す。

*②　千本矢の靫《ゆき》と五百本矢の靫を肘《ひじ》に装備して、

流浪《るろう》の刑と決したスサノオは、父の遺言に従って北《ね》の国に行こうとします。そのはじめにまず姉のヒルコヒメに会いに行くことが許されたので、野洲川辺《やすかわべ》の姉の館に向かいます。その途上の様子は、足音は轟《とどろ》きわたり大地は唸《うな》りをあげて揺れ動きます。

それに対してヒルコヒメは、弟の荒れた性情を知っていたので驚き、ここに来る目的は他《ほか》でもない、父母が委ねた北の国を放っておいてこの吾らの国を奪おうとしに来るのだ、と思います。そこで姉は、男装の揚巻《あげまき》に髪を結い直し、裳裾《もすそ》を縛りあげて袴《はかま》とし、五百の珠連珠《たまれんじゅ》を体に巻きつけ、千本矢の靫《ゆき》と五百本矢の靫を肘《ひじ》に着け、弓を振りかざし剣を持って大地を踏んばり蹴散《けち》らして、雄叫《おたけ》びあげてなじり問うのでした。

それに対してスサノオは、「姉上、どうか恐れないでください。むかし北の国に行けとのお言葉に従って参る途上で、まずは姉様に会《あ》い見《まみ》えてからとの思いではるばるやって来ました。どうか疑うことなくその威勢を治めてください」

それに対して姉は、「ではその疑いなき心根をどう証明するのじゃ」

スサノオはこう答えます。「吾が北の国に至った後は、妻を娶《めと》り子を儲《もう》けるつもりです。その子が女ならば、吾が心はいまだに穢《けが》れ、逆に男ならば吾が心は清らかであると認めてください。これを誓います」

そして⑤の場面については、スサノオが五柱を生むのではなくて、あくまで男神であるアマテラスのお妃たちが生んだ御子たちなのです。

以下にホツマツタヱの内容をまとめました。

嗣子：オシヒト（オシホミミ）、正后・セオリツヒメ（父サクラウチ）が生む
長男：タナヒト／後にタナキネに改名（ホヒ）、北《ね》の局《つぼね》典侍《すけ》・モチコ（父クラキネ）が生む
長女：タケコ（タキリヒメ／オキツシマヒメ）、二女：タキコ（タギツヒメ／エツノシマヒメ）、三女：タナコ（イチキシマヒメ）北の局内妃《うちきさき》・ハヤコ（父クラキネ）が生む
三男：タダキネ（アマツヒコネ）、西《つ》の局典侍《すけ》・アキコ／秋子：ハヤアキツヒメ（父カナサキ）が生む
四男：バラキネ（イキツヒコネ）、東《き》の局典侍《すけ》・ミチコ／道子（父ヤソキネ）が生む
末子：ヌカタダ（クマノクスヒ）、北の内侍《うちめ》（西の御下女《おしもめ》から昇格）トヨヒメ／豊姫（父ムナカタ）が生む

そして④の三姉妹の誕生とその後の人生、モチコ・ハヤコ姉妹がひき起こした問題（宮中某重大事件とでもいいましょうか）のことなど、次の第25項で述べることにします。

25

三女神（宗像大社の祀る神）の運命とその実像

自分たちを生んだ母親の不祥事により、世を流離う運命を背負った三女神。宗像大社に祀られる理由とそれぞれの人生を明かします。後世三弁財天に習合されて今に至るも祀られています。また母親ハヤコの不祥事の一つに、ハヤコとスサノオの不倫関係の疑いもありました。

ホツマツタヱが語るアマテラス三姉妹の誕生奇譚

古事記での三女神は、アマテラスが天の真名井《まない》の水ですすぎ、噛《か》みに噛んで吹きだした息の霧で成った神の名は、タキリビメ（胸形の奥津宮に鎮座）、またの名はオキツシマヒメ。次はイチキシマヒメ（胸形の中津宮に鎮座）、またの名はサヨリビメ。次はタギツヒメ（胸形の辺津宮に鎮座）でこの三柱は宗像大社に祀られている、としています。以上これだけの記述です。

では、前掲の第24項の④に対応するホツマツタヱの記述をのべましょう。

以下は前項の原文引用文の直後の続きであり、これもスサノオの返答言です。

昔君《むかしきみ》　真名井《まなゐ》に在《あ》りて　御統《みすまる》の　珠《たま》を濯《そそ》ぎて　棚杵《たなきね》を　持《もち》に生《う》ませて
床神酒《とこみき》に　早子《はやこ》を召《め》せば　その夢《ゆめ》に　十握《とつか》の剣《つるぎ》　折《お》れ三段《みきだ》　清噛《さか》みに噛《か》んで
三手《みた》（玉《たま》）となる　三人姫《みたりひめ》生《う》む　夕《た》の諱《いみな》　吾穢《われけが》れなば　姫《ひめ》を得《え》て　共恥《ともはぢ》見《み》んと
誓《ちか》い去《さ》る　姫人成《ひめひとな》りて　沖津島《おきつしま》　相模江《さかむえ》ノ島《のしま》　厳島《いつくしま》　自《み》から流離《さすら》う
流離男《さすらを》の　陰《かげ》の雅《みやび》の　過《あやま》ちを　晴《は》らして後《のち》に　帰《かえ》ります　（7綾―209行）

（スサノオの返答は続きます）「むかし兄上アマテラスが真名井に居られた頃、モチコ・ハヤコを夜にお召しになる時、〝ミスマルの連珠《たま》（魂《たま》）を清水でそそいで〟最初の御子・タナヒト（後にタナキネになる）をモチコに産ませました。また次にハヤコを召して床神酒《とこみき》をした日の夜に、不思議な夢を見たのです。それは十握《とつか》の剣が三段に折れ、その折れた剣を噛《か》みに噛《か》むと三振りの三手《みた》になった。その後ハヤコは三つ子の三姉妹を生みました。よってこの三人姉妹には夕から始まる斎名《いみな》が付けられたのです。タケコ、タキコ、タナコです。

このような異様な夢の結果女子が生まれたことで、この当時、スサノオとハヤコヒメとの不倫の子では？　との噂も起きたのでした。そんなことから自分に穢《けが》れがあるならば姫を得てその子と共に恥を受けます」と、姉上に誓ってスサノオは野洲川を去っていきました。

まずこのホツマツタヱの文章を理解するための前提から述べましょう。

アマテラスの后方のうち北の局《つぼね》のモチコとハヤコ姉妹の父親は、クラキネというイザナギの弟であり、また北国《ねくに》、細矛《さほこ》、千足《ちたる》の三国を統治する益人《ますひと》（地方長官の職名）でした。ですから姉妹二人は立派な出自を誇れる立場にあり、重きを置かれていたのです。

しかしその後まことに優雅で心根の美しいセオリツヒメが正后として内宮に昇ると、大きく立場が変わってしまいます。嫉妬の心が起き始めたのです。

そんな折、宮津《みやつ》（トヨケは日高見からこの地の政情安定のために遷御していました）で政事を執っていたトヨケが崩御されたので、アマテラスは宮津に飛び、ねんごろに喪祭《もまつ》りを終えたのを機に、アマテラスは宮津に遷り、眞名井の原の仮宮でしばらく政事《まつりごと》を執られます。そして北の局三人も正后・セオリツヒメの采配により宮津に移り、アマテラスのお世話をしていました。この宮津の宮では、アマテラスの弟スサノオも補佐しており、どうもスサノオはしばしば北の局、モチコ・ハヤコ姉妹のもとにも出入りしていたようです。

その頃のこととして、モチコとハヤコにアマテラスの御子が授かる時の記述が右の引用文です。

まずアマテラスが北の局の典侍《すけ》・モチコを召した時に、「ミスマルの連珠《たま》（魂《たま》）を清水でそそいで」最初の御子・タナヒト（後にタナキネになる）を生ませたとなっています。

このことは、アマテラスがモチコの心に何かわだかまり、嫉妬の思いがあることを見抜いたゆえに「モチコの魂《たま》をすすぐ」思いを持ったのでしょう。

そして次のハヤコと床神酒《とこみき》の儀をして交わった夜にも、このように異様な光景のもとに3人の御子が生まれる夢を見たのです。このあり様は夢の中の出来事だったのです。

記紀はこれを引用してアマテラスが実際に子を生んだとしました。

このような経緯があって、さらに正后・セオリツヒメに待望の御子・オシホミミが生まれると、もはやモチコ・ハヤコの恨み妬みがつのり、とんでもない大事件に発展するのでした。

またこの二人にそそのかされたスサノオの乱行につながり、当時の国内大騒乱「ハタレの乱」がまき起こり、とうとう二人はオロチ（大蛇・愚霊《おろち》／モチコは九頭《くず》の大蛇、ハヤコは八岐《やまた》の大蛇）と化してしまったのです。この辺の詳細がホツマツタヱで語られていますがここでは省きます。

生まれながらに悲しい母親の罪を背負った3人の姫たちは、苦しみを背負い、後の少女時代をみずから流浪することになります。

「流離男《さすらを》の　陰《かげ》の雅《みやび》の　過《あやま》ちを　晴らして後に」〔流離《さすら》いの刑を受けたスサノオと母親ハヤコとの不倫の過ちを晴らして〕、とあり、三人姉妹は母・ハヤコの密情の穢《けが》れを厭《いと》い、その疑いを晴らしたいとの思いからみずから流離《さすら》うのでした。

さて、このような三姉妹の生まれ育っている事情をよく知っていたスサノオでしたので、姉・ヒルコヒメとのいわゆる誓約《うけい》のところで、「吾穢《われけが》れなば　姫《ひめ》を得《え》て　共恥見《ともはぢみ》ん」〔自分に穢れがあるならば姫を得てその子と共に恥を受けます〕と語ったのです。

記紀は以上のような経緯を一切語らずに、古事記はただ「吾が心は清明なので自分は女子を得て勝った」と宣言し、また日本書紀は、「もし自分が生む子が女ならば自分に邪心があり、男ならば潔白な心である」と、その理由もなく両書とも訳のわからないことになってしまったようです。

三姉妹、その後の人生

話はさかのぼりますが、正后にアマテラスの嗣子・オシホミミが生まれ、モチコの生んだ長男・タナヒトがタナキネに改名されるようになると、モチコ・ハヤコ姉妹はいよいよオロチ（愚霊）に変じてきたのでしょう。北の局にたびたび出入りしていたスサノオをも巻きこんで天下を覆《くつがえ》す企みをします。

しかしそれが正后の知るところとなり、アマテラスを煩《わずら》わすことなく正后の温情の判断によって、二人に筑紫での蟄居《ちっきょ》が申し渡されました。

汝《なんぢ》ら姉妹《えと》が　御食冷《みけひ》えて　筑紫《つくし》に遣《や》れば　噤《つぐ》み居《お》れ　棚杵《たなきね》は取《と》る　男《を》は父《ちち》に
女《め》は母《はは》につく　三姫子《みひめこ》も　共《とも》に降《くだ》りて　養育《ひた》しませ　必《かなら》ず待《ま》てよ　時《とき》ありと
宣懇《むべねんご》ろに　諭《さと》されて　（7綾―96行）

　ことの重要性に鑑みれば本来は重罪なのですが、そなたたちにはしばらく蟄居を申し渡します。筑紫へ行って冷や飯をお食べなさい。タナキネ（後のホヒ）はこちらに残す。男子は父のもとに、女子は母親につくといいます。三姉妹は母親が筑紫に連れていき養育しなさい。必ず静かに時を待ちなさい、きっとそのうち良いこともあろうから、と懇《ねんご》ろに諭《さと》されました

　こうして筑紫の国守《くにかみ》・アカツチがこれを受けて宇佐の宮居を改築し、モチコ・ハヤコの新宅を用意しましたが二姫は怒るばかり、三姫を養育せず宮を出て斐川《ひかわ》に流離《さすら》い、怨念が凝り固まってとうとうオロチに化《な》り果《は》て世を大騒乱に巻き込むのでした。これがその後の「ハタレの大乱」とスサノオによる「八俣の大蛇退治」につながるのです。

　残された三姉妹はまだ幼いこともあり、正后の命でトヨヒメ（西の御下女《おしもめ》から北の内侍《うちめ》になっていた）がしばらく養育の任にあたりました。

このトヨヒメの父はムナカタであり、自分の出身地の宗像氏のもとで3人を養育したのでしょう。

今に宗像大社の主祭神がこの三女神であるのはこの故なのです。また宇佐神宮に祀られている比売大神がこの三女神であることの理由もこれでわかるというものです。

まことに当時の人々にとって、この三姉妹に寄せる憐れみ、同情の思いは深いものだったのです。

三姉妹のうちタキリヒメ(オキツシマヒメ)は後に疑いも晴らし、オオナムチ(スサノオの嗣子で出雲の国を発展させ初代オオモノヌシ/武人の最高職になる。だが後に出雲征伐により大物主を解任、津軽に転封される)と結ばれクシヒコらの子供に恵まれました。オオナムチがスクナヒコナとめぐり会った琵琶湖東岸、近江八幡市の大嶋・奥津島神社辺りに住まい、また神上がった後はススキ島(竹生島)に納められ、タケフ神(竹生神)となりました。

次のタギツヒメ(エツノシマヒメ)はオオヤマスミ家のカグヤマスミ(香具山祇)の妻となり、カコヤマスミ(香児山祇)を生み最後は相模の江の島神となりました。江島神社の御祭神はこの三女神です。

三女のイチキシマヒメ(サヨリヒメ)はツクヨミの御子・イフキドヌシと結ばれ息吹戸

宮（金刀比羅宮／また愛媛県今治市の姫坂神社も比定地か）で3人の御子、イヨツヒコ（伊予津彦）、トサツヒコ（土佐津彦）、ウサツヒコ（宇佐津彦）を生みます。そして三男と姫は後に筑紫の宇佐に住み、その地で神上がりました。後に厳島（厳島神社の主祭神は三女神）にも祀られました。

このように多くの古社で神仏習合時代は三弁財天として祀られながらも今に至っています。

津軽外ヶ浜の善知鳥《うとう》神社にも祀られています。ホツマツタヱによれば、前述のオオナムチと長女オキツシマヒメとの間に生まれたシマヅウシ（島津大人）は、その地に自分の母と姉妹を「いとうやすかた（厭《いと》う安方《やすかた》・潟《かた》）神」として祀ったといいます。厭《いと》うとは三姉妹の母・ハヤコとスサノオの密情を忌《い》みきらい厭《いと》うことであり、「悪《あく》を忌《い》み善《よ》きを知る」ことを願って放浪した三姉妹を安んずる神の社《やしろ》が外ヶ浜の善知鳥《うとう》神社なのです。後世これが謡曲「善知鳥《うとう》」の中で鳥（いとうがうとうに訛伝した名の鳥）の母子の悲しみとなって、この三女神の悲劇がいまに伝えられています。

26

アマテラスの天の石屋籠《いわやこ》もりの真相

古事記のこの場面は潤色や冗長な記述が目立ちます。ホツマツタヱではアメノウズメの裸踊りはなく、むしろ宮廷御神楽の原型を見るような実に厳かで美しい情景描写でした。この場面で謡われた歌で、記紀にはないが、古語拾遺と先代旧事本紀に伝わっているものがあります。

古事記の石屋戸こもりと異なる情景描写

アマテラスとの誓約の結果、スサノオはますます悪さをし高天原で大暴れしますが、アマテラスはそれを咎めず弟をかばおうとします。しかし、アマテラスが機織小屋で神の衣を織らせていると、スサノオはその小屋の屋根に穴をあけて、尻のほうから皮を剥《は》いだ馬を落とし入れたので、機織女はびっくりして梭《ひ》（機の横糸を通す道具）で陰部を突き刺して死んでしまいました。

これにはとうとうアマテラスも怒りだし、天の石屋に籠ってしまったのです。

こうして高天原は暗闇に包まれ、この石屋の前でアマテラスを外にお引き出ししようと諸臣がいろいろ算段することになります。
古事記のこの場面は潤色や冗長な記述が目立ちます。ホツマツタヱではアメノウズメの裸踊りはなく、むしろ宮廷御神楽の原型を見るような実に厳かで美しい情景描写ですので、以降はそのホツマツタヱの情景描写に移りましょう。
スサノオの度重なる悪行により、ついにハナコヒメ（花子姫／セオリツヒメの妹で南の内侍《うちめ》）は命を落としました。ここに至りアマテラスは心から怒りが増して、道成《みちな》す歌をスサノオに与えます。

天《あめ》が下《した》　和《やわ》して巡《めぐ》る　日月《ひつき》こそ　晴れて明るき　民の両親《たら》なり（第28項参照）

この世の中は、日と月が常に一体になって地上に恵みを与えているように、男と女が夫婦になって和《やわ》し家を支えるように、世のまつりごとも君《きみ》が臣民《とみたみ》と一体となって和《やわ》して治めてこそ、民を健やかに導くことができるのである。上に立つものはそれでこそ、まことの民の両親といえるのである。

しかしスサノオはさらに岩を蹴散らしなお怒ります。それに恐れを感じたアマテラスはとうとう石屋に入り入り口を閉ざしてしまいます。世はまさに日月の光もなくなったように暗闇になってしまったのです。

この異変に野洲川にいた重臣・オモイカネは驚き、手火松《たびまつ》を手に馳せ参じみなに諮《はか》り対策をねります。こうして考えぬいたあげくに、「祈らんや」となり次のおこないとなります。

まずツワモノヌシ（兵主）の発案により、真榊《まさかき》の上枝には瓊玉《にたま》、中枝には真悉《まふつ》の鏡、下の枝には和幣《にぎて》を懸けて祈ろうと計ります。

またアメノウズメが率いる巫女たちは（原典はウスメラニとなっている）、日陰蔓《ひかげかずら》の草を襷《たすき》とし、茅巻矛《ちまきほこ》（茅萱《ちかや》を巻いた矛）を手に持ち、朮《おけら》を炊いて庭火とし、笹の葉にて湯立て神事をし、神座《かんくら》の殿《との》には神篝火《かんかがり》で庭燎《にわび》をしつらえました。

（注）原文中の「かんかがり」を古事記は「神懸り（かむがかり）」としてしまいました。

この部分につき古事記は、つい筆を走らせてしまったか、

〈天の岩屋戸に槽伏《うけふ》せて踏み轟《とどろ》こし、神懸り（かむがかり：神霊が憑依《ひょうい》した忘我状態）して、胸乳《むなち》をかき出《い》で裳緒《もを》を陰《ほと》におし垂れき。ここに高天原《たかあまのはら》動《どよ》みて、八百万の神共にわらひき。〉

としてしまいました。

ホツマツタヱはこのような下卑た面白おかしい記述にはなっておりません。

さてここでオモイカネは深く思慮したうえで、常世の踊り「永幸《ながさき》」を奏上しながら、次のわざおぎ歌を謡います。（俳優／わざおぎ：滑稽な手ぶり身振りで舞い謡うこと）

香久《かく》の木《き》　枯《か》れても匂《にほ》ゆ　萎《しほ》れても良《よ》や　あが妻《つま》（夫）　アワ
あが妻（夫）アワヤ　萎れても良や　あが妻（夫）　アワ　（7綾―145行）

香久の木は枯れて萎れてしまったが、まだその香りはほのかな匂いを残しておりますよ。

わたしの愛しき方よ、アワ　愛しき方よ、アワヤ。萎れても良いよ愛しき方よ、アワ

（注）「あがつま」のつまは、配偶者の一方を指し妻にも夫にも使われたようです。
「私のいとおしいあなたよ。」ということでしょうか。


この歌はじつに深くいろいろな意味を秘めているようです。

香具橘《かぐたちばな》はクニトコタチが建国した常世の国を象徴する樹木であり、馥郁《ふくいく》としたかぐわしい香りに満ちた、まさにこの国の豊かで皆が幸せに暮らした時代を思い浮かべます。そこでは皆が事あるごとに「ながさき＝汝《なんじ》が幸《さき》わい」を願い、祈り踊っていたのかもしれません。

そんな常世の頃を再び取り戻すことを治世の根本に据えられているアマテラス。そのお

方が石屋にお隠れになり香久の木は枯れて萎れてしまったが……いやいや、まだその香りはほのかな匂いを残しておりますよ。アワヤ　アワ……。言外に、どうぞ再び我らのもとにお戻りくださいい……との願いが込められているのでしょう。しかもこの歌を、やや滑稽なしぐさとともに厳かに、ゆったりと皆して歌い舞ったのではないでしょうか。

そうして諸神は石屋の前にかしまどり（光門鶏）のようになって、アマテラスのお出まし（ご光来）を待つのでした。

※光門鶏とは：21綾に「（楼門の上で飼われる）鶏は光《か》を受け鳴きて」とあることから、
　朝の暁光を待って鳴きだす鶏のようにということでしょうか。

これぞ常世の国を思わせる永幸《ながさき》─汝が幸わいを祈る神楽舞なのです。

この外の様子に、アマテラスも思わずほくそ笑んで石屋の外を窺ったその瞬間、剛力のタチカラオ（手力男／思兼の長男）がすばやく石屋を投げ開き、アマテラスの御手をお取りしてい出し奉ったのでした。

ツワモノヌシは石屋に注連縄《しめなわ》を張り、「ここに再びお入りなさりませぬように」と申し上げました。

以上がホツマツタヱの述べる石屋籠もりの情景描写です。

そしてこの後、セオリツヒメのおとり成しによりスサノオの咎《とが》の量刑が再審議されます。

先にスサノオの科《とが》は「千座の三段枯れ（ちくらのみきだかれ）」、すなわち天の廻りの360クラ（度）の三倍にも及び、三度死刑になるほどのものでしたが、ここで大幅に減刑され300クラとなり、髪を抜かれ、爪を抜かれはしましたが死を免れ、菅笠《すげかさ》・青衣《あおい》で下民《したたみ》に落とされ放逐されることになりました。

ここからスサノオの8年に及ぶ流浪が始まります。

この報を受けたアマテラスは弟が死を免れたことに安堵し、その喜びのうちに次の道清気（みちすけ／先の不安が消え去り晴れ上がったの意、また東《き》の典侍《すけ》オオミヤヒメ／ミチコの作った歌ともいえます）の歌を皆とともに謡い舞い心を晴らしたのでした。

天《あ》（阿）晴《は》れ　あな面白《おもしろ》　あな楽し　あな清《さ》やけ　おけ　清《さ》やけおけ
あわれ　面白《おもしろ》　清《さ》やけおけ　あな楽し
（7綾―175行）

まさにアマテラスの心は晴れやかに、ああ楽しい、ああ心清《さ》やけきことよ……となんども何度も繰り返しながら皆と謡い舞います。）

こうして諸共に手を打ち差し伸べて謡い舞ったのでした。

ちわやふるとぞ　楽しめば　これ神座《かんくら》に　天照大御神《あまてらすををんかみ》なり

大地が轟《とどろ》き揺れるほどに皆して謡い踊り、心から喜び楽しむお姿は、まさに神座にて天を照らされる大御神であらせられます。」

と続きます。

（注）「ちわやふる」とは、大地が轟《とどろ》き揺れるような強勢の振舞の姿でしょうか。後に「ちはやぶる」と転訛して、神などにかかる枕詞になります。

ところで右の歌は記紀のどちらにも載っていません。

しかしなんと、この前半部分の句が古語拾遺《こごしゅうい》（８０７年斎部広成の編纂）と先代旧事《せんだいぐじ》本紀《ほんぎ》（古語拾遺の後、９世紀中頃の成立で物部氏系の史書、46項にて詳述）の双方に記載されています。どちらも漢字時代の書で次の万葉仮名で書かれています。

阿波礼《あはれ》　阿那於茂志呂《あなおもしろ》（斯呂《しろ》）　阿那多能志《あなたのし》（陀能斯《たのし》）　阿那佐夜憩《あなさやけ》　飫憩《おけ》

（注）カッコ字は先代旧事本紀の表記です。読みはどちらも同じで、しかもホツマツタヱ

ともピタリ一致しています。

いかがでしょうか。ホツマツタヱ（西暦126年編纂・私の修正紀年では306年／干支3巡のずれ）ができて長い年月が経つのに、音韻での読みが全く同じに伝承され続けたという事実は、ほつま文字の形で長い間（密かに）伝えられてきたことを窺わせるのではないでしょうか。

漢字文献以後にこのホツマツタヱが創作されたとはなかなか考えられません。古語拾遺、先代旧事本紀、記紀にも精通し、古語と古代文字、その他の博学な知識を持った後代の学者がこのホツマツタヱを創作したとしたならば、はたしてその学者は誰なのでしょうか？

27 八俣《やまた》の大蛇《おろち》退治と出雲建国

スサノオが断罪され追放されることになった真の原因がホツマツタヱで明らかになります。その後、８年もの間、流浪するスサノオ。八俣の大蛇退治だけでなく、自分がその騒乱の原因だったハタレの乱を平定し、ようやく罪を許されるまでを描きます。

古事記が省略したスサノオ追放の真因

古事記では、スサノオの乱行によりアマテラスの石屋籠もり事件が起き、その結果罪を負わされ追放されます。ここで罪として「千位《ちくら》の置戸《おきど》を負わされた」となっていますが、この詳細はコラム⑪で説明します。

そしてスサノオのオオゲツヒメ殺害による食物起源説話が出てきます。しかしこれはホツマツタヱのツクヨミがなしたウケモチ殺害事件でのひとコマを、ここに引用して持ってきたであろうことはすでに第22項で説明した通りです。

その後、八俣《やまた》の大蛇《おろち》退治を果たし、晴れて出雲で須賀の宮を建ててハッピーエンドで終わります。

いっぽうホツマツタヱでは、スサノオがなぜ荒れて乱行をはたらいてしまったのか、その深い原因や、流浪のはてに最後は幸せになるまでの経緯が実に詳しく、理路整然と述べられているのです。

ここでは、スサノオが彷徨《さまよ》った果てに、最後は許されて出雲の国を建国するまでをホツマツタヱによってみてゆきましょう。

彷徨った果ての悔恨の歌

さて、スサノオの度重なる悪行の結果、アマテラスの岩屋籠もりの事件が起こります。それにより断罪されて、菅笠《すげがさ》・青衣《あおい》の下民《したたみ》に落とされて処払いされ流浪《るろう》が始まります。これからおおむね8年の間に、北《ね》(根)の国・細矛《さほこ》にたどり着き、八岐の大蛇(なんとこれはハヤコのなれの果ての化身でした)を退治します。

このオロチ退治のお話については古事記とホツマツタヱの内容はほとんど同じです。ですが、ホツマツタヱではさらに話が続きます。

オロチから救われたクシナダヒメと結ばれたスサノオは、オオヤヒコ(大屋彦)以下4人の御子を儲けます。しかし未だ罪人の下民《したたみ》として出雲路に隠れ住むのでした。

この間朝廷では、六《む》ハタレ退治に翻弄されましたが、いよいよ最終段階に近づき、この大乱の原因を作った北《ね》（根）の益人《ますひと》（地方長官の官職名）や、シラヒトとコクミ、オロチらの破垂根《はたれね》討伐の遠征軍が、イフキドヌシ（ツクヨミの子息）を総大将にして派遣されます。そこにスサノオが遭遇するのです。いや彼はその派遣軍を待っていたのでしょう。

出雲道《いづもち》の　道にたたずむ下民《したたみ》や　笠蓑剣《かさみのつるぎ》投げ捨てて　なに宣《の》りこち（心地）の
大眼《おおまなこ》　涙《なんだ》は滝の落《お》ち降《くだ》る　時の姿や八年《やとせ》ぶり
想い思えば破垂《はたれ》とは　驕《おご》る心の吾《われ》からと　やや知る今の素佐之男《そさのを》が
悔《く》やみの涙《なんだ》　叔父甥《おじおい》の（スサノオとイフキドヌシの関係）　血脈（しむ）の過《あやま》ち
償《つぐな》えと　嘆《なげ》き歌うや——
（9綾63行）

　イフキドヌシを総大将にするハタレ魔討伐軍が出雲路に行軍してくると、そこに一人の下民がたたずんでいました。笠・蓑・剣を投げ捨てて何か言いたげで、しかも大きな眼《まなこ》からは涙が滝のように流れています。下民の姿になってあれから8年、深く思い返せば今のハタレの騒乱はすべて驕《おご》り高ぶった吾の心が原因だった、とようやく気づいたスサノオの悔恨の涙だったのです。それに気付いたイフキドヌシ、自分の父ツクヨミの弟にあたり、自分の叔父にあたるスサノオです。さすがに血縁ゆえにともに涙を催し、償いの方策がイフキドヌシの頭の中を巡ります。

そうしたなかで、次の歌をスサノオが三たび詠うのでした。

天下《あも》に降《ふ》る　吾《あ》が蓑笠（みのかさ・身の瘡《かさ》）ゆ　血脈《しむ》の幹《みき》
三千日狭間（みちひはさま・三千日は様《さま》で）で　荒《あら》ふる畏《おそ》れ　（9綾―74行）

天の宮中から追放され下民《したたみ》となってこのような蓑笠で雨露をしのぐ（またの意として、我が身の瘡《かさ》ゆえに）罪人になった自分です。それが原因で、血族《しむ》の幹《みき》たるアマテラスをハタレの大乱で三千日（8年）もの長い間悩まし続け、国を荒らしてしまったのです（シムノミキを逆読みすると君の虫、君を悩ます血族の虫になってしまった）、なんと畏れ多いことか。われはこの今に至るまで、後悔の念にさいなまれて暮らしてきました。

このような彼の心からの嘆《なげ》き叫ぶ痛恨《つうこん》の歌に、さすがのイフキドヌシも肝《きも》にひびき、なさけがこみ上げ共に涙に濡れてくるのでした。

それにしても歌のもつ力は実に大きなものがありますね。「三十一文字（みそひともじ）」の音韻の中に、凝縮して思いのたけを入れ込んで相手の心をつかみうるもの、これが我が国の歌の凄味《すごみ》です。

「あがみのかさ」「みちひはさまで」などは多重の意味合いを込めているようであり、「しむのみき」は逆読みもでき深みを漂わせます。

この詠嘆により彼の運命は大きく変わります。イフキドヌシはハタレ根討伐軍にスサノオをとり立てて、そして見事大功を立てたスサノオは罪をゆるされて復権します。

心を寄《よ》する　血道《しむ》（血脈）の歌　身の塵鏃《ちりひ》れば　禍《が》は消えて
賜ふ御璽《をして》は　ヒカワ（氷川）神
（9綾―112行）

心の髄《ずい》にひびく渾身《こんしん》の歌（血道《しむ》の歌）、これを察するにすでにスサノオの心は清直《すなお》になり、身の垢《あか》も洗い流されすべてのわだかまりも消えたので、アマテラスから「ヒカワ（氷川）神」の御璽《をして》を賜りました。

そしてまた八重垣幡《やえかきはた》も賜り、細矛《さほこ》の国も改め替わり出雲国《いづものくに》となったのでした。

ここで新たに奇しき清浄な地に奇稲田宮《くしいなだみや》を建て、クシナダヒメの5度目の懐胎（下民として隠れ住んでいた時代にオオヤヒコ以下4人を生んでいる）の喜びとともに詠まれた歌

があの有名な「八雲立つ　出雲八重垣　妻籠めに……」です。（第28項参照）

ところで以前の話に戻りますが、かつてスサノオが下民で流浪《さすらい》の身となり北に向かう途中で、野洲川の姉・ヒルコヒメのところに立ち寄りました。

そこで「北《ね》に至る後、子を生まん、女《め》ならば穢《けが》れ男《を》ならば清く。これ誓いなり」〔吾が北の国に至った後は、妻《めと》を娶り子を儲《もう》けるつもりです。その子が女ならば、吾が心はいまだに穢《けが》れ、逆に男ならば吾が心は清らかであると認めてください。これを誓います。第24項既出〕

と言って去ったことがありました。

その後、その誓いどおりにクシナダヒメとの間に、まず長男・オオヤヒコが生まれたので勝ち誇るように姉に「吾勝《あか》つ」と報告します。

それに対して姉からは怒りのまなざし、「その恥知らずの心根《こころね》こそが穢《きたな》いのだ。はよ帰れ」と追い返されてしまったのです。

そんなわけで、その後さらなる蟄居《ちっきょ》の境遇に耐えたすえに、ようやくたどりついたスサノオの心境が、「八雲立つ……」の歌だったのです。

そしてこの歌を姉に奉げたことで姉からも許されて、八雲打ちの琴の奏《かな》でを伝授され、クシナダヒメとともに琴の音と歌を楽しむ日々に至るのでした。

その後、技法を発展させた八重垣打ちの琴歌が流れる中で生まれた子がオオナムチです。「生む子の斎名奇杵《いみなくしきね》はことにやさしく治《をさむ》れば、皆から八洲為成実《やしましのみ》の大己貴《おほなむち》」と呼ばれたのでした。

古事記では、クシナダヒメとの間にヤシマジヌミノカミ（八島士奴美神）が生まれ、さらにその子孫の名を並べて、結果としてスサノオの六世の孫としてオオクニヌシノカミ（大国主神、別名オホアナムヂノカミ）を登場させました。

ホツマツタヱと大きくかい離してしまったところです。第29項でこれを解明します。

28

スサノオの和歌「八雲立《やくもた》つ……」の深い意味

ハタレの乱をみごと平定し、スサノオは罪を許されて出雲に宮を構えることができました。それも、スサノオの歌の力に負うところが多かったのです。古事記ではわからない「八雲立つ……」の歌の深い意味を探ります。

スサノオの名秀歌――出雲八重垣の歌

古事記ではスサノオが八俣の大蛇退治をしたあとで、出雲に須賀の宮を建て「八雲立つ……」の歌を歌います。でもなにか唐突に出てくるようで、この歌の重みがあまり感じられませんね。

しかしながら実は、我が国歌謡史の中でもまことに重要な歌だったのです。

やくもたつ　いづもやゑがき　つまこめに　やゑがきつくる　そのやゑがきわ

（ホツマツタヱから引用するとこうなります。この解釈訳は後述します）

この歌は、我が国の五七五七七（三十一文字）定型和歌の起源として大変有名です。それは『古今和歌集仮名序』に次のように記載されているからです。

この歌　天地《あめつち》の開け始まりける時よりいできにけり
　天の浮橋の下にて　女神男神となりたまへることを言へる歌なり（注記）
しかあれども　世に伝はることは　久方《ひさかた》の天《あめ》にしては　シタテルヒメにはじまり
あらがねの地にしては　スサノオの命よりぞおこりける
ちはやぶる神世には　歌の文字も定まらず　すなほにして　言《こと》の心《こころ》わきがたかりけらし
人の世となりて　スサノオの命よりぞ　三十文字《みそもじ》あまり一文字《ひともじ》はよみける
　スサノオの命は　天照大神のこのかみなり
　女と住みたまはむとて　出雲の国に宮造りしたまふ時に
　そのところに八色の雲の立つを見て　よみたまへるなり
　や雲立つ　出雲八重垣　妻ごめに　八重垣作る　その八重垣を
かくてぞ花をめで　鳥をうらやみ　霞をあはれび
露をかなしぶ　心　言葉多く　様々になりにける
　（注記）この段下げ部分は、古注といい、一段小さな文字で注記として書き加えられたものです。

「天の浮橋の下にて　女神男神となりたまへることを言へる歌なり」とは、天の浮橋に立ちて、イザナギとイザナミが掛け合い詠う「あなにやし　えおとこを」「あなにやしえをとめを」の歌を指します。

しかしこの『古今和歌集仮名序』の記述は、ホツマツタヱからすればその内容に明らかな間違えが散見されるところではあります。その詳細はここでは省きますが、スサノオの歌以前にも、31文字、128首からなるフトマニの和歌や、ヒルコヒメ（ワカヒメ）の和歌などがあるのです。

ただ確かに、ヒルコヒメに続く和歌の名手は、弟のスサノオだったということは間違いありません。

しかしながらスサノオは生来の気性からか、荒々しい行状を重ね、国民に迷惑をかけ汚《お》穢《え》隈《くま》をまき散らし、さらには、国をも揺るがす大乱（ハタレの乱）の原因となる過ちを犯してしまいました。

そのため断罪されて、下民《したたみ》として世を流離《さすら》うことになります。8年の流浪の末にたどり着いたところが細矛《さほこ》の国（後の出雲）。ここで甥のイフキドヌシの助言と援けにより、みごとハタレの大乱を平定し国に平安をもたらすことができたのです。

それまでの自分を心から反省し、悔い改めることができたために、アマテラスからついに許されて、晴れて出雲の国と氷川神の璽（ヲシテ）と八重垣幡《やえかきはた》をも賜るのでした。氷川神社の由縁がここにあります。

そこで詠まれた歌がこの歌なのです。

八（や）雲立つ　出雲八重垣　妻籠（こ）めに　八重垣造る　その八重垣（わ）

（ホツマツタヱの写本の中には終句の最終文字が「を」であるものもありますが、ここはやはり、「わ」として初句第一音の「や」と呼応して、「やわ・和す」を入れたものと考えたいですね。そしてそのなかに「こ・子」が生まれます）

八雲立つ簸川《ひかわ》の八重谷でオロチを退治し、またハタレ根を打ち功を立て、忠臣の印である八重垣幡と出雲の国を任されるまでになりました。なんとありがたいことでありましょうか。

感謝の心とともに、この新しいお宮では愛する身籠った妻（クシナダヒメ）を大切に籠《こ》めて和《やわ》して生きてゆきます。
八重垣で囲んだこのお宮とともに、自らの身と心を固く律して、宮中をお守りする八重垣の臣となってアマテラス神をお守りして行きます。
あのアマテラス神の御歌（道成す歌）
「天《あめ》が下《した》　和《やわ》して廻《めぐ》る　日月《ひつき》こそ　晴れて明るき　民《たみ》の両親《たら》なり」（補注参照）
の真意を悟り、この歌をもってお答えいたします。

このように、まさにこの歌は、実はたいへん奥深い意味が込められたスサノオの心の裡《うち》を表した名秀歌だったのです。この歌によりスサノオはみごと復権を果たし、アマテラスより八重垣《やゑがき》の臣（後の子息・オオナムチの代では大物主《おおものぬし》、剣の臣、右の臣となる。大物主とは、すべての物部《もののべ》（武人）を統括する最高職のこと）を賜ったのですから、この八重垣の歌がいかに重要な歴史的意味を持っているかを思わずにはいられません。
このことは記紀では全く想像がつかないことです。
ホツマツタヱのみがこのことを明確に示してくれます。

（補注）アマテラスの御歌（道成す歌）の解釈訳文（第26項より再掲）

……アマテラスは増々怒りがまして、スサノオに向かって言われるのでした。「汝は心根があまりにも汚い。この国を我がものにしようとは。……正しい道を歩むことを教え諭す道成す歌がある。

─この世の中は、日と月が常に一体になって地上に恵みを与えているように、男と女が夫婦になって和《やわ》し家を支えるように、世のまつりごとも君《きみ》が臣民《とみたみ》と一体となって和して治めてこそ、民を健やかに導くことができるのである。

上に立つものはそれでこそ、まことの民の両親といえるのであるぞ。─」

（しかしスサノオはそれでもこの歌の意を解せず、岩を蹴散らしなお怒るばかりでした。これによりアマテラスは石屋に籠《こも》ることになります。）

10
宮廷御神楽にみる天《あめ》の石屋籠《いはやこ》もりの再現

現代の宮中賢所《かしこどころ》御神楽に受け継がれる阿知女法《あちめのわざ》。

毎年12月中旬に宮中三殿の賢所で御神楽ノ儀が行われます。庭燎《にわかがりび》が焚かれ夕方から深夜にかけて夜通し厳かに御神楽が奏上されます。賢所様（天照大神）のご神霊をお慰めする重要なお祭りです。

このお神楽は、人長《にんちょう》がお榊を持って舞い、「庭火」の神楽歌に続き阿知女法から始まって採物《とりもの》などの神楽歌が長々とゆっくり続くということです。

この阿知女法は本方と末方に分かれて「あちめ　おおおお　おけ　あちめ　おおおお　おけ」と交互に唱和します。

この「あちめ・おけ」とはなにか、これまで定かではなかったのですが、実は、「あがつま　あわ」の転化なのではないでしょうか。いかがでしょう。「おけ」はホツマツタヱの岩屋籠もり場面の歌からの引用なのです。

宮中御神楽は、まさにホツマツタヱが語るアマテラスの岩屋籠もりの再現だったのです。

厳かに祈り舞い、神様のお心を慰め、またともに楽しむ大本の岩屋籠もりの故事を数千年の時空を超えて現代に再現しているのです。

『梁塵秘抄《りょうじんひしょう》』（平安後期の後白河上皇編著の今様集）の口伝集冒頭にも次の記載があります。

「いにしへより今にいたるまで、習ひ伝へたる歌あり。これを神楽・催馬楽・風俗といふ。神楽は、天照大神の、天の岩戸を押し開かせたまひける代にはじまり、催馬楽は、……。みなこれ天地《あめつち》を動かし、荒ぶる神を和《なご》め、国を治め、民を恵むよたたて（テダテの誤りか）とす」

アマテラスが天の岩屋からお出になり世が明るくなった後、神々が協議してスサノオに罪を科す場面があります。古事記は「千位の置戸を負ほせ」とし、日本書紀は「科するに千座置戸を以ちてし」とありますが、これを「多くの台にのせた祓物《はらえもの》を罪の償いとして科した」とされています。しかしこの意味がホツマツタヱでわかります。この時代にすでに我が国固有の刑法「瓊矛法《とほこのり》」が整っていたのです。

クラ（座）とは、量刑単位を表します。天《あめ》の廻《めぐ》りの一周360度（座）を四分割し、90座を超えると処払い、180座を超えると流浪刑、270座を超えると世間との交わりを一切断ち、360座を超えると死刑と決められていました。

素佐之男《そさのを》の　科《とが》は千座《ちくら》の　三段枯《みきだが》れ　髪抜《かみぬ》き一《ひと》つ　爪《つめ》も抜《ぬ》き
未《ま》だ届《とど》かねば　殺《ころ》す時《とき》（7綾―157行）

このようにスサノオの罪は千座を超え、3回死刑にするほどの罪になるとの量刑判断が下りました。よって本来は髪を抜き、爪も抜き苦しめたうえでの死刑だったのです。

しかしこの時正后のセオリツヒメより温情が下され、量刑の再審査が行われたので、結果として300座にまで減刑されたのでした。よって世間との交わりを断たせ、放逐させることに決まったのです。これにより弟の死刑が免れたゆえに、天の岩屋から出られたアマテラスは心から喜ばれて「あ晴れ　あな面白　あな楽し……」と皆して謡い舞ったのでした。

この「瓊矛法」という裁判・量刑制度がこの時代すでにあり、また行政組織の仕組みもしっかりと整っていました。後の大宝律令（701年制定）によって我が国に初めて律（刑法）と令（行政・民法）が整ったのではないのです。

神様系図２

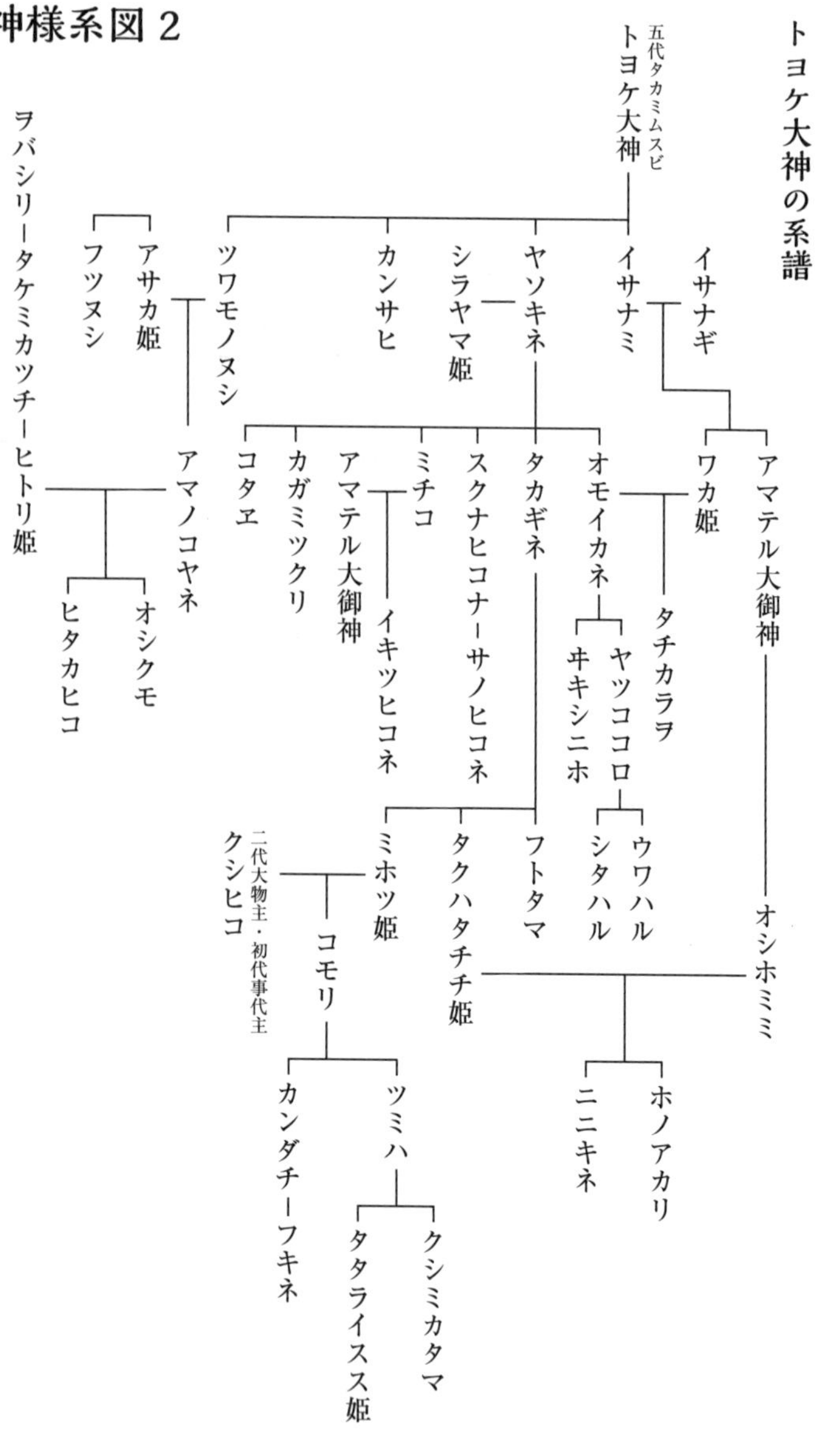
トヨケ大神の系譜
五代タカミムスビ
トヨケ大神
イサナギ
イサナミ
ヤソキネ
シラヤマ姫
カンサヒ
ツワモノヌシ
アサカ姫
フツヌシ
ヲバシリ－タケミカツチ－ヒトリ姫
アマテル大御神
ワカ姫
オモイカネ
タチカラヲ
ヤツココロ
ヰキシニホ
ウワハル
シタハル
タカギネ
スクナヒコナ－サノヒコネ
ミチコ
イキツヒコネ
アマテル大御神
カガミツクリ
コタヱ
アマノコヤネ
オシクモ
ヒタカヒコ
フトタマ
タクハタチチ姫
ミホツ姫
二代大物主・初代事代主
クシヒコ
コモリ
ツミハ
カンダチ－フキネ
クシミカタマ
タタライスス姫
オシホミミ
ホノアカリ
ニニキネ

第5章

オオクニヌシの国作りと葦原中国《あしはらなかくに》／出雲の平定

古事記ではスサノオの七代目（六世の孫）がオオクニヌシであり、この神を中心にした多くの逸話が展開され、最後は出雲の国を明け渡します。古事記とホツマツタヱとを読み比べてみて、あまりにも大きく異なる部分です。オオクニヌシとは誰なのか、三輪山の神・オオモノヌシとは誰か、また出雲を明け渡したオオクニヌシのその後は、などなど、ホツマツタヱによって多くの疑問を解明します。

29

脚色多きオオクニヌシの実像！

ホツマツタヱには、スサノオの子孫として、多くの歴史人物の事績が語られていますが、古事記ではそのほとんどが大胆に省略されています。あたかもオオクニヌシという一人格神に集約し、おもしろい読み物にまとめ上げ、このオオクニヌシを主役にした出雲神話が縷々《るる》展開されています。

古事記のオオクニヌシの実像は？

古事記とホツマツタヱとを読み比べてみて、あまりにも大きく異なる部分がオオクニヌシのお話です。以下にホツマツタヱの記述と照らしながら古事記のオオクニヌシの謎を解明してゆきましょう。

まず古事記では、スサノオの六世孫がオオクニヌシとなっています。

スサノオとクシナダヒメとの間にヤシマジヌミノカミが生まれ、その六代目がオオクニヌシであり、オホアナムヂノカミ、ヤチホコノカミ、ウツシクニタマノカミなどの別名があるとします。

そしてこのオオクニヌシを中心に、稲羽《いなば》の素兎《しろうさぎ》の話、兄弟の八十《やそ》の神々からの迫害を受ける話、根《ね》の堅州国《かたすくに》を訪問しスサノオから数々の試練を受ける話、ヤガミヒメ（八上比売）、スセリヒメ（須勢理毘売）、ヌナカワヒメ（沼河比売）らが登場する恋愛物語、歌を交換しての歌謡劇のような話が繰りひろげられます。いかにも奇想天外な、面白おかしい物語になっています。

しかしこれらの話はホツマツタヱには全く出てきません。

スサノオとクシナダヒメとの間に生まれたのは、斎名《いみな》（生まれた時につく実名）はクシキネ、称え名はオホナムチです。

また日本書紀本文の系譜もこれと同じであり、オオクニヌシにかかわって縷々《るる》展開される歌物語は無視されています。

以下にホツマツタヱの記述にもとづいて、オオナムチについてみてゆきます。

ホツマツタヱのオオナムチ、その人物像とその係累

罪を許され八重垣の臣として復権したスサノオは、出雲で櫛稲田宮《くしいなだみや》を構えます。

そこでクシナダヒメとの間に生まれたのがオオナムチです。次がオオトシクラムスビ（大歳倉産霊）、カツラギヒトコトヌシ（葛城一言主）、スセリヒメ（酢芹姫）です。スサノオ

にはそれ以前に4人の子がいますので五男三女を儲けました。

出雲での琴の音《ね》ひびくよい環境の中で育ったオオナムチは、たいへん心優しく才があり優秀な子に育ち、成人してからはよく人々を治め、また出雲ばかりか葦原中国《あしはらなかくに》の発祥地、アワ国・琵琶湖周辺をも開拓し発展させたので「ヤシマシノミ（八洲為成実）のオオナムチ」と讃えられました。古事記にいう前述の「ヤシマジヌミ」はこれの借用なのでしょう。

そしてその人格と業績を高く評価されて、アマテラスから初代大物主にとり立てられます。

この大物主とは、すべての物部《もののべ》（武人）を統括する最高職名であり剣《つるぎ》の臣《とみ》（後の右大臣）を指します。記紀はこれを「大物主神《おおものぬしかみ》」という神の名としていますが。

さらにオオナムチは、アマテラスと后・ハヤコとの間に生まれた三姉妹の長女・タキリヒメを娶ります。その間に生まれたのが、長男・クシヒコ、次にタカコ（貴子）、そしてステシノ（捨篠、別名タカヒコネ／高彦根、アチスキタカヒコネ／阿智鉏高彦根）です。アマテラスからもおおいに期待された人物がオオナムチだったのです。

ここで注目すべきは、この長男・クシヒコです。父親のオオナムチが都から離れて出雲にいる時は、大物主の代理としての役職「事代主《ことしろぬし》」（記紀では固有名詞としていますが）としてその務めを果たしました。

後の項で詳述しますが、この方もまことに優れた人物でした。後にニニギに仕え、新治《にはり》宮《みや》を造営する際には宮の中心に据える大黒柱などを採り入れて「宮作《みやつく》り法《のり》」を制定しました。この功により、ニニギより「オコヌシカミ（大国主神）」の名を賜ったのです。このクシヒコこそが古事記のいうオオクニヌシなのです。この人物に関しては後の第33項に譲ります。

オオナムチとスクナヒコナによる国作り

さてこのオオナムチ、その前半生でどれほどの活躍をしたのか、それを窺わせるのが古事記とホツマツタヱの双方に書かれています。スクナヒコナと力を合わせて成し遂げた国づくりの事績です。

二人が出会った場所は古事記では出雲のミホ崎となっていますがホツマツタヱは違います。

奇杵淡海《くしきねあわ》の　ササザキ（沙沙崎）で　カガミ（鏡）の船に　乗り来るを　問えど答えず
クエヒコが　神見産霊《かんみむすび》の　千五百子《ちゐもこ》の　教《をし》えの指《ゆび》を漏《も》れ落《お》つる　少彦名《すくなひこな》はこれと言う
（９綾―１４５行）

オオナムチが淡海（琵琶湖）のササザキで過ごしているとき、鏡を舳先《へさき》に掲げた船（鏡の船は天神に連なる者の標《しるし》か）でやって来る者がいました。誰かと問うが返答がない。そこで物知りの近習クヱヒコに聞くと、「カンミムスビの数いる御子の中でも型やぶりに秀でているゆえに、諸国を漫遊している高邁《こうまい》な方として評判の高いスクナヒコナ様とはこの方でしょう」と答えました。

このようにここでは琵琶湖のササザキになっています。

スクナヒコナは舳先《へさき》に鏡を掲げてやってきます。この鏡の意味はおそらく天神につながる高貴な人を意味するようです。記紀はこのカガミを「ガガイモ」の古名で多年生の蔓草《つるくさ》とし、それで作った舟でやってきたとしていますが、はたしてどうでしょうか。

そしてクエヒコに問うと、あのお方は多くの子供がいるカンミムスビ（第六代タカミムスビのヤソキネ）の子で、型やぶりに秀でているゆえに諸国を漫遊している高邁な方だといいます。

こうしてそのササザキの地に留まるスクナヒコナをオオナムチは篤《あつ》くもてなし、以来ともに力を合わせて人々を病から救い、また鳥獣や穂汚虫《ほおむし》から稲作物の被害を防ぎ祓い、殖産に努め人々を豊かに導きました。

このスクナヒコナのその後の事績や、今に祀る神社などについては別にコラム⑮で解説します。

古事記でのスクナヒコナは、オオナムチと別れた後は常世国《とこよくに》（記紀では海の向こうの外国と考えられている）に渡ったとしていますがおかしなことです。

このスクナヒコナとの出会いの頃、オオナムチは琵琶湖沿岸に居を移してその地の開発にあたっていたようです。

そこでスクナヒコナとともに琵琶湖を中心にした葦原中国を豊かな地に開拓したのでした。オオナムチの活躍は出雲ばかりか葦原中国全体の広範囲にまでおよんだのです。

ただ残念なことに、その後のオオナムチは自分の心の裡の増長慢が嵩《こう》じてしまいます。出雲の我が宮を玉垣内宮《たまがきうちみや》と称して宮中に比肩しようとしたために、結果として朝廷より出雲征伐にあい、津軽に転封されてしまいます。これは父・スサノオの死んでもなお消えなかった自己慢心、他をもしのいで自分の欲を通そうとするいわばカルマの発現だったのでしょうか。

津軽に転封された後のオオナムチは、その後のみごとな改心と復権により、ようやくスサノオのカルマは昇華し、いくぶんかは解消したのかもしれません。

その陰には、自分の子息・クシヒコの朝廷内での大活躍のおかげもあったことでしょう。

そして最終的にスサノオの心の奥底に潜む消しがたいわだかまりは、再びヤマトタケルに生まれることで消滅することになります。このことは第51項で再び考えます。

なおこの琵琶湖東岸でのオオナムチのことや、津軽転封の原因などホツマツタヱに書かれていないことの深い考察は、伝統ある同人誌『検証ホツマツタヱ誌』98号、今村聰夫氏（『はじめてのホツマツタヱ』著者）の「ホツマくに巡り⑨琵琶湖東岸にて」が大変参考になります。

30

国譲《くにゆず》りと鹿島立《かしまた》ちの真相

出雲の国はもとより葦原中国を発展させ、天下に名をとどろかせたオオクニヌシ（ホツマツタヱではオオナムチ）。しかしなぜ、朝廷から糾弾され最後は出雲の国を明け渡し、さらにホツマツタヱによれば、自身と一族が津軽に転封されたのか。その原因・事情を明らかにします。

ホツマツタヱでわかる出雲国譲りの原因

古事記では、オオクニヌシが完成させた「葦原中国《あしはらなかくに》」は、その後まもなく「国譲り」によって天津神のアマテラスに譲られることになります。「豊葦原水穂《とよあしはらみずほ》の国（葦原中国のこと）は、我が子オシホミミが治《し》らす国ぞ」とのアマテラスの命により国譲りの話が唐突に始まります。

そもそも記紀では、この葦原中国がどこにある国なのか、また出雲国との関係についても定かではありません。記紀ではいちおう天上の高天原と地下の黄泉国との中間にある葦の生えたところとされてはいますが。

またなぜこの葦原中国を譲ることになってしまったのか、その理由についてもこれまで多くの古事記学者を悩ませてきました。たとえば、天津神と国津神・オオクニヌシとは支え合う関係にあって、オオクニヌシは自分のために葦原中国を作ったのではなく、アマテラスのために国を作ったのだ、というのです。それではなぜ最終的に武人であるタケミカヅチが派遣されそれと戦った後に明け渡されたのか、これではわかりませんね。

これらの疑問を氷解するために、以下ホツマツタヱの語りに目を向けていきましょう。

出雲の国はもとより葦原中国（ここでは琵琶湖周辺・近江地域）をも発展させ、天下に名をとどろかせたオオナムチ（ホツマツタヱではオオクニヌシとオオナムチは別人です）。しかしその彼が、なぜ朝廷から糾弾され、最後は出雲の国を明け渡し、自身とその一族が津軽に転封されることになったのか、以下にホツマツタヱによって明らかにします。

二十五《ふそゐ》鈴《すず》九十三《こそみ》枝《ゑ》（西暦前1020年頃）夏のこと、宮の香久橘《かぐたちばな》の枝が萎《しぼ》んでしまい異変が起きたことが朝廷に知られます。探索により次の報が入りました。

出雲八重垣《いづもやえがき》　大己貴《おほなむち》　満《み》つれば欠《か》くる　道理《ことわり》か　額《ぬか》を玉垣内宮《たまがきうちみや》と　これ九重《ここのゑ》に比《くら》ぶなり

（10綾―6行）

出雲を本貫とする八重垣の臣・大物主のオオナムチは、「満つれば欠ける」の道理《ことわり》のとおり、増長慢《ぞうちょうまん》が嵩《こう》じてなんと自分の豪壮な社《やしろ》の天額《てんがく》（殿上に掲げる表札）に「玉垣内宮」と書いて、朝廷に比肩する社屋を建てているとのこと。（別の解釈として、居所の周りにもう一重の玉垣を巡らせて内宮と称し、アマテラスの宮廷九重と全く同じ造りにして民衆に誇示している。―今村聰夫氏著『はじめてのホツマツタヱ』の説）

オオナムチは自分の出雲八重垣の宮を豪壮にし、その天額に玉垣内宮と掲げ、アマテラスの九重《ここのえ》・宮中に比べるほどに驕《おご》り高ぶり始めました。

この頃は、アマテラスの嗣子・オシホミミが近江多賀若宮で重臣の輔弼《ほひつ》のもとに政祭《せいさい》を執り始めた頃でした。

そうしたなかで、オオナムチがそのあまりにも大きな実績をあげ、また天下に誇る姿に、朝廷側は嗣子《しし》であるオシホミミの将来の治世に一抹の不安を感じはじめていたのかもしれません。

そこで、オシホミミの皇子守役《みこもりやく》だったオモイカネの死後に、その役を継いだ第七代タカミムスビ・タカキネ（高木神）が中心になって神諮《かみはか》りして、出雲糾明の使者が派遣されます。

第一の使者、ホヒ（アマテラスとモチコの子）は、行ったままオオナムチに媚《こ》びへつらい3年復命せず、次にその息子のミクマノ（三熊野）も同じく帰らず、そして第三の使者として最後に派遣されたアメワカヒコ（天稚彦）は、オオナムチの娘・タカテルヒメ（高照姫、別名タカコ／貴子）を娶り8年経っても帰らず、しかもなんと問いただしに向けた雉子《きぎす》（密偵）を、以前タカキネより授かっていた羽羽矢《ははや》で射殺してしまいます。よってタカミムスビはこれを咎めてその返し矢でアメワカヒコを殺しました。

このように罪人になってしまったアメワカヒコは、本来なら服喪は四十八神《よそやかみ》（天界高天原のサコクシロの宮にアメミオヤを囲むようにして鎮座する四十八《よそや》の神々）に服すゆえに48日間なのですが、罪人ゆえに略式八日八夜でした。

このような葬儀の場で、弔問に訪れたタカテルヒメの兄・アチスキタカヒコネがひきおこす逸話があります。それを次の第31項で述べましょう。

鹿島立ち《かしまたち》：出雲平定／タケミカヅチとフツヌシの活躍

昔から伝わる「鹿島立ち」という言葉があります。

これを広辞苑では、「（鹿島・香取の二神が、天孫降臨に先立ち葦原の中つ国を平定した吉例にもとづくとも、……）旅行に出で立つこと。かどで。出立」などと記載されています。

ただこの用語の典拠が必ずしも明らかではありませんでした。記紀にもありません。

じつはこの語源はホツマツタヱにあったのです。ホツマツタヱにいう「かしまたち」とは、初代大物主（右の臣《とみ》とよばれる）の役職を断ち、その治《た》す領地（しま）出雲を平定して断罪する、さらには、さかしま（逆しま）を断つ、という意味なのです。

そもそも「鹿島」という名は、タケミカヅチ（武甕槌）がフツヌシ（経津主）とともに出雲平定の大功を成し遂げた後に、天朝のオシホミミより賜った次の御言宣《みことのり》によるのでした。

また甕槌《みかつち》は　カシマタチ　稜威《いつ》を顕《あらわ》す　物部《もののべ》の　涙和《なんだやわ》らに　戻《もど》すより　賜《たま》う神部《かんべ》は　鹿島神《かしまかみ》
（10綾―139行）

またタケミカヅチはカシマ断ち（大物主・オオナムチの処断）をするに際して、武勇をもって稜威《いつ》を顕《あらわ》し、武人たちの心情をやわらげながら過ちを正したことの功績は大きい。よって領地と鹿島神の称え名を賜う。

このカシマタチは、出雲の国を征伐し、その国を侵略奪取することが目的ではなく、物《もの》部《のべ》（武人）を統括する大物主の心を正すことにあったのです。

では、出雲平定における彼ら二軍神の活躍をみてゆきましょう。

この度《たび》は　高見産霊《たかみむすび》の　臣枯《とみか》れを　除《のぞ》く門出《かどで》の　鹿島立《かしまた》ち　地《わ》に主基《すき》祀《まつ》る
神諮《かみはか》り　経津主《ふつぬし》良《よ》しと　皆言《みない》えば　武甕槌《たけみかつち》が　進《すす》み出《い》で　豈唯一人《あにただひとり》　経津主《ふつぬし》が
勝《まさ》りて我《われ》は　勝《まさ》らんや　高《たか》き勇《いさ》みの　甕槌《みかつち》や　経津主副《ふつぬしそ》えて　鹿島立《かしまた》ち
（10綾―88行）

この度は、朝廷の最高職を担うタカミムスビであるタカキネ（高木神）の配下にある臣・大物主の不忠を正すため右《か》の臣（大物主）の職を解き処断を降《くだ》すためのカシマ断ち（右《か》の臣の領地《しま》を断つ）である。まず地神《はにかみ》としてワスキの神（ウマシアシガイヒコヂ神）を祀った後に軍事会議に入る。そこではまず、総大将にはフツヌシが適任と皆から推挙されたところ、タケミカヅチが進み出で、武勇においての勇猛果敢は我こそぞ、と総大将を自薦する。これに皆もうなずき高き勇《いさみ》のタケミカヅチを総大将に、フツヌシを福将軍に副《そ》えて鹿島立ち（軍旅に出で立つ）。

じつに完結明快な文章ではないでしょうか。

ここの部分を古事記の記述と比べてみるとどうでしょうか。古事記では多くの修飾とやたらに神の名を並べ立ててての回りくどさがめだちます。ホツマツタヱと読み比べると、このような違いが他にもたくさん見受けられます。

フツヌシは、すでにこれ以前に起こったハタレの大乱でタケミカヅチやその他の重臣とともに大功を立てていたため、アマテラスより「経津主は香具山《かぐやま》（富士山のこと）を掌《つかさど》れとて　香取神」（8綾―363行）〔ハタレの乱平定後の論功行賞で、フツヌシは香久山《かぐやま》（富士山）を掌れとして香取神《かとりかみ》」との名をすでに賜っていました。

こうしてこの度の出雲平定《いづもむけ》では、タケミカヅチを大将に、フツヌシを副将として出立し、出雲杵築《きつき》の宮（後の出雲大社）の前に立つことになりました。

ところでこの出雲側のオオナムチの二人の子息は、極めて対照的に描かれています。

クシヒコは、事代主《ことしろぬし》（大物主の代理としての役職名）としてかねてより父の驕《おご》りを諫《いさ》めており、みずから鈴明《すずか》の心で謹み深く欲心から離れて、しばらく隠棲《いんせい》していたようです。

一方、タケミナカタ（建御名方）は、最後まで抵抗しついに信濃湖《しなのうみ》まで追われて降参します。この時、スワッと叫んだので諏訪《すわ》の名が起きました。

以来この地にとどまり、今に至るも諏訪大社の御祭神として祀られています。

さて、タケミカヅチよりその慢心を糾弾されたオオナムチは、その応えに窮しどう答えたものかと息子のクシヒコに教えを請うのです。

大己貴《おほなむち》　答《こた》え問《と》わんと　美保崎《みほさき》の　釣《つり》へ雉子《きぎす》の　稲背脛《いなせはぎ》　天《あめ》の答《こたえ》を
問《と》ふ時《とき》に　事代主《ことしろぬし》が　ゑみす顔《がほ》　吾《わ》れ清明《すずか》にて　両親《たらちね》に　ホロロ鳴《な》けども
鉤《ち》の鯛《たい》ぞ　魚糸《さかなと》切《き》るも　愚《おろ》かなり　高天《たかま》は民《たみ》の　笑須鯛《ゑみすたい》　糸掛巻《いとかけま》くぞ
御言宣《みことのり》　吾《わ》が父《ちち》去《さ》らば　諸共《もろとも》の　返言為《かえことな》せば
（10綾―103行）

このように、当時島根県北端の美保崎でつつましく隠棲していたクシヒコが、にこやかにえびす顔にて答えるには、

「我は以前から慎み深く欲を出さずに鈴明の教えに従って生きてきた。そのことの大切さを父君に申してきたではないか。この期に及んで、かようにホロロホロロと泣いて騒いだところで、もはや釣り針にかかった鯛と同じ、暴れて糸を切って逃げようとするも愚かなことだ。

天朝（高天）は民にとっては魚の王たる鯛、しかも常に民に笑みをもって接してくださるゑびす鯛である。増長して針にかかった鯛は、たとえ逃げようとしても釣り糸を掛け巻かれるぞ。朝廷の御言宣に従って、吾が父がこの出雲の地を去るならば、皆諸共《もろとも》に従おう」

とこのように返答をしたのでした。

この記述から、後に七福神の一人となる「ゑびす様」は、あの釣り竿を持ち、左わきに鯛を抱えたえびす顔なのですね。

これによってオオナムチはクシヒコの言うとおりに従い、家に伝わる草薙《くさなぎ》の矛《ほこ》を捧げて出雲を去るのでした。この後の津軽転封とオオナムチ一族の行く末は、第32項にゆずります。

31

記紀夷振歌《ひなぶりのうた》はホツマツタヱで解ける

我が国相聞歌の伝統のなかで、最古にして最高傑作かつ超難解な――シタテルオクラヒメ（下照小倉姫）とアチスキタカヒコネの交歓歌を観賞します。そして記紀及びホツマツタヱの三書を比較吟味することで、どれが先行文献だったのかを推定論証します。もしかしたら、天の川を挟んでの男女の逢瀬の物語、七夕祭りは我が国発祥、縄文起源だった（？）かもしれません。

古事記の夷振歌（紀の夷曲）とホツマツタヱの歌

葦原中国の明け渡しのためにオオクニヌシのもとへ朝廷から遣わされた最後の使者、アメワカヒコ（アマツクニタマ／天津国玉神の子）は役目を果たさなかったために最後は殺されてしまいます。その喪《も》を弔《とむら》うために訪れたオオクニヌシの子・アチスキタカヒコネの登場の場面で出てくる歌があります。

それはアチスキタカヒコネの逸話のところで出てくる夷振歌《ひなぶりのうた》（一般に田舎風の歌曲と解釈されている）です。

天《あめ》なるや　弟棚機《おとたなばた》の　項《うな》がせる　玉《たま》の御統《みすまる》　御統《みすまる》に
穴玉《あなたま》はや　み谷《たに》　二渡《ふたわた》らす　阿治志貴高日子根《あぢしきたかひこね》の　神《かみ》そ
〔この解釈は後述します〕

この歌はいかにもこの場面で唐突に出てくるようで、歌の意味もなかなかわかりにくいものです。そして日本書紀にも、この類似の歌を含む二首の歌が夷曲《ひなぶり》として出てきます。そこでこれまでなかなかわかりにくい歌とされてきたこの記紀の歌を、ホツマツタヱにより解明していきましょう。それはこの同じ逸話と大本《おおもと》の歌と思われる歌がホツマツタヱにあるからです。

ホツマツタヱが掲げる歌の解釈

ホツマツタヱの歌は相聞歌《そうもんか》でした。相聞歌は、主に男女の間の親愛の情、恋心を詠ったもので、最古の歌集万葉集のなかでも大変多く採られています。

本項では、この我が国相聞歌の伝統のなかで、最古にして最高傑作（私にとっては超難解？の歌）―シタテルオクラヒメとアチスキタカヒコネの交歓歌を観賞しましょう。

そして記紀及びホツマツタヱ三書のこの類似歌をつぶさに比較吟味することで、ホツマツタヱが記紀の大本の原典であったことを推定論証したいと思います。

まずはホツマツタヱ10綾に出てくる歌を掲げます。

シタテルオクラヒメの歌　〈タカヒコの怒り解かんと「みちか歌」詠みて諭《さと》せり〉

あめなるや　おとたなばたの　うながせる　たまのみすまる　みすまるの
あなたまはやみ　たにふたわ　たらずあちすき　たかひこねぞや（10綾―71行）

アチスキタカヒコネの答えの歌

あまさがる　ひなつめのいは　たたせとひ　しかはかたふち　かたふちに
あみはりわたし　めろよしに　よしよりこねい　しかはかたふち（10綾―80行）

（注）・「みちか歌」をこれまで短歌《みじかうた》と訳していましたが、この歌は短歌定型の31文字ではありません。これは「みちか歌・身近歌」として、男女の恋を詠う相聞歌ジャンルの起こりを示すものなのかもしれません。

・シタテルオクラヒメは、アマツクニタマの娘で死去したアメワカヒコの妹です。

さて、この歌が交わされる場面のお話は、出雲平定（カシマ断《た》ち）の前段階でのことです。出雲を糺《ただ》す朝廷より下された最後の使者として、アメワカヒコが遣わされますが、彼もオオナムチに籠絡《ろうらく》され、またその娘・タカテルヒメを娶り８年も帰らず、葦原中国《あしはらなかくに》を自分が治めるつもりになります。

さらにその情況探索の使者を矢で射殺したため、アメワカヒコは逆に朝廷からの返し矢で死んでしまいました。アメワカヒコの遺骸は尾張の両親のもとに引き取られ、そこで喪《も》屋《や》を作って殯《かりもがり》が営まれました。

そこに遠方から弔問に訪れたのがアメワカヒコと義理の兄弟になったアチスキタカヒコネ（タカテルヒメの兄）です。しかもこの二人が瓜二つのようだったので、アメワカヒコの血縁者から、君はまだ生きているとして攀《よ》じかかられてしまったのです。

これに対してアチスキタカヒコネは、死者に間違えられるとは穢《けが》らわしやといたく怒り、喪《も》屋《や》を剣で切り伏せてそのまま立ち去ろうとします（古事記の記述では、その斬り飛ばされた喪屋は飛んでいって美濃国の喪山《もやま》になったという）。

そこで、亡きアメワカヒコの妹のシタテルオクラヒメが、アチスキタカヒコネの怒りを解かんとして詠んだ歌がこの最初の歌です。

ここであらかじめ確認しておきたいことは、このシタテルオクラヒメは、アチスキタカヒコネの妹のタカテルヒメとともに、ヒルコヒメ（別名ワカヒメ、シタテルヒメ）の侍女となり、どちらも歌の奥義を伝授された姫たちだということです。とりわけシタテルオクラヒメは、歌の極意書「くもくし書《ふみ》」とともに「シタテルヒメ」の称え名をも歌の名人であるヒルコヒメから授かった歌の名手なのです。またタカテルヒメは、ヒルコヒメより「タカテルヒメ」の名を授かっていました。

このシタテルオクラヒメが歌の名手だということは、アチスキタカヒコネも妹のタカテルヒメから聞き及んでいたことでしょう。

では歌の解説に入ります。

シタテルオクラヒメの歌から、

☆「天《あめ》なるや　緒止棚機《おとたなばた》の　首懸《うなが》せる　珠《たま》の御統《みすまる》」

初めの二句で、この時代からすでにある大切な年中行事、7月7日（天文月弓張《あふみつきゆみはり》）の七夕《たなばた》祭り（緒止棚機神の星祭り）、夜空に架かる天の川が浮かびます。

それにつづく二句は美しい玉の連珠を首から胸に掛けた、肌もみずみずしく美しいシタテルオクラヒメです。

☆「御統《みすまる》の　穴珠《あなたま》はや見《み》　谷二輪《たにふたわ》」

その美しい御統には、玉のような穴（女性陰部の隠語）もある、チラリと見ませんか、また深い谷間からふた山（豊かな乳房の隠語、ここのほつま文字の「わ」は渦巻きの輪で表している）もあるわよ。

☆「足らず　アチスキ　高彦根ぞや」

思慮の足らない、気短な、でも吾れの大好きなタカヒコネさま。

いかがでしょうか。かなりキワドイ、感情をもろに隠喩《いんゆ》の形で表して強烈に男を誘う歌、と私は解釈しました。私の妄想でしょうか。

怒り狂った男を諭し、逆にニンマリとさせてなだめるにはこれが一番かもしれません。

そういえば、シタテルオクラヒメの師匠のヒルコヒメも、オモイカネに一目ぼれして恋情をもろに表わす回り歌を詠んでいますね。

紀志井《きしゐ》こそ　妻《つま》を身際《みきわ》に　琴《こと》の音《ね》の　床《とこ》に吾君《わきみ》を　待《ま》つぞ恋《こい》しき（第16項参照）

次はこれにつづくアチスキタカヒコネの歌です。前口上にこうあります。

この歌につづきも知れり。高彦も怒り緩《ゆる》めて、太刀《たち》収《おさ》め御門《みと》のみやびを諭《さと》さんと

このシタテルオクラヒメの歌は55音でツヅ歌と言います。第1音・第28音・第55音を続け「アルヤツヅ歌」といい、有るや否やの問いかけの歌なのです。まずはアチスキタカヒコネも当然それを知っての次の対応、応答の歌を詠みます。まずはアチスキタカヒコネも怒り緩めて、太刀《たち》収《おさ》め、もろに御門《みと》のみやび（みとのまぐばいと同義で男女の交合を暗喩的に表す）を諭そうとして

そして次の答えの歌を詠みます。

アチスキタカヒコネの答えの歌

☆「天下《あまさが》る　雛《ひな》つ娘《め》の意《い》（心《い》）は　ただ背《せ》（直急・早瀬）訪《と》い　然《しか》は片縁《かたふち》」

天上の天の川から降り下る、若い（未婚の）雛娘《ひなむすめ》の男背《をせ》を求める心は、あまりにもはやりすぎで、性急な問いかけではないですか。間にたてる仲人もなく片手落ちかな？

☆「片渕《かたふち》に　網張《あみは》り渡《わた》し　目《め》ろ寄《よ》しに　寄《よ》し寄《よ》り来《こ》ねい　然《しか》（牡鹿）は片渕《かたふち》（縁）」

でも、それもまあよいでしょう、彼岸《ひがん》の川淵に立たれるそなたを、川網を張り渡しその網の目を引き寄せて、こちら（此岸）に寄り来させてあげましょうか、牡鹿《おしか》（弔問の使者・高彦根）もこちらの片淵にいるのですから。ご縁を結びましょう。

この歌の第1、28、55音には「アチチ」（燃えさかる女性の恋情に思わずアチチ）となっていますね。

そしてホツマツタヱのこの歌の後口上には、

この歌は、後《のち》の縁《えにし》の逢《あ》ふ大小《うす》の、鴨《かも》いと結ぶ、雛《ひな》ぶりはこれ

と結んでいます。

この歌によって、このお二人は結ばれます。あの第4代天君ウビチニ・スビチニの故事「雛祭り」に倣《なら》って縁を結び、その後「かも（鴨）姓」を名乗り栄えました。「鴨糸」で結ばれる運命的な出会いは後に「赤い糸」と呼ばれます。また、若い男女の間の相聞歌は「ひなぶり（雛振り）の歌」となって伝わりますが、「夷振《ひなぶり》・夷曲《ひなぶり》」と記紀に訛伝《かでん》されたのです。

まさにこの相聞歌により、二人は赤い糸で結ばれ、あのウビチニ・スビチニのように熱い愛を交わし（第5項参照）、また歌の力によって再びよりを戻し結ばれたニニギとコノハナサクヤヒメ、さらにヒコホホデミとトヨタマヒメ（豊玉姫）の故事（第43項・第45項参照）をほうふつとさせます。

また「雛振《ひなふ》り」は、本来はセキレイの嫁ぎの教え（第11項参照）にあるように、雌鳥が先に尾を振り雄鳥を呼び寄せると、オスは鳴き去ってしまうのでタブーなのですが、このたびは女性の機智と積極的な働きかけで、気まずい場をほぐし、それを縁に男女が結ばれた喜ばしい先例となりました。

アチスキタカヒコネ夫婦は、これより賀茂《かも》一族として隆盛します。

奈良御所市の高鴨神社の御祭神はこのアチスキタカヒコネとシタテルオクラヒメで、全国鴨（加茂）社の総本社です。今に伝わる日本の古社に、このホツマツタヱでわかる故事の幻影が残っているとは、実に驚きではありませんか。ホツマの故事を知ってからの古社への参拝は、また格別なものになることでしょう。

さらに中国発祥と言われる織姫《おりひめ》と牽牛《けんぎゅう》の七夕伝説の源流は、このアチスキタカヒコネとシタテルオクラヒメの逸話にあるのかもしれません。天の川をはさんでの女神（緒止棚機《おとたなばた》姫《ひめ》）と男神（田畑神《たはたかみ》）――（23綾１７2行に棚機神と田畑神　同じ祭りの綾錦《あやにしき》とあります）の逢瀬の伝説は、ここから始まったのではないでしょうか。

記紀におけるこの歌を見る

まず日本書紀でもこのほつま歌の同根歌が出てきます。ホツマツタヱと同じストーリーのなかでアチスキタカヒコネが怒り、剣で喪屋を切り倒す場面に続き次のような前口上があります。

（口語訳）「時に、アチスキタカヒコネは容姿端麗で、二つの丘、二つの谷にわたって照り輝いた。そこで、喪に集まった人々は歌を詠んだ〔ある伝えに、アチスキタカヒコネの妹・シタテルヒメが、集まった人々に、丘や谷に照り輝くのはアチスキタカヒコネであることを知らせようと思った。それで詠んだ、という（小学館刊：日本古典文学全集日本書紀より）〕」

これに続き次の二首の歌が掲げられます。

「日本書紀」：シタテルヒメの歌（神代第九段第一書）

（A）天《あめ》なるや　弟織女《おとたなばた》の　頸《うな》がせる　玉《たま》の御統《みすまる》の　あな玉はや
み谷《たに》　二渡《ふたわた》らす　味耜高彦根《あぢすきたかひこね》

また歌して曰く、

（B）天離《あまさか》る　夷《ひな》つ女《め》の　い渡《わた》らす迫門《せと》　石川片淵《いしかわかたふち》　片淵《かたふち》に
網張《あみは》り渡《わた》し　目《め》ろ寄《よ》しに　寄《よ》し寄《よ》り来《こ》ね　石川片淵《いしかわかたふち》
この両首歌《ふたうた》辞は、今《いま》し夷曲《ひなぶり》と号《なづ》く。

これまでこの歌の解釈は様々になされてきましたが、学者の間でもしっくりと納得できるものがないようです。とりあえず現在は、大方次のように口語訳していますが、どうも釈然とせず困惑しているようです。

（A）「天上にいる機織女《はたおりめ》の、首に掛けられている連珠の美しい穴玉はじつに美しい、そのように麗しく谷二つに輝いておられるアチスキタカヒコネよ。」

（B）「〈天離る〉夷つ女（田舎娘）が渡りなさる狭門（せと）の石川の片淵。その片淵に鳥網を張り渡し、その網目にたぐり寄せられるように、鳥たちはこちらに寄せられる。そのように寄っておいで。この石川の片淵で。」

そしてこの二首の歌は今、夷曲《ひなぶり》と名付ける、というのです。

これでは意味がよくわかりませんね。

このようにわけのわかりにくい歌になってしまった原因は、次のように、ホツマツタヱの5・7調（しっかりとした5757577の定型長歌）の音を「ぎなた読み（語句の区切りを間違えて読むこと、弁慶読みともいう）」して誤読、誤訳したり、文字欠落や文字付け足しなどをしたからなのです。細かくみてみましょう。

（A）＊1：ホツマツタヱの「たまのみすまる　みすまるの」を「たまのみすまるの」に省略。
＊2：ホツマツタヱの「あなたまはやみ　たにふたわ　たらず」を「あな玉はや　み谷　二渡らす」と「ぎなた読み」して誤訳。
＊3：ホツマツタヱの「たかひこねぞや」の「ぞや」を省略。

（B）＊1：ホツマツタヱの「ひなつめのいは　たたせとひ　しかはかたふち」を「夷つ女の　い渡らす迫門　石川」と「ぎなた読み」「誤読」「誤訳」。
＊2：ホツマツタヱの「よしよりこねい　しかはかたふち」を「寄し寄り来ね石川片淵」と「ぎなた読み」している。

最後に古事記では、こちらも日本書紀と同じ逸話のなかで、次のように語ります。

「（口語訳）さて、アヂスキタカヒコネが怒って飛び去った時、その同母妹のタカヒメ（シタテルヒメ）は兄神のお名前を人々に明かそうと思った。そこで次のように歌います。」

「古事記」タカヒメの歌

（A'）天《あめ》なるや　弟棚機《おとたなばた》の　項《うな》がせる　玉《たま》の御統《みすまる》　御統《みすまる》に
穴玉《あなたま》はや　み谷《たに》　二渡《ふたわた》らす　阿治志貴高日子根《あぢしきたかひこね》の　神《かみ》ぞ

この歌は夷振なり。

このように古事記では、（A）の歌しか掲げず、おざなりに取ってつけたようで全体の話のなかでの意味合いが全くわかりません。

しかも、歌を詠い掛けたのはアチスキタカヒコネの妹・タカヒメ（シタテルヒメ）ではなく、アメワカヒコの妹・シタテルオクラヒメです。記紀ともに、シタテルヒメ、タカテルヒメ、タカヒメを完全に混同しています。

以上のように、記紀の両書編纂以来１３００年の間、この歌はその本来の歌の神髄がわからないままに今日に至ったのでした。

32

オオナムチの津軽転封と一族のその後

古事記でのオオクニヌシ（ホツマツタヱと日本書紀ではオオナムチ）及びその子孫が、出雲の国を明け渡した後、どうなったのか、また三輪山に鎮座する大神神社《おおみわじんじゃ》の「大物主神《おおものぬしかみ》」とは誰か、その神を奉斎するオオナムチの子孫――三輪氏の系譜をホツマツタヱで明らかにします。

古事記が為した大胆な省略

古事記では、オオクニヌシ（ホツマツタヱと日本書紀ではオオナムチ）及びその子孫が、出雲の国を明け渡した後にどうなったのかが明らかではありません。

また記紀全体からみても三輪山に鎮座する神、大神神社《おおみわじんじゃ》の御祭神を「大物主神《おおものぬしかみ》」とし、これがオオクニヌシ（オオナムチ）の異名だとされたりして現在に至っています。

これはホツマツタヱに詳しく書かれていることをスッポリと書き落としたために、このような混乱が生まれたように私には思えます。

ここで、ホツマツタヱの語るところを述べてゆきましょう。オオナムチとその一族のその後はどうなったのか……。

時《とき》に服《まつ》らふ　大己貴《おほなむち》　百八十神《ももやそかみ》を率《ひき》い来《き》て　忠誠《まめ》も日陰《ひかげ》の　涙《なんだ》有《あ》り
高見産霊《たかみむすび》の　糺《ただ》し得《え》た　道理《ことわり》有《あ》れば　御言宣《みことのり》　賜《たま》う阿曽辺《あそべ》の　天日隅宮《あかるみや》
天恩頼《あふゆ》を受《う》くる　大己貴《おほなむち》　天日隅阿曽辺《あかるあそべ》の　大本宮《うもとみや》　造《つく》る千尋《ちひろ》の　懸《か》け橋《はし》や
百八十縫《ももやそぬ》いの　白館《しらたて》に　顕《うつ》し国魂《くにたま》　大己貴《おほなむち》　津日隅大本《つかるうもと》の　神《かみ》と成《な》る
穂日命《ほひのみこと》を　元祭《もとまつ》り
（10綾―143行）

こうして宮中の命に服したオオナムチは、子息たち百八十人（タケミナカタを除いた数）を多賀若宮の都に連れてきて忠誠を誓います。

もともとオオナムチは、民の病を治し農耕をひろめ国を豊かにして民生に心を尽くしてきたことを思うと、今の姿に涙せずにはおれません。よって、タカミムスビのタカキネ（高木神）の糺された結果、情状酌量を得て御言宣が下されました。

津軽の岩木山山麓のアソベの地に天日隅宮《あかるみや》を賜り天朝の恩頼《ふゆ》を賜ったのです。

オオナムチはここ津軽アソベの地でも、一族郎党とともに持ち前の能力を発揮し、土地を開拓し民を豊かにして、また天日隅宮を大本宮《うもとみや》として再建したのです。また一族の住まう百八十棟の白館も建て、津軽の国を築き発展させました。

今に伝わる津軽一の宮・岩木山神社の御祭神は顕国魂神《うつしくにたまかみ》、まさにオオナムチであり、「アカルアソベの大本宮」がその前身であり、そこを中心にして周辺を開発し、一族から「顕《うつし》国魂神《くにたまかみ》」と崇められて生涯を終え、津軽《つかる》（ツは西、カルは日隅《ひすみ》（青森県地方）の意）大本《うもと》の神と祀られました。オオナムチはこの津軽転封後も再び朝廷に復帰するほどの人物だったのです。

一方、出雲平定では不忠のそしりを受けるホヒではありましたが、さすがにアマテラスと后・モチコとの間の御子だったこともあり、「元祭《もとまつり》」との役職のもとに出雲大社の初代祭司としてオオナムチを祀り出雲国造家の祖になったのです。

ところでこの出雲平定と津軽転封は、ちょうど西暦前1000年の頃にあたります。遮光器土偶で有名な津軽の亀ヶ岡遺跡文化の始まりは、まさにこのオオナムチ一族によるものなのでしょうか。

事代主・クシヒコの処遇とその末裔

高見産霊《たかみむすび》の　大御言《ををんこと》　汝物主《なんじものぬし》　奇彦《くしひこ》よ　地津娶《くにつめと》らば　疎《うと》からん　吾《わ》が三穂津姫《みほつひめ》
妻《つま》として　八十万神《やそよろかみ》を　掌《つかさど》り　御孫《みまご》を守《まも》り　奉《たてまつ》れ　賜《たま》う万木《よろぎ》は　嘗《な》め事《こと》の

千種万木《ちくさよろき》の　名《な》を質《ただ》す　この宮知《みやし》れば　世々《よよ》のため　病《や》めるを癒《いや》す　道《みち》を別《わ》け

（10綾—156行）

ここでタカミムスビのタカキネ（高木神）がクシヒコに言われるには「汝《なんじ》に物主の役職を授けよう。通常の家の娘ではなにかと皆から疎《うと》まれることもあろう。よって吾が娘のミホツヒメを妻に娶り、八十万の武人・物部を掌り、皇孫《みまご》（忍穂耳）を守り奉れ」。こうして万木の地をも賜り、ここで多くの薬草を栽培し和方医術の基を開きます。

オオナムチの長男・クシヒコは、その高い人格を認められてタカキネ（高木神）の娘のミホツヒメ（三穂津姫／オシホミミの正后・タクハタチチヒメの妹）を妻に迎え、八十万の武人・物部を掌る物主《ものぬし》にとり立てられます。あわせて万木の地（滋賀県高島に万木の森がかつてあり、今に与呂伎神社がある—御祭神は子守神）を賜り、ここで多くの薬草を栽培し和方医術の基を開きます。

このクシヒコが後に二代目の大物主となり、皇孫《みまご》ニニギより「オコヌシカミ（大国主神）」の名を、さらにアマテラスより「弥真瓊大国《やまとおおこ》の御魂神《みたまかみ》」との最高の称え名と栄誉を賜ることになるのです。

そしてクシヒコはミホツヒメとの間に一人子、ヨロキマロ（万木麿）を儲け、そのヨロキマロは計36人の子福者として子らを育て上げて「子守神《こもりかみ》」との称え名を賜ります。この子守神も三代目の大物主となり一族は繁栄します。

ですがどういう訳か、クシヒコ、子守神は記紀では全く出てこず、さらにこの脈流も今までほとんど明らかにはなっていません。

そもそも天皇家の祖先神たるアマテラスより流れる二代目オシホミミ以下、ニニギ、ヒコホホデミ、そしてウガヤフキアエズ（天津日高日子波限建鵜葺草葺不合命《あまつひこひこなぎさたけうがやふきあえずのみこと》／ホツマツタヱではウガヤフキアワセズ）のご事績と人物像がほとんど省略されてしまったのですから、その重臣たちも歴史のなかでかき消されてしまったのも当然といえましょう。

三輪氏の脈流

このクシヒコ以来の一族こそが後の三輪氏であり、三輪山（三諸山《みもろやま》）で最期を遂げ神上がった一族の祖・クシヒコを大神《おおかみ》として祀るのが大神神社《おおみわ》です。我が国最古の神社と言われています。

その祭祀を担ってきた一族が三輪氏です。三輪の名の謂れもホツマツタヱで知れます。スサノオの血脈は、オオナムチ、クシヒコと流れて、三輪一族につながるのです。

なおクシヒコと三輪山との関わりについては別に第33項にてあらためて詳述します。ここでホツマツタヱによる三輪氏の系譜をまとめておきましょう。

（初代大物主）大己貴《おほなむち》 ― （二代大物主）奇彦《くしひこ》 ― （三代大物主）三穂彦《みほひこ》：子守神《こもりかみ》 ―
┌（四代大物主）神立《かんたち》 ― （五代大物主）葺根《ふきね》 ― （六代大物主）和仁彦《わにひこ》：櫛甕玉《くしみかたま》 ―
└（神立の弟）積葉《つみは》：八重事代主《やえことしろぬし》【積葉の実子・櫛甕玉が葺根の養子になり六代大物主継承】
― 天立櫛根《あたつくしね》 ― 建飯勝《たけいいかつ》 ― 武甕尻《たけみかしり》―御気主《みけぬし》―大御気主《おおみけぬし》―□―大直根子《おおたたねこ》

（注1）六代大物主・クシミカタマはウガヤフキアエズから神武天皇にかけて活躍し、ホツマツタヱの1綾から28綾までを編纂した。

（注2）オオタタネコはオオミケヌシ以来蟄居《ちっきょ》していたが、崇神《すじん》天皇代に見い出され、以来朝廷に重きを置く。このオオタタネコ（意富多々泥古・大田田根子）のことは記紀にもしっかりと書かれている。このオオタタネコが、ホツマツタヱ全40綾を編纂し時の景行天皇に捧呈した。

そしてホツマツタヱは「三輪」の名の起こりを次のように伝えます。

第二代綏靖《すいぜい》天皇二年に天皇は、神武天皇の崩御とともに殉死したクシミカタマに心をよせ、偉大な事を成したオオナムチと、その後を継いだ三諸神《みもろかみ》：クシヒコ、そしてクシミカタマの三柱の御霊は歴代天皇の守り神であると宣《のたま》われ、「三輪《みわ》の神」として三輪山に祀らせ、アタツクシネに大三輪《おおみわ》の姓《かばね》を賜ったのでした。

33

三輪山に鎮座するオオモノヌシとは誰か

大物主《おおものぬし》とは物部《もののべ》（武人）を統括する最高武人の役職名であり、剣《つるぎ》の臣、右の臣とも言われます。その大物主の初代がオオナムチであり、第二代が子息のクシヒコ（出雲の平定時は事代主）です。このクシヒコがアマテラスより最高の栄誉を賜り、最後は三輪山に洞を掘り神上がります。

古事記のオオモノヌシ、オオクニヌシとは？

記紀によれば、三輪山に居坐《いま》す神はオオモノヌシであり、オオクニヌシ（オオナムチ）の異名だとされ、その神が今日に至るも三輪山をご神体とする大神神社の御祭神だとされています。

そして古事記もこのオオモノヌシにまつわる説話として、オオクニヌシの国作りの段、神武天皇の段、そして崇神天皇の段で三輪山の伝説が語られています。かようにこの三輪山の神は大いなる神威をもつものとして今日に及んでいるのです。

ここで、ホツマツタヱが語るこの三輪山の神について述べたいと思います。

ホツマツタヱでは、これまでも述べてきたように、大物主《おおものぬし》とは物部《もののべ》（武人）を統括する最高の武人の役職名です。剣《つるぎ》の臣、右の臣とも言われます。前第32項の三輪氏の系譜で明らかにしたように、その大物主の初代がオオナムチであり、第二代が子息のクシヒコでした。

そしてこのクシヒコが実に立派な人物として、その後の三輪一族の元祖神として三輪山に祀られるようになったのです。

クシヒコ、アマテラスより最高の栄誉を賜る

西は飛鳥でホノアカリ（火明／ニニギの兄）が、東は筑波新治でニニギが、そして東北日高見では第二代天神・オシホミミがそれぞれ政事《まつりごと》を執っており、国は穏やかで安定していた頃のことです。

クシヒコはこれまでオシホミミそしてニニギに大物主として仕えてきており、すでにその力量、人物を高く評価されていました。

そして伊勢イサワの宮では、アマテラスが多くの臣・民に対して大切な道の教えを説き人々を導いていました。まるで伊勢の香しい神風《かんかぜ》が国中にうちなびき、内外《うちと》も清らかな空気が徹《とお》る日々が続きます。

この日も、イサワの宮の白石に控える多くの物部等《もののべら》を前にして、アマテラスは剣《つるぎ》のこと、物部たちの心得のことなどについてご講話をされています。

大物主たるクシヒコは、剣の臣として多くの質問をして、アマテラスからその都度、ていねいな噛《か》んで含めるお答えを賜わり、最後はようやく腹の底から八重垣の臣たる物部と大物主の役割、心得を感得したのです。あわせて、八重垣の臣として、代々の天孫・皇《すべらぎ》をお守りする垣として、全霊を尽くすことを誓われるのでした。

その場面で、アマテラスから次のような重大なお言葉を賜ります。

宜《む》べなるや　奇彦汝《くしひこなんち》　御孫《みまご》より　大国主神《をこぬしかみ》と　賜《たま》う名《な》も　まだ足《た》らず吾《われ》　両神《ふたかみ》の
賜《たま》う逆矛《さかほこ》　幸《さいわ》いに　その機《き》を得《え》れば　譲《ゆず》るなり　生《う》まれ清直《すなお》に　弥真瓊道《やまとち》の
教《おし》えに適《かな》う　皇《すべらぎ》の　八重垣《やえかき》の大樹《をき》　賜《たま》う名《な》も　弥真瓊大国《やまとおおこ》の　御魂神《みたまかみ》
（23綾―344）

「なるほど、まことに喜ばしいことである。クシヒコ、そなた、皇孫《みまご》ニニギより大国主神《おこぬしかみ》の名を賜われたが、それだけではまだ足りぬ。吾はかつて両親である両神より天のサカホコを賜ったが、今幸いにそれを授ける者を得ることができた。このサカホコをそなたに譲る。生まれながらに清直《すなお》な心を持ち、弥真瓊《やまと》の道の教えに従って真っ直ぐに生きてきた、そなたは代々の皇《すべらぎ》の八重垣の臣、翁、大樹《たいじゅ》である（これが後世大樹将軍など、征夷大将軍・将軍の異称となる）。賜う名も「弥真瓊大国の御霊神」である」

すごいですね。アマテラスよりこれほどの評価を得て最高の讃え名を賜った人物はいません。ただただ畏れ伏すクシヒコでした。

時《とき》に奇彦《くしひこ》　畏《おそ》れ伏《ふ》し　暫《しば》し答《こた》えず　物部等《もののべら》　然《さ》受《う》け給《たま》えと
勧《すす》むれど　未《ま》だ項《うな》垂《た》るを　児屋根《こやね》又《また》　な深畏《ふかおそ》れそ　受《う》け給《たま》え　吾若《われわか》けれど
子守《こもり》とは　世々《よよ》睦《むつ》まじく　君《きみ》の為《ため》　中子《なかご》一《ひと》つに　忠誠《まめ》なさん　時《とき》に奇彦《くしひこ》
敬《うやま》いて　受《う》け戴《いただ》けば　（23綾—353行）

クシヒコはアマテラスからの最高のお褒めを賜り、ただただ畏れ伏すばかりです。周りの物部らもしきりに授かるように勧めますがまだうな垂れたまま。ここでアマノコヤネも勧めます。「どうかそんなに畏れかしこまらないでください。われも、あなた様のご子息・コモリもまだ若輩ですが、これからも世々仲睦まじく君の御為《おんため》こころを一つにして忠勤いたします。」

こうしてようやく、クシヒコは敬いて受戴くのでした。

そしてこの時にアマテラスは、フトタマとカクヤマに対しては、飛鳥を治めるホノアカリテルヒコの両翼の臣となるようにとの御言を述べられます。と同時に、アマノコヤネとクシヒコの子息・コモリには、ニニギの両翼の臣となってともに政事《まつりごと》を補翼せよと命じられました。

また、ニニギに対しては、汝《なんじ》ら政事を怠らず務めに励め、ほつまの道を歩みまことの瓊《と》の道を実践する時、広く万民は安まり国は安泰となるであろう、と宣《のたま》われたのです。

これがアマテラスの、おそらく苦渋の決断による二朝並立の御言宣です。このことは後に詳述します。

さてこれから間もなくのことでしょうか、いよいよクシヒコにも天寿を悟る時が来ました。

奇彦《くしひこ》は　山処山辺《やまとやまべ》に　殿造《とのつく》り　世《よ》を考《かんが》えば　年既《としすで》に　十二万八千《そふよろやち》も
極有《きわあ》れば　後《のち》の守《まも》りは　豊受法《とよけのり》　魂《たま》の緒入《をい》れて　皇《すべらぎ》の　代々守《よよまも》らんは
天《あめ》の道《みち》　三諸《みもろ》の山《やま》に　洞掘《はらほ》りて　天《あめ》の逆矛《さかほこ》　提《さ》げながら　入《い》りて静《しず》かに
時《とき》を待《ま》つ　直《す》ぐなる主《ぬし》を　見分《みわ》けんと　直《す》ぐな標《しる》しの　杉植《すぎう》ゆる
大国《をこ》の御魂《みたま》の　神《かみ》は元《もと》　日《ひ》の輪《わ》分《わ》け身《み》の　言宣《ことのり》も　天《あめ》に次《つ》ぐとて
子守神《こもりかみ》　副物部《そえもののべ》は　戸間見《とまみ》なり　事代主《ことしろぬし》は　積歯《つみは》なり
瓊々杵皇子《ににきねみこ》の　守《まも》りなりけり

（23綾―378行）

クシヒコは三輪山の山辺に殿を構えて住み、大物主のお役目もすでに40年余り（実年換算）となり、いよいよ寿命も極まれりとて、最後はトヨケの定められた法《のり》に従って神上がります。

三諸山に洞を掘り、アマテラスから授かった天の逆矛をひっさげて、洞に入って静かにその時を待ちます。

天に昇った後もまた、心の清直な持ち主を見分けようと三諸山に直《す》ぐなる樹の杉を植えさせたのです。

アマテラスはこの報に接して、弥真瓊・日本大国御霊神《のたま》は元来、日の御霊の分け身であり、アマテラスに次ぐご神徳の神であると宣われました。

この後は、御子のコモリが第三代大物主となり、アマトマミ（天戸間見命／アマテラスの御子である額直《ぬかただ》・熊野楠日《くまのくすひ》の子）を副物部《そえもののべ》に、事代主（大物主の代理を務める役職）として ツミハヤヱ（積葉八重／コモリの子、クシミカタマの実父）が命じられ、ニニギの守りを固められました。

杉の語源は「直ぐなる樹」、なるほど大神神社は古くから大小の杉に蔽われており、「三本杉」を神紋としていますね。

三輪山の大物主神はクシヒコだったのです。

34

古事記ではわからないオシホミミの事績

記紀では、アマテラスの嗣子であるオシホミミに関する記述は極めて少なく影が薄いのですが、そんなことはなく、ホツマツタヱによってこの君の誕生から成長、日高見への遷都と即位までを明らかにします。このオシホミミという方の人徳ゆえにやまとの国は大いに繁栄します。

ホツマツタヱによってわかるオシホミミの実像

古事記でのオシホミミは、アマテラスとスサノオとの間の誓約《うけい》のやり取りの時に生まれました。

その後、オオクニヌシが葦原中国を完成させ国作りを終えた後に、高天原にいるアマテラスは、「豊葦原の水穂の国（葦原中国）は、我が子オシホミミが知《し》らす（治《おさ》める）べき国である」と仰せになって、天降りさせます。

この時オシホミミは天の浮橋に立って、「水穂の国はひどく騒がしい」として、再び高天原に帰りアマテラスに報告します。

これによりタカミムスビとアマテラスは八百万の神たちと相談したうえで、出雲の国譲りの物語が始まるのです。

こうしてオオクニヌシが最終的に出雲の国を明け渡した後に、再びオシホミミに天降りの命が降りるのですが、オシホミミは、「自分が降る準備をしている間に、子供が生まれました。名は邇邇芸命（ニニギ）です。この子を葦原中国へ降すのがよいでしょう」と申し上げました。

このようにして、アマテラスとタカミムスビは、ニニギを葦原中国に降すことになるのでした。なお古事記では、オシホミミは高木神（タカミムスビと同一視している）の娘、ヨロズハタトヨアキツシヒメ（万幡豊秋津師比売、別名タクハタチチヒメ）との間に、アメノホアカリ（天火明命）とニニギの二人の子を儲けたとしています。

以上がオシホミミに関する記述のすべてです。このように古事記では（日本書紀も同じですが）、アマテラスの嗣子であるオシホミミに関する記述は極めて少なく、影が薄い存在のようにみえます。

しかし実際は、そんなことはありません。ホツマツタヱはこの君の誕生の様子や人物像ご事績などを、しっかりと語っています。

オシホミミ誕生までのアマテラスの治世

アマテラスの治世の拠点は、最初原見山の安国宮《やすくにみや》から始まり、そこで即位しお后方を娶ります。

その治世初期の頃の国内問題として起こったのが千足《ちたる》の国（山陰西部）の政情不安でした。その地の益人《ますひと》（地方長官の役職名）・コクミの悪政が聞こえ始めたため、アマテラスの祖父・トヨケが自ら日高見から丹後宮津に遷御し、宮津の宮にて以後その地を治めたのです。

そのトヨケがその地で崩御された後は、アマテラスがしばらく宮津で細矛《さほこ》・千足《ちたる》方面の行政立て直しの祭政を執っていました。足かけ10年ほどのようです。

その後、都を原見山から伊勢イサワに遷し、そこでようやく正后・セオリツヒメに皇子が生まれます。

すでに北の局・モチコにはホヒ（当初のイミナは棚仁／タナヒト、後に棚杵／タナキネとなる。仁《ひと》は皇位継承者を意味します）、そしてハヤコには三姉妹が生まれていました。

向津姫《むかつひめ》　藤岡穴《ふじおかあな》の　忍穂井《おしほゐ》に　産屋《うぶや》の耳《みみ》（端）に　生《あ》れ坐《ま》せる　忍穂耳《をしほみ》の御子《みこ》
忍仁《おしひと》と　諱《いみな》を布《ふ》れて　神在《かみあ》りの　餅飯給《もちゐたま》えば　民歌《たみうた》う
（6綾―95行）

伊勢イサワの宮が新造され、アマテラスがここに遷宮されて間もなくのことでしょうか、セオリツヒメはようやく身籠《みごも》られます。藤岡穴の忍穂井の井戸の側の産屋でオシホミミの御子がお生まれになりました。斎名《いみな》はオシヒトです。このご誕生のお知らせに、神在りの餅飯《もちゐ》が振る舞われ民も皆歌い祝ったのです。

藤岡耳《ふじおかみみ》（端）の　忍穂井《おしほゐ》に　生《あ》れます御子《みこ》の　乳《ち》にむせぶ　襁褓湿《むつきしめ》して　忍仁《おしひと》の
忍穂耳《をしほみみ》とぞ　聞《き》こし召《め》し　多賀若宮《たがわかみや》に　養育《ひた》します　（11綾―11行）

お生まれになった御子は乳にむせんで戻したり、産着を濡らしたりで心配されましたが無事に育ち、少年期は近江の多賀で、イザナギの訓育のもとで育ちました。

イサワにほど近い人里離れた藤岡山山麓の忍穂井の端《はた》に設《しつら》えた産屋《うぶや》で、ひっそりと、といいましょうか、御子をお生みになりました。正后に生まれた御子として「オシヒト」と斎名《いみな》をいただき、民に神在り餅が振る舞われると民はこぞって祝い唄を詠うのでした。

いま、伊勢外宮境内の藤岡山麓の禁足地に上御井《かみのみい》神社（社殿はない）があり、覆屋で覆われた神に供える清らかな水をくみ上げる井戸があるといいます。
室町時代の勅撰集『風雅和歌集』にこのような和歌があります。

世々を経て　汲むとも尽きじ久方の　天より移すをしほ井の水

遠い昔から汲めども尽きず湧くヲシホ井の水、久方の光を受けて天《あめ》よりお生まれになったアマテラスの嗣子・オシホミミの産湯の水はこの井戸であることよ。

ホツマツタヱからすれば、このような訳になります。ホツマツタヱの記述の残影がここに残っているのです。

オシホミミは生まれつき体が頑強とは言えなかったようです。成長後も、「君は弱くて禊《みそぎ》稀《ま》れ」〔君は生れながらの強い身体とは言えない蒲柳《ほりゅう》の質のお方だったのでしょうか、青年になってからの禊もまれに行われました。〕と記されています。

幼い頃は、イザナギの居ます近江多賀で多賀若宮として訓育され、イザナギが神上がると、オモイカネ・ヒルコヒメ夫妻の野洲川の宮で守《も》り育《そだ》てられます。そこでは第六代タカミムスビであるヤソキネの御子・タカキネ（高木神）が近侍していました。

そしてオモイカネも亡くなり、また伯母のヒルコヒメも亡くなると、近江多賀に新たに多賀若宮の宮を建て、それまで近侍していたタカキネがオシホミミの後見役に任命されて「カフの殿」と呼ばれました。またタカキネはこの頃第七代タカミムスビをも継いでおり日高見の守でもありました。

オシホミミと補翼《ほよく》するカフの殿・タカキネが近江多賀で実質的な国政を執り行っていた時に、出雲の平定が行われ、オオナムチ一族が津軽に転封されたのです。

こうして国内の混乱が一段落した頃に、オシホミミは日高見の山手宮の跡に遷都し、まもなくアマテラスから譲位される時を迎えます。日高見遷都は西暦前１０４５年頃のことです。

二十五鈴《ふそゐすず》　百枝十一穂《ももゑそひほ》に日高見《ひたかみ》の　御座《みくら》の跡《あと》に又都《またみやこ》　遷《うつ》して名付《なづ》く　多賀《たが》の国府《こふ》
壺若宮《つぼわかみや》の殿庭園《とのしま》も　高屋甍《たかやいらか》も悉《ふつ》く成《な》り　占《うら》の佳日《よきひ》に　渡坐《わたま》しの　・・中略・・
君《きみ》は去年《こぞ》　壺《つぼ》を慕《した》いて御幸成《みゆきな》る　多賀《たが》の都《みやこ》を引《ひ》き写《うつ》し　国府《かう》の栲機千乳姫《たくはたちちひめ》と
十二《そふ》の局《つぼね》も備《そな》われば　御内《みうち》の祝《いわ》ひ整《ととの》いて　神《かみ》に御告《みつ》げの　神使《かんつか》い　（11綾—1行）

二十五鈴《ふそゐすず》　百枝十一穂《ももゑそひほ》（西暦前１０４５年頃）日高見ケタツボの都の跡に再び遷都し、そこを多賀のコフ（国府）と改めました。近江多賀の都をひき遷したのです。そして若宮の宮殿も楼閣も成って吉日に渡御されました。……コフの殿・高木神の娘・タクハタチチヒメを正后に、十二妃局《きさききつぼね》も備わりすべての御内《みうち》が整ったのでいよいよアマテラスへのご報告の使者が立てられました。

オシホミミは成長した後、それまでの居所の近江多賀の宮から祖父・トヨケゆかりの日高見の国へ遷り、そこを多賀の国府《こふ》として政りを執ることになります。

第七代タカミムスビであるタカキネ（高木神）の娘・タクハタチチヒメ以下12人のお妃も整え、アマテラスから次代のオシホミミに天の日嗣《ひつぎ》、三種《みくさ》の神宝《かんたから》が譲られます。

この三種の神宝を譲られる際の御言宣《みことのり》が、後の日本書紀に記述が残る「天壌無窮《てんじょうむきゅう》の御《ご》神勅《しんちょく》」の大本の原典です。大切なところですので第41項であらためて解説します。

この三種の神宝を授けるために、アマテラスの勅使として、アマノコヤネ（天児屋根、別名カスガマロ／春日麿）が日高見へ向かいます。この途上、秀真国《ほつまくに》と日高見《ひたかみ》の境にある海浜で、フツヌシの境迎《さかむか》え（酒迎え）を受け、盃を交わしその浜の景色を愛《め》でます。この二人は伯父と甥の間柄（フツヌシの妹の子がアマノコヤネ）なのです。

酒のさかなも景色も良し、そこでこの浜の名がないことを知り、アマノコヤネは即興の歌を詠みます。

名《な》こそ知《し》る　経《ふ》津《つ》の御魂《みたま》の　酒迎《ささむか》い　貝《かい》の蛤《はまぐり》　合《あ》う御伯父《みをぢ》
甥《おい》の見《み》る目《め》も　年波《としなみ》の　名《な》こそ知《し》るべゆ　因《ちな》み合《あ》う浜《はま》
（11綾―49行）

ハタレ征伐やカシマ断ちの功績で、名《な》にし負《お》うフツの御霊神の酒迎い、まことに光栄です。貝の蛤、ミル（海松布・海藻）の酒さかなも良きかな。ハマグリの合せ貝のように伯父甥の心も通いともに因みあっているこの美しき浜辺よ。名こそ知りたや。

こうして「勿来《なこそ》」（福島県いわき市の南部）の浜の名前がついたのでした。そしてこの勿来の場所が、ちょうど当時の日高見国と秀真国の境であったことがわかります。

この二人は同道して新たにできた宮に入ります。アマノコヤネが勅使としてアマテラスの御言宣を述べ、三種の神宝を授ける場面もなかなか印象的です。

大君門《うほきみかど》に　出《い》で迎《むか》う　牡鹿筵《をしかむしろ》に　立《た》ちながら　君九重《きみここのえ》の　褥降《しとねお》り　六重《むゑ》に聞《き》き坐《ま》す
御言宣《みことのり》・・（この部分は第41項で詳述）・・
経津主《ふつぬし》と　甕槌《みかつち》常《つね》に　侍《はんべ》りて　政事《まつりごと》守《も》れ　檀布《まゆみぬの》　八豊《やとよ》の幡《はた》と　葉桑弓《はくわゆみ》
羽羽矢《ははや》を添《そ》えて　賜《たま》う後《のち》　牡鹿筵《をしかむしろ》を　下《お》りにけり
（11綾―58行）

日高見の守《かみ》・タカキネが門前に出迎えます。勅使は筵《むしろ》の上に立ち、オシホミミ君は九重から六重の褥《しとね》（綿入りの敷物）に降りてアマテラスの御言宣を拝聴します。

《 御言宣は第41項で 》

御言宣の最後には、こう述べられました。

フツヌシとタケミカヅチは両翼の臣として常に君のもとに仕え侍り、政事《まつりごと》を守りなさい。

ここに檀布、八豊の幡と葉桑弓に羽羽矢を添えて授ける。

この後、勅使は筵からおり役目を終えました。

オシホミミの鏡の臣としてフツヌシが、剣の臣としてタケミカヅチが任じられたのでした。今もこの二人の宮が香取神宮、鹿島神宮として尊崇されていることの由縁がこれでわかります。

35 オシホミミの治世と御子兄弟への御言宣《みことのり》

即位の後、アマテラスの教えの通り正后タクハタチチヒメとも仲睦まじく、よき臣下たちにも恵まれて、御子二人を儲けます。最後は長男・ホノアカリと次男・ニニギ（ホツマツタヱではニニキネ）にしっかり御言宣して箱根神と成り神上がります。

オシホミミの治世

古事記も日本書紀もともに、このオシホミミ治世の時代をなぜかバッサリと切り落としてしまいました。ホツマツタヱでこの時代をすくい上げましょう。

オシホミミは日高見に都を遷し、そこでお后方を娶りアマテラスより日嗣《ひつぎ》を譲り受けます。その後のオシホミミはまさに譲位の御言宣にしめされた教えそのままに、正后のタクハタチチヒメとも仲睦まじく、よき臣下たちにも恵まれて、御子二人を儲けます。

長男はホノアカリ（別名テルヒコ／照彦）、次男はニニギ（別名キヨヒト／清仁）です。長男は飛鳥に下り飛鳥大君《あすかをきみ》として政事《まつりごと》を執ります。この詳細は第37項以下で述べます。

そして次男のニニギは先取《せんしゅ》の気質と才覚をもって活躍めざましく、新治筑波《にいはりつくば》から始まり、二荒山《ふたあらやま》（日光・北関東地方）まで開発します。

さらにアマテラスのお許しを得て伊勢を起点にして大八洲《おおやしま》を巡幸し、井堰《いせき》を造りながら水田稲作を全国に展開して拓きます。とくに原見山（富士山）の麓の大開拓により、原《はら》の大君《をきみ》の名を賜りました。

オシホミミの治世は、強い個性のもとにみずからが前に出て事を成すというよりも、穏やかで心優しい性格によって、人々が率先して働くような時代であったように思われます。

そしてまさにこの時代は大八洲全体が発展したのでした。昔からの我が国三大聖祭拠点・三壺が再びここに現出したのです（この三壺のことはコラム⑥参照のこと）。

両神《ふたかみ》の　国中柱《くになかはしら》　沖《おき》の壺《つぼ》　天照神《あまてるかみ》の日高見《ひたかみ》の　方丈宮《けたたけみや》の　中柱《なかはしら》
方壺《けたつぼ》の典《ふみ》　稜威神《いつかみ》の　蓬莱蓼蓬壺《はらみはつぼ》は　四方八方《よもやも》の　中柱《なかはしら》なり
大御神《ををんかみ》　原《はら》の大君《をきみ》と名《な》を賜《たま》う

（24綾―350行）

イザナギ・イザナミの両神が政事の中心拠点として、国の中柱としたのが沖の壺（近江琵琶湖周辺）であり、アマテラスがトヨケから天の道の教えを受けた日高見の方丈宮《けたたけみや》（方《けた》壺《つぼ》の山手宮）も重要な中柱である。そこには天の道の教えを記した方壺の典がある。

この中柱とは、天上の高天の原に通じる地上の聖地・政祭拠点の意でしょうか。

そして稜威《いつ》を現わすニニギが開発した原見山の蓬壺《はつぼ》は、四方八方《よもやも》国全体の中柱となっている。よってアマテラスはニニギの功績を讃えて、原の大君（治君）の名を賜ったのでした。

かくのごとくニニギはみごと善政をしき、

磯輪上《しわかみ》の　御柱《みはしら》の随《まま》　なる如《ごと》く　政祭《まつり》ほつまに　整《ととの》いて　二万八千経《ふよろやちへ》て
三十鈴《みそすず》の　暦成《こよみな》す頃《ころ》　国《くに》の名《な》も　磯輪上秀真《しわかみほつま》　遍《あまね》くに　映《うつ》り楽《たの》しむ（24綾―360行）

天界の高天の原につながった御柱がどっしりと立つかのように、ニニギの政事はほつまの心にかなって、なにごともうまく整い、国は豊かに栄えるのでした。鈴暦で三十鈴となる頃（西暦前960年頃）には、国の名も名実ともに磯輪上秀真の国となり、その栄えが全体に行き渡っていくことを楽しんで過ごされるのでした。

オシホミミの御言宣と神上がり――箱根神となる

国は豊かに民も幸せな年月を重ねて、いよいよオシホミミの日足《ひた》る（神上《かんあ》がり）の時を迎えます。日高見からの伝令により、ホノアカリとニニギはともに宮に上がります。そして次の御言宣《みことのり》です。

吾齢老《われよわいお》い　日足《ひた》る故《ゆえ》　今《いま》より兄《あに》も　名《な》は大和《やまと》　飛鳥大君《あすかをきみ》と　原大君《はらをきみ》
共《とも》に睦《むつ》みて　兄弟神《ゑとかみ》の　その日《ひ》その民《たみ》　守《も》る如《ご》く　兄弟確《ゑとしか》かと聞《き》け
国民《くにたみ》を　吾《わ》がものにせな　君《きみ》はその　民《たみ》の君《きみ》なり　父《た》は箱根《はこね》　二枝恵《ふたゑめぐ》みぞ
光《か》に愛《め》でる　君《きみ》は陰《が》も無《な》し　二《ふた》も無《な》し　神《かみ》の鏡《かがみ》の　天照《あまて》らす　日嗣《ひつぎ》の君《きみ》と
守《まも》る箱根《はこね》ぞ　終《つい》に掘《ほ》る　伊豆雄走《いづをばし》りの洞穴《ほらあな》に　自《みずか》ら入《い》りて箱根神《はこねかみ》（24綾―366行）

吾は老齢となり亡くなる時を迎えた。これより兄には大和飛鳥大君と、弟には原大君の名を授ける。ともに仲良く日々民を守っていきなさい。二人ともよく聞けよ。国民を吾がものにするな。君は民あっての君である。

この父は、木枝を育む土中の根となって、地上の二枝《ふたゑ》（兄弟）双方に恵みを与える。朝日に向かい常に光をいただき、民を愛《め》でる君の心には、陰《が》も闇《やみ》もない。二心《ふたこころ》、我欲もない。アマテラス神の作られた八咫《やた》の鏡《かがみ》に向かい、常に吾が心を正し天の神々に心を向けて、天を照らす日嗣《ひつぎ》の君となるように。

この父は、箱の中の土中の根となってそなたたちを守っておるぞ。

この後、ついに伊豆箱根山に洞穴を掘り、みずから入り箱根神となられました。

二人の兄弟に対するひとしく深い愛のもとに、兄には「大和《やまと》飛鳥《あすか》大君《をきみ》」と、弟には「原《はら》大君《をきみ》」との名を授けます。そしてともに仲良く力をあわせて民のため、君として自らを正し心を尽くして、政事に日々精進せよと君主の心得を諭します。

「国民《くにたみ》を吾《わ》がものにせな。君（木と実）はその、民（田身）の（ための）君なり」とは実に深い諭しの言葉です。これが我が国の大本からの国家元首の姿なのであり、三千年を経て今も伝えられ続けているのです。

そしてさらに御子二人に愛情を注ぎます。

この父は、木枝を育む土中の根となって、地上の二枝《ふたゑ》（兄弟）双方に恵みを与える。朝日に向かい常に光をいただき、民を愛《め》でる君の心には、陰《が》も闇《やみ》もない。二心、我欲もない。アマテラス神の作られた八咫《やた》の鏡《かがみ》に向かい、常に我が心を正し天の神々に心を向けて、天を照らす日嗣《ひつぎ》の君となるように。

この父は、箱の中の土中の根となってそなたたちを守っておるぞ。

こう言い遺して、オシホミミはついに伊豆雄走り（箱根峠）にて洞穴を掘り、豊受法《とよけのり》に従って自らお入りになり箱根神となられたのです。

今、箱根神社の御祭神・箱根大神は「ニニギ、コホナハサクヤヒメ、ヒコホホデミ」ですが、その大本は、ニニギが祀られた父君・オシホミミなのです。

祀《まつ》りて後《のち》に原大君《はらをきみ》　遺《のこ》し言《こと》より二民《ふたたみ》の　争《あらそ》い有《あ》れば臣遣《とみや》りて　和《や》わし裁《さば》きて何事《なにごと》も
古民《おたみ》を立《た》てて新民《にいたみ》の　欠《か》けは原《はら》より償《つぐな》わす　故《ゆえ》に世《よ》の中睦《なかむつ》まじき　兄弟《ゑと》を名付《なづ》けて
同胞《はらから》と　言《い》う本折《もとおり》ぞ

亡き父の喪祭りを終えた後、とりわけニニギは、この遺し言をしっかり守り歩みます。原見山の新田開発では、もともとその処にいる民とは別に、新治からニニギを慕ってやってきた民もおり、ともに開拓に参加しましたが、お互いの風習・考えも異なり争いごとも生じます。そんな折には、臣を派遣して双方の間を和《やわ》し正否をさばきながら、何事も旧来の民を立てて、その結果新民《にいたみ》が被る不利益は原宮から償われるようにしました。

このことは、ニニギがさらに日本全国的な活躍をするなかで、飛鳥大君の管轄領域にも触れ合うことがあったかもしれません。そのような時もこの措置が取られたことでしょう。これゆえに世の中では、仲睦まじい兄弟を名付けて「同胞《はらから》」というようになったのです。

12
鹿島神宮と香取神宮が祀る タケミカヅチとフツヌシの実像

旧官幣大社で常陸国一の宮の鹿島神宮と、同じく下総の国一の宮香取神宮は、ともに関東では唯一神宮号を名乗っています。正式名が「神宮」の伊勢神宮は別格として、この神宮号が付く神社は、天皇・皇室の祖先神かそれに近い特別の由緒をもつものに限られ全国にそう多くはありません。

そしてこの両神宮がそれぞれ祀るタケミカヅチとフツヌシは、さらに奈良春日大社の第一殿と第二殿にも祀られています。第三殿はアマノコヤネ、第四殿はヒメガミ（アマノコヤネの妻）が祀られており、これらが中臣氏・藤原氏の氏神とされています。

なぜでしょうか。これまでこの四神についての明快な関係性の説明はないようです。ホツマツタヱでその謎が解けます。以下本コラムと次の⑬で明かします。

アマテラス治世の初期に起こった大騒乱ハタレの乱では、このフツヌシとタケミカヅチがカナサキやツワモノヌシたちとともに大勲功を立てたため、アマテラスからフツヌシは香具山（富士山）地域一帯を掌《つかさど》れとして「香取神」の名を賜りました。またタケミカヅチはこの時、頭椎《かふつち》の剣と要石椎《かなめいしつち》を賜っています。タケミカヅチはこの後の出雲(大物主・右の臣の領地＝右《か》の島《しま》）平定の功により「鹿島神」の名と鹿島の地を賜りました。

またハタレの乱の折、ツワモノヌシ、フツヌシとタケミカヅチは、アマテラスより動物霊に憑かれたハタレどもをまっとうな人間霊にして天に返すための「魂返し」の神法を授かりました。そんな関係でこの三者は大変親しい関係でした。とくにツワモノヌシは、魂返しの神法を深め、ココストノネ（興《ここ》す瓊《と》の根《ね》）を結ぶ典《ふみ》を完成させたので、アマテラスからココトムスビ（興瓊産霊）の名と春日《かすが》の地（今の春日大社の地域）を賜ったのです。そしてこのココトムスビがフツヌシの妹アサカヒメ（浅香姫）を妻として、生まれたのが（カスガマロワカヒコ（春日麿若彦)、後のアマノコヤネなのです。さらにこの後の姻戚関係の深まり（次のコラム⑬）が続きます。

13 アマノコヤネの婿入りと鹿島・香取との関係

フツヌシ（香取神）とタケミカヅチ（鹿島神）は、アマテラスの嗣子・オシホミミが東北日高見に都を遷し、天の日嗣を授かって以来、両翼の臣となり、香取・鹿島両神宮の宮地を本貫地として、東海・関東以北日高見まで、国政の要として大活躍しました。

ただこの二人には、跡取りとなる男子が生まれず、タケミカヅチにはただひとり、姫がいるだけでしたので、とくに名を付けずに過ごしていました。そこで鹿島神は親しい香取の宮をじきじきに訪ねて、英明で名をとどろかすフツヌシの甥・カスガマロワカヒコ（後のアマノコヤネ）への橋掛け（縁談の仲人）を頼んだのです。フツヌシも先にカスガマロワカヒコが日高見にアマテラスの勅使として出向した折、かの勿来《なこそ》で酒迎《さかむか》えして以来、カスガマロワカヒコの人となりをよく知っていたので、おおいに喜んでこの縁組を成立させました。

このように、アマノコヤネは実の父・ココトムスビからは魂返しの奥義を、また義理の父・鹿島神からは鹿島の道の奥義を、さらに伯父の香取神からも香取の道をことごとく伝授され、その領地とともに跡目を継承したのです。

このアマノコヤネの直系子孫が中臣氏であり、鎌足以後は藤原氏ですから、時の最高権力者となった藤原不比等が、奈良平城の都に我が氏祖の第一、第二として鹿島、香取の神を祀ったのでしょう。

さらにホツマツタヱによれば、アマノコヤネは三笠山の春日の殿で神上がり、所領地の河内枚岡《ひらおか》で喪祭りをし、山背《やましろ》の小塩《おしほ》（大原野神社に比定）に東向きで納められました。河内国一の宮枚岡神社、大原野神社ともに祭神は春日大社と同じ四柱です。

また妻のヒトリヒメは香取神宮に近い息栖《いきす》の宮に夫君を思い西向きで祀られたのです。香取、鹿島、息栖神社が東国三社とされ尊崇されるわけもここに在ります。

14
歴史に初めて登場する大和・飛鳥の地

そもそもホツマツタヱにおいて、広大な葦原中国の中で後に大和の国（今の奈良・飛鳥）と呼ばれる地域がはじめて登場するのは、ツワモノヌシの名とともに始まります。

伊勢イサワの地でアマテラスが祭政《まつり》を執っていた時、最初で最大の国内騒乱―ハタレ（破垂）の大乱が起こりました。このハタレの乱において、カナサキの翁やフツヌシ、タケミカヅチらと共に、とくに魂《たま》返《がえ》しの神法をもって大功を立てたのが第五代タカミムスビであるトヨケの四男・ツワモノヌシです。

「兵主《つわものぬし》が　魂返《たまがえ》し　清《きよ》き真《まこと》の　花降《はなふ》りて　道《みち》に天《あ》も成《な》し
　磯城県《しきあがた》　天成《あな》し大神《うおかみ》（穴師《あなし》大神）」（8綾―369行）

と、名と土地をアマテラスより賜りました。

磯城県は奈良盆地の東南部を指す地域で、三輪山の西、初瀬川流域までの地域です。今に穴師坐兵主神社があります。

このツワモノヌシがこの魂返しの神法を究め、ココストノネ（興す瓊の根また、心清瓊の根）を結ぶ典《ふみ》を子息の市《ゐち》千《ち》とともに完成したので、その功によりアマテラスはこのツワモノヌシをココトムスビ（興瓊産霊）の名に据えて春日殿（今の三笠山周辺・春日の地）として尊ばせました。

このココトムスビがフツヌシの妹・アサカヒメと結ばれて生まれた子がカスガマロワカヒロ（後のアマノコヤネ）です。そしてそのアマノコヤネはタケミカヅチ（鹿島神）の娘・ヒトリヒメと結ばれました。それゆえに、アマノコヤネ（中臣家）と香取・鹿島とは深い縁で結ばれているのです。春日大社の御祭神の由縁がこれでわかりますね。

C O L U M N

15
スクナヒコナと淡島信仰

オオナムチが琵琶湖東岸に居を構えていた頃、「あわのササザキ」で「カガミ（鏡）の船に　乗り来る」スクナヒコナと出会い、以来二人は力を合わせて国の発展、民生の向上にまい進しました。この「ササザキ」は、元ササキノハマと言われたようで、今の近江八幡市の沙沙貴《ささき》神社（御祭神少彦名）のあるところに比定します。『はじめてのホツマツタヱ』著者の今村聰夫氏の考察によれば、ここから西に向かった琵琶湖沿岸には半島状の小丘がありそこに標高333mの長命寺山があります。ここはもと大嶋と言われる島であり、大規模な干拓によって今は陸続きになったようです。この小丘一帯がアワシマ淡島だったと思われます。そしてその島の沖合すぐに沖島（沖津島）があり、大嶋・奥津島神社があります。御祭神は大国主神と奥津島姫（アマテラスの三女神の一人・タケコ）です。

（少彦名《すくなひこな》を）奇杵篤《くしきねあつ》く　恵《めぐ》む後《のち》　共《とも》に勤《つと》めて　顕《うつ》し国《くに》　病《や》めるを癒《いや》し
　鳥獣《とりけもの》　穂《ほ》汚《を》虫祓《むしはら》い　殖《ふ》ゆを成《な》す　少彦名《すくなひこな》は　淡島《あわしま》の　葛掻習《かだがきなら》い
　雛祭《ひなまつ》り　教《おし》えて到《いた》る　加太《かた》の浦《うら》　淡島神《あわしまかみ》ぞ（9綾—151行）

スクナヒコナはこの沙沙貴神社の地でオオナムチや妻のタケコからイザナギ発案の葛掻琴《かだかきこと》（三弦琴）を習い、その後この地を離れてウビチニ・スビチニに因んだ雛祭りを各地に弘めました。和歌山市加太にある淡嶋神社（御祭神少彦名）では雛祭り、人形供養や婦人病の治癒祈願などが伝わっています。また淡島信仰も起こり、お札や神像を入れた厨子を背負ってその由来を語りながら門付けする淡島願人もいたといいます。オオナムチとスクナヒコナは和方医術の祖神として、今も上野五條天神社などで崇敬されています。

第6章

天孫降臨と日向三代

オオクニヌシ神が出雲を明け渡し、葦原中国が平定され天孫・ニニギが降臨します。降った処は筑紫《つくし》の日向《ひむか》の高千穂、以降日向三代の物語です。しかしここはホツマツタヱに比べればあまりにもわずかな記述、大きな省略と大胆な脚色がここにあります。ホツマツタヱでこの時代を解明します。ニニギ以下三代の時代は、まさに水田稲作開始の弥生時代早期・前期にあたるのです。

36 記紀における日《ひ》向《むか》神《しん》話《わ》の功罪

ニニギ以降、神武東征直前までの三代天君の時代は筑紫日向での物語になっています。しかしここに記紀編纂方針上の重大な割り切りによる省略、脚色があるようです。多くの疑問が生まれる原因がここにあります。ホツマツタヱでこの時代を明かします。

天君三代は、まさにほつまの時代（秀真国）

ニニギが三種《みくさ》の神宝《かんたから》を拝受して、水田開発のために全国巡幸を始めたのが29鈴《すず》５０１枝《え》38穂《ほ》（西暦前９３０年頃）、二代目のヒコホホデミに天の日嗣が譲られたのが36鈴34枝38穂（西暦前８００年頃）、三代目のウガヤフキアエズに譲位・践祚されたのが42鈴８５１枝２穂（西暦前７００年頃）です。ウガヤフキアエズもそれまでの天君と同じく大変長命で、50鈴が千枝《ちえ》の析鈴《さくすず》になった後の20年（西暦前５２０年）まで存命したといいます。

この三代の治世はなんと実年数換算で（１鈴《すず》を20年とする実年換算仮説による）４００年の年月を経たことになります。

２００３（平成15）年に国立歴史民俗博物館の年代研究グループは、ＡＭＳ―炭素14年代測定法にもとづき、水田稲作開始年代を500年遡る説を発表しました。

これにより弥生時代は紀元前10世紀に始まり、最古の定型化した前方後円墳である箸墓《はしはか》古墳が築造される紀元後3世紀中頃までの約1200年間続いたことを明らかにしました。これが現在のほぼ通説になっています。

※ホツマツタヱによると、ヤマトトモモソビメ（夜麻登登母母曽毘売）の箸墓《はしはか》築造のお話は崇神10年（西暦前88年／修正紀年で後90年頃）です。ホツマツタヱでは箸塚《はしつか》と書かれており、もともとは丸塚で今の前方後円墳の場所に築かれていたのではないでしょうか。

ということで、ニニギ以下三代の天君たちの時代は、まさに水田稲作開始の弥生時代早期・前期にあたり、考古学からみても、水田稲作が全国的に広がり始めた頃に符合します。この時代は、歴代天君たちにより、豊かで平和な瑞穂の国・秀真国が本格的に築かれ幕開けした時代だったのです。

記紀における日向神話の功罪

ニニギ以降、神武東征の直前までの三代の天君につき、その時代が記紀ではどうなっているのかをみてみましょう。

記紀ではこの部分は神代史とされ、実在の人物の歴史というよりも神話として語ります。

この記紀神話の中で皇孫・ニニギが天孫降臨した以降の、神代終幕の物語は「日向神話《ひむかしんわ》＝日向三代の物語」といわれています。

私はこの部分にこそ、記紀編纂主体者（私は時の最高権力者、藤原不比等を想定します）が施した大きな作為があり、編纂方針上の重大な割り切りが働いたと感じています。

実に残念で後々においても悔やまれる部分です。

近現代の古代史研究に大きな混乱をもたらした原因がここにあり、それが今に禍根となって続いている、と私は考えています。

記紀によると、葦原中国の平定（実際は出雲の国の平定、出雲神話）がなされた後、真《ま》床追衾《とこおふふすま》にくるまれたニニギ（これは日本書紀の記述）が日向の高千穂の峰に天より降臨します。

以来この九州南部を舞台にしてヒコホホデミ、ウガヤフキアエズのいわゆる日向三代が続き、四代目の神武天皇がその日向から東征に出立したとされます。

この三代の天津神に関する物語はほぼすべて九州南部の日向での出来事になっているのです。

その内容は、サルタヒコ（猿田毘古神）との出会いから始まって、ニニギとコノハナサクヤヒメとの一夜の契りと三皇子の出産、海幸彦と山幸彦の物語、ヒコホホデミとトヨタマヒメの結婚、そしてウガヤフキアエズの出産と、おおむねホツマツタヱの内容をなぞるように引用してはいます。ただし細部についてはだいぶ変質し脚色され歪められている部分も多々ありますが。

そしてその他の部分、この三代の天君による長い治世時代の、ホツマツタヱが語る詳細なご事績や人物像などについては、バッサリと削り落とされてしまいました。

ホツマツタヱではニニギをはじめとするこの三代の天君について、21綾、そして24綾から27綾までと実に多くのスペースを割いて、天君たちが率先して日本全国を駆け巡り、国を豊かにするために大活躍した姿が描かれています。

この三代こそ弥生時代幕開けの、我が国に水田稲作が全国的に広まり瑞穂の国が現出した時代だったのです。

葦原中国（琵琶湖を中心にした畿内地方と一部山陽地域を含む）はもとより、富士山周辺を中心にした東海関東の秀真国、日高見、津軽、山陰・山陽、四国、筑紫（九州）など、およそ大八洲全体が豊かに拓けたことがわかります。

そもそも記紀では葦原中国がどこなのかも定かではありません。

ここは天と地上の中間の葦の生えた場所、と解説されたりしていて学者を悩ませています。ここに天降るはずがニニギは高千穂の峰に降臨したとしました。

ホツマツタヱによれば、この高千穂はまさにニニギが最後に神上がった終焉《しゅうえん》の地だったのです。

ニニギ以下三代の大八洲全域にわたる事績を大きく省略しようとの意志が窺《うかが》えますね。この結果、神武東征以前の本州は全く闇の未開の地の姿になってしまいました。

この記紀の為した述作方針が、どれほど我が国古代史研究に諸説紛々の混迷をもたらしたのかを考えなければなりません。

江戸後期、本居宣長などによる国学の興隆以来、先の戦前戦中の皇国史観では、ただそのままに神話を信ずるのだとされ、またその反動として戦後は、おおむね5世紀以前の記紀の歴史記述をすべて架空の作り話として否定する津田左右吉説とその学流（ただし神話中の逸話のある部分はそれに相応する歴史的事実を反映しているとしてはいますが）が生まれ、以来これまでの諸説混迷の古代史を作りだしました。

そろそろここで、ホツマツタヱの存在を前提にして、無視することなく、新たな我が国建国以来の古代史像を再構築する時が来たのではないでしょうか。

それには記紀編纂当時の為政者の編纂意図や、その時代背景、ホツマツタヱとの関わり（なぜホツマツタヱは隠滅したのか）などについても、今後探求していくことが求められます。私の関心はここに向かっています。

記紀が神話化して語った「日向神話＝日向三代の物語」という歴史の巨大な闇・謎は、１３００年の時を経て今ようやくその実像を明らかにする時が来たようです。

ホツマツタヱはこの時代に光を当てて、我が国の古代史を甦らせる手掛かりを与えてくれる唯一の文献なのです。

37

消えてしまった第一次天降《あまくだ》り

ニニギの天降りの前に実はもうひとつ、いわば第一の天降りがありました。オシホミミの長男・ホノアカリの飛鳥への天降りです。この天降りの詳細記述が、なんと先代旧事本紀に残っていました。ホツマツタヱの記述の残影が、旧事本紀を称揚する物部氏系にあったと思われます。

古事記が省いた第一次の天降り

古事記では、オオクニヌシが出雲の国を明け渡した後、いよいよ天孫降臨の場面になります。まずアマテラスとタカミムスビが「葦原の中つ国は我が子であるオシホミミが知らす国である」としてそこに天降ることを命じます。

これに対してオシホミミは、自分が降ろうと装束《よそひ》（身支度・準備）している間に生まれたニニギを降そうと進言し、ニニギが天降ることになります。

しかし出雲に降るか、あるいは葦原中国にかと思いきや、筑紫《つくし》の日向《ひむか》の高千穂《たかちほ》のクジフルタケに天降ります。なんともおかしなことです。ここに古事記編纂者の大胆な作為により、大幅な省略と脚色がなされたようです。

以下、ホツマツタヱによる天下りを述べましょう。ニニギの天下りの前に実はもうひとつの、いわば第一の天降りがありました。

ホノアカリの天降り

26鈴16枝41穂の年（西暦前1000年頃に比定）、ココトムスビ（興瓊産霊／アマノコヤネの父）が老齢で引退したいとの申し出がありました。この大和・飛鳥を中心にした広大な地を治めるために、オシホミミ自らが日高見から下る支度をしていると、邦民《くにたみ》が集まりしきりに留めるために、君は思い直し、民の願いを受けいれて、伊勢に坐すアマテラスのお許しを得て、長男・ホノアカリが降されることになりました。

ここでアマテラスより、外祖父《とをや》のタカキネ（高木神、第七代タカミムスビ）を通して十《と》種神宝《くさのかんたから》が授けられます。

ここに外祖《とをや》の　天津神《あまつかみ》　十種宝《とくさたから》を　授《さず》けます　沖津鏡《おきつかがみ》と　辺津鏡《へつかがみ》　叢雲剣《むらくもつるぎ》　生成玉《うなるたま》
魂返《たまかえ》し玉《たま》　千足《ちた》る玉《たま》　道明《みちあか》し玉《たま》　大蛇肩巾《おろちひれ》　羽蜂血脈肩巾《ははちしむひれ》　木《こ》の葉《は》肩巾《ひれ》　この

十種《とくさ》なり
痛《いた》む事《こと》　有《あ》らば　一二三四五六七八九《ひふみよいむなやこ》　十《と》まで数《かぞ》えて
振《ふ》るえただ　ゆらゆら振《ふ》るえ　斯《か》く為《な》せば　既《すで》に罷《まか》るも　甦《よみがえ》る
振《ふ》る祈詞言《のこと》ぞと　御言宣《みことの》り
（20綾―16行）

ここに外祖父である第七代タカミムスビ・タカキネがホノアカリに十種の宝を授けます。沖津鏡《おきつかがみ》と　辺津鏡《へつかがみ》　叢雲剣《むらくもつるぎ》　生成玉《うなるたま》　魂返《たまかえ》し玉《たま》　千足《ちた》る玉《たま》　道明《みちあか》し玉《たま》　大蛇肩巾《おろちひれ》　羽蜂血《ははちし》脈肩巾《むひれ》　木《こ》の葉肩巾《はひれ》　この十種《とくさ》である。

もし痛む事があれば　一二三四五六七八九十（ひふみよいむなやこと）まで数えて振るえ、ただゆらゆら振るえ、そうすればたとえ死んだ者でも生き返るのである。

これが振《ふ》る祈詞言《のこと》であるとの御言宣《みことの》りが下されました。

なお先代旧事本紀では、この十種の中身の名称は少し異なりますがその他ほとんど、この御言宣りが引用されています。

そして中国《なかくに》の神たちの抵抗があらんことに備えて、32人の乗馬《のりむま》を先頭に大物主であるクシヒコは五組の物部25人を従え、御子の乗る八房《やふさ》の鳳輦《いてくるま》を引く25の鳩《はと》（引手）をアマツマラ（天津麻良）、アカマロ（赤麻呂）、アカウラ（赤浦）、マウラ（真占）、アカホシ（赤星）

の五伴《いつとも》の宮造《みやっこ》が守り、総勢864人で出立します。
先代旧事本紀でもここで挙げられる随従の家臣たちの名をほとんど引用しています。

一行は日高見より鹿島宮までは陸路でしたが、ここで沿道の民の農事に迷惑がかかるゆえに「海路磐船《いわふね》に替えるべし」とのアマテラスの御言が下されました。これを伝えるために、急遽伊勢に侍る次男のニニギとタチカラオが、伊勢より速船《はやふね》(鰐船《わにふね》)で上総に向かいます。

この伝令の御言を受けて、ホノアカリはマウラにフトマニで占わせ、その結果として海路に変更して先を進みます。

九十九《つくも》より　伊豆《いず》の岬《みさき》に　帆《ほ》を上《あ》げて　沖走《おきはし》る目《め》は　大空《おおぞら》を
遥《はる》かに翔《かけ》り　三熊野《みくまの》の　宮居拝《みやゐおが》みて　難波《なには》より　鴨《かも》船にて至《いた》る
斑鳩《いかるが》の　峰《みね》より鳥《とり》の　白庭《しらにわ》に　天《あめ》の磐船《いわふね》　大空《おおぞら》を　翔《かけ》り巡《めぐ》りて
この里《さと》の　名《な》をも空見《そらみ》つ　大和国《やまとくに》

(20綾―103行)

実に滔々《とうとう》として雄大な文章表現で、大和の国の発祥が歌い挙げられています。声を出して何度も朗誦したい部分です。

この名句が、後の日本書紀、神武31年4月の天皇国見の巡幸の折、次のように天皇は述べたとして引用されています。

「……饒速日命《にぎはやひ》、天磐船《あまのいわふね》に乗りて太虚《おおぞら》を翔《か》けめぐり、この郷《さと》をのぞみて天降りたまふに至りて、かれ因《よ》りてなづけて、「虚空見《そらみ》つ日本《やまと》の国」とのたまひき」

先代旧事本紀でもほぼ同じ内容が引用されていますが、天降ったところは河内の国の河上の哮峰《いかるがのみね》に降り、さらに鳥見の白庭山に移ったとしています。

日本書紀・旧事紀ともに天上から地上に降りたとしたのです。

さてホツマツタヱのこの文章をいざ現代語訳するとなるとなかなか難しいものですね。この部分について、『はじめてのホツマツタヱ』（かざひの文庫）で、著者の今村聰夫氏は実にうまく解釈してくれています。引用いたしましょう。

『こうしてツクモの浜から船出して、伊豆の岬に帆を挙げて沖を走る光景を、陸上から見つめる人々は、大空を遥かに駆け行くごとくであると、口々にその威容を称えました。（注：天磐船は大型帆船です）

紀伊半島の沖では、海上から三熊野の宮（熊野三宮）を拝んで航海を続け、浪花《なみは》で磐楠船を降り、鴨船（櫓で漕ぐ舟）に乗り換えて大和川を遡行し、一行は目的地の斑鳩に到着しました。

　ホノアカリは自ら支配することになる新天地を心行くまで眺めました。おりしも生駒山地の峰（高安山か？）の上を鳥が群れをなして飛んでおり、群れは旋回して一つになったかと思う間に山麓の白庭山に舞い降りました。

　その光景は、あたかも天の磐船が大空を駆け巡って斑鳩の地に降り立ったかのように見え、ホノアカリにとっては颯爽とこの地に到着した今の自分に重なり、誇らしく思えたのです。そこで、この里を新たな都と定め、名を『ソラミツヤマト邦《くに》』としました。』

　ホツマツタヱをしっかりと読みこまれた方にして初めて為せる名現代訳といえましょう。

　では引き続き、東北日高見の国より大和の地へと天降るホノアカリのお話に戻りましょう。

38

ニギハヤヒの先代、ホノアカリの人物像と治世

大和の地に遷宮したオシホミミの長男・ホノアカリはどのような方だったのか、ホツマツタヱはいくつかの逸話で人物評価とその治世を控え目に示しています。後の世の大混乱を暗示しているようです。このホノアカリは、この後を継いだニギハヤヒと同一視されるなど混乱して伝承されています。

天降りの様子と、すぐさまの遷都

古事記ではこの第一次の天降りはなく、全く想像もできません。

以下、ホツマツタヱの内容を続けます。

アマテラスの後嗣《こうし》・オシホミミの長男であるホノアカリは、アマテラスのお許しを得た父君の命により日高見より大和の地に意気揚々と天降ります（ここで天降りとは天神の皇子が都から地方に遷宮することをいいます）。

乗馬《のりむま》32人を先頭に、皇子は八房《やふさ》の鳳輦《いてくるま》に坐し、伴人《ともびと》総勢864人の大陣容での出立でした。この従臣の中には、フトタマ（太玉／七代タカミムスビ・タカキネの子、忌部の祖）、

カグヤマ（香具山／大山祇家香具山祇《おおやますみけ》の子）、クシヒコ（オオナムチの子、第二代大物主となる）、アマノコヤネ（天児屋根／後に鏡の臣、中臣氏の祖）など錚々《そうそう》たるメンバーが入っています。

さて、このホノアカリはどのようなお人柄だったのでしょうか。ホツマツタヱはこの君の人物評価につき、あからさまにどうだったとは述べていません。しかしいくつかの君に関する逸話を書き留める中で、暗に君の人柄とその治世に問題があったことを示しているように思われます。

それを3点指摘できますが、まずは本項で2点を挙げてみましょう。

まず第一に、日高見を発って、上総の鹿島宮（タケミカヅチの宮）までの間を陸路で進んだ時のことです。大勢の陣立てでの道行きに、途上の民たちは出迎えやお世話で大変です。おまけに農繁期で百姓の耕作に大きな支障が生じます。

この報が伊勢のアマテラスに伝わると、すぐさまお側に侍るニニギとタチカラオ（手力男／オモイカネの子）を使者として海路を磐船《いわふね》（大型帆船）で進むように伝令します。二人は早速鰐船《わにふね》（帆かけ速船）で九十九《つくも》に着き、香取宮（フツヌシの宮）に滞在するホノアカリの君に勅命《みことのり》を伝えました。

ここで君はすぐさまそれに従うことなく、まずマウラにフトマニで占わせます。

すると、アキニの卦《け》、「アキニとは　東風《こち》に　氷《ひ》も溶《と》け　罪免《つみのが》る　噤《つぐ》み心《こころ》の　春《はる》ぞ来《き》にける」が出ました。

さて、この卦に対して君は

「東風に氷も解け　罪逃《の》かる　今春なれば西の空　民疲れ無し大吉（よしよし）」と解釈したようです。

多分に自己に都合よく解釈して海路に変更したように見えますね。

アキニの卦の真意はもっと深いのではないでしょうか。「たとえ罪となるような状況でも、噤み居り謙虚に自己を省みる心でいるならば、やがて東風に氷も解け春が来ることであろう」と解釈したいものです。

アマテラスのお言葉に素直に従うのでなく、フトマニを使ってその解釈をしたうえで自己判断し、結果としてアマテラスの勅を受け入れたように見えてしまいます。

アマテラスはこの結果の報告を受け、君の行く末に一抹の不安を覚えたかもしれません。

さてその第二は、天の磐船にて大空を翔《かけ》り巡るように飄々《ひょうひょう》と「空見（満）つ大和国」に到着して間もなくのことです。

斑鳩《いかるが》に新たなお宮もでき、その地ソフ（奈良県旧添《そふ》地方）の守の娘・スガタヒメ（菅田姫）をお妃に迎えて、歌を詠み葛垣琴《かだかきこと》（葛《くずかつら》の垣に糸薄《いとすすき》が風になびき打たれてかもす音によせてイサナギが作った三弦琴、アワの歌　葛垣《かだかき》琴打ちて　弾《ひ》き歌う（1綾）とある）を楽しんで暮らし始めました。

そんなある日のこと、「白庭山に　カラス飛ぶ」（白庭山にカラスが飛んでいる）のを見て、曾祖母・イザナミの眠る熊野を偲ばれ、そちらの方角に宮を遷すことをにわかに思い立ったのです。

「イカルガの　宮に遷りて　そのアスカ（明日か）」（20綾―116行）

それは斑鳩《いかるが》に新たな宮を造り遷ったばかりの「その明日（あす）か」の出来事だったのです。明日香の地名はここから出たものなのですね。

これにアマノコヤネとクシヒコはあまりの性急さに強く反対し諫言《かんげん》します。

一方、フトタマとカグヤマは「熊野方面に飛んでいったカラスが指し示す飛鳥《あすか》（この語は「白庭山に　カラス飛ぶ」よりきたのですね）の地に遷れば良いこともあろう。もう君のお考えはすでにかたく決まっているのだ」として君の考えに同調します。

これにクシヒコは強く怒ってこう言います。

「フトタマ（第七代タカミムスビ・タカキネの子）はホノアカリの君の外叔父（さらにクシヒコにとっては義理の兄）で、臣翁《とみおきな》（最長老）ではないか。つい昨日、君と共に新宮完成と万歳《よろとし》の平安を祝ったにもかかわらず、今日はもう宮遷しとはなにごとか、千年万年はいざしらず、まだ一年も経ってはいないではないか」

さらに続けて、「そなたたち臣下の心汚さ、穢れに君が感化されるならば吾はここには居られぬ、たとえ茜《あかね》の炎に身を焼かれ、鉄のガン球を食らわせられようとも、このような穢れの中で共に居ることはできぬ」と言い放ち、ここを去り日高見へ帰って行きました。アマノコヤネもこれに同調したようです。

このようにクシヒコは剛直なまでに臣下としてのまことの忠の姿を示したのです。君の言うままに従い阿諛《あゆ》追従《ついしょう》するフトタマたちに対して、君の至らぬところを諫めて、祭り事を正道に保つことが臣下の大切な役目であることを身をもって示したのでした。ところで後にこのクシヒコは、右の臣（剣の臣）で第二代大物主《おおものぬし》（物部《もののべ》すべてを統率する役職）となり、またアマテラスからも絶大なる評価と讃え名「弥真瓊大国御魂神《やまとををこのみたまかみ》」を賜ります。そして最後は、三諸《みもろ》の山（三輪山）にて神上がります。三輪家の元祖神こそこのクシヒコなのです。これはすでにお話しした通りです。

さてこのようなことがあったにもかかわらず、その後残った諸臣は審議の上、飛鳥に宮を移しました。民の負担は増し、怨嗟《えんさ》の声はいかばかりであったことでしょうか。

これを祓うかのように、新宮の周りを曲輪《くるわ》のように飛鳥川の水を引き込み淵瀬を造り、ホノアカリはそこで禊をして過ごすのでした。

後世この逸話が何らかの形で残っていたのでしょうか。「飛鳥川」の言葉は文学の世界で次のように使われていています。

「世の中はなにか常なるあすか川　昨日の淵ぞ今日は瀬になる（古今集、雑下）」。

〔浮世はなんとも常ならず、明日をも知れぬ変幻万化でまるで飛鳥川のよう。昨日淵だったところが今日は瀬になるほど流れの変化が激しいのだから。〕

また紀貫之の『土佐日記』にも飛鳥川は淵瀬が変わりやすいものとして伝え、人の世の明日知れぬ変わりようの激しさ、世の常ならぬさまをたとえていう語になりました。

次の第三最後の逸話に入るまえに、その後の時の移りをみておきます。

39

次男・ニニギ、新田開拓で諸国を巡る

飛鳥宮（ホノアカリ）の弟・ニニギの天降《あまくだ》りの前後に、どのような業績を上げてこの瑞穂の国の基礎を作ったのか、記紀は全く語りません。ホツマツタヱは大八洲《おおやしま》発展の功績は「みなニニギの稜威《ゐつ》による」とし、名実ともに秀真《ほつま》の国を現出したニニギの業績を高く評価しています。

ニニギによる新田開拓

古事記はオシホミミが天降る準備をしている間に生まれたニニギを天降らせました。生まれて間もないのでしょうか、不思議ですね。したがってニニギの事績は天降った筑紫でのことになります。

ホツマツタヱの記述をバッサリ削られたのでしょう。ホツマツタヱで蘇《よみがえ》らせます。

ホノアカリの弟・ニニギは、幼少の頃からアマテラスの許に近侍して薫陶《くんとう》を受けていました。アマテラスにとってはかわいい皇孫であり、その孫の将来の可能性もよく見抜いていたことでしょう。

そのニニギも兄君が飛鳥宮を開き、広大な地を治め始めたのに触発されたのです。自分も自らの力で広地を拓《ひら》き新田開発に乗り出す決意をします。

まず筑波行宮《かりみや》の近郊に良い野をみつけ、そこに新治宮《にはりみや》を建てます。

ここで起用したのが飛鳥を去った前述のクシヒコです。

クシヒコはまず建築にあたり宮作り法《のり》を定め、後世に引き継がれる見事な新殿建築法を作りあげます。大黒柱の起用工法がここで採られています。この功で大国主神《をこぬしかみ》の名を賜りました。まさにオオクニヌシとはこのクシヒコのことなのです。

新治宮竣工による堂々の遷宮行列にはアマノコヤネも付き従っていました。祝いには飛鳥の宮の代理としてフトタマが派遣されています。どんな顔で臣下たちは顔を合わせたのでしょうか。

ニニギはこの新治宮をはじめとして再び筑波宮、そして二荒宮（日光周辺）を長年にわたり転遷し、みごと稜威大神《ゐつおおかみ》（ニニギの称え名）となるのでした。

ニニギはさらに人口の増加に対処するため、高地の新田をも開拓しようと井堰《いせき》・堤《つつみ》を築く灌漑耕作を発案し実行しました。またこれを全国レベルで導入しようと考え、海路にて伊勢のアマテラスに全国巡幸のお願いに上がります。

しかしアマテラスはすぐにはこれを許しません。よって、ニニギは伊勢の近郊、山田野（宇治山田）や宮川あたりに滞在し、多くの井堰・堤を築き、５年の内に辺りは瑞穂の実る田園が拓けたのです。

この実績をみて、アマテラスはいよいよニニギに「八洲巡《やしまめぐ》れ」と宣《のたま》い、全国にこのお触れを下すのでした。


時は29鈴５０１枝38穂（私の修正紀年で前９３０年頃）２月１日、梅の花見の御饗《みあえ》して伊勢イサワの日読宮《かよみのみや》（暦の制作のための天文観測をする宮）を出立します。

そしてこの門出《かどい》でに先立ちアマテラスからニニギに三種《みくさ》の神宝《かんたから》が授けられたのです。

アマテラスは大きな判断、いやむしろ苦渋の決断をしたのではないかと思います。ホノアカリが日高見を出立し畿内大和地方に遷る際には、アマテラスは十種宝《とくさたから》を新たに誂《あつら》え、日高見で祭政《まつり》を執るオシホミミの執政である第七代タカミムスビ・タカキネの手を通じてホノアカリに与えました。しかしこの十種宝はもちろん日嗣の継承を表す三種《みくさ》の神宝《かんたから》ではありません。

ところがその後、比較的早い段階でオシホミミが受けた三種の神宝は、長男のホノアカリに譲られていたのでした。アマテラスの深慮遠望をあまり考えることなくオシホミミは長男に譲ってしまったのかもしれません。それを心ならずも後で知ったアマテラスは、将来を見越して苦慮していたのではないでしょうか。

もともとニニギが新田開発の全国巡りを伊勢のアマテラスに願い出た時、アマテラスは次のように考えたのではないでしょうか。

それは、まずニニギの灌漑耕法《かんがいこうほう》による水田開発の実効性をみてみたいということ、そしてこの時点ですでにアマテラスからオシホミミに譲られていた三種の神宝を奉持するホノアカリの政り事の状況をよく吟味しようと考えたのでしょう。

そしてここにきて、ニニギのみごとな実績を目の当たりにして、この大八洲の国の将来を託すような思いで、いよいよニニギにも三種神宝を与える決断をしたのです。

ここに初めて二朝並立の時代が始まります。そしてアマテラスはニニギに三種の神宝を授けるに先立ち、伊勢イサワの白石の原で多くの臣下が参集し、アマテラスのご講話「斬るも宝か」（ホツマツタヱ23綾に記載）を行った折り、最後の場面で次のように宣言したのでした。

君(アマテラス神)は又　太玉・香具に　御言宣《みことのり》　孫照彦の　両翼《はね》の臣《おみ》　太玉は代々
政《まつり》執《と》れ　又香具山は　物主《ものぬし》よ　六十《むそ》の物部《もののべ》　掌《つかさど》り　民を治めよ
時に又　児屋根《こやね》・子守《こもり》に　御言宣《みことのり》　今清仁《きよひと》の　両翼《はね》の臣《おみ》　児屋根《こやね》は代々《よよ》の
政《まつり》執《と》れ　子守《こもり》は代々《よよ》の　物主《ものぬし》ぞ　共に守りて　民を治《た》せ　又皇孫《すべまご》に　御言宣
汝《なんじ》ら政《まつり》　怠《おこた》らず　ほつま成《な》る時　八民安《やたみやす》ふらん
（23綾──363行）

アマテラスはまた次の御言《みこと》を宣《の》られます。フトタマとカグヤマはホノアカリの両翼の臣となって政事を執りなさい。またアマノコヤネとコモリは、ニニギの両翼の臣になって、政事を執りなさい。そして二人の皇孫には、そなたたちが政事を怠らずほつまの道を歩む時、八民は安んじで過ごすことができるのであるぞ。

このご宣言は実に重いものとなりました。この故にしばらくの間、少なくともホノアカリ存命の間は、国も治まり大八洲の全国レベルで豊かな秀真国《ほつまくに》が実現したのです。

とりわけニニギは八洲巡幸の過程で原見山《はらみやま》（富士山）のすそ野周辺の大開拓を成し遂げ、アマテラスより原大君（はらをきみ・治君）の名をも賜りました。

三十鈴《みそすず》の暦成《こよみな》す頃（修正紀年で前920年代）には、この国もまさに磯輪上秀真《しわかみほつま》と遍《あまね》く知れわたります。

大八洲《おおやしま》発展の功績は「みなニニキネ稜威《ゐつ》（御威光《ごいこう》）による」とホツマツタヱ序文に述べられているように、この後のホツマツタヱの記述のほとんどは、ニニギとその後継天君たちの事績で占められます。

しかしどういう訳か、古事記も日本書紀もこれを日向三代《ひむかさんだい》のこととしてまとめ、ホツマツタヱからすればはるかにわずかな記述にまとめてしまいました。

この日向三代こそ縄文時代最晩期から弥生時代幕開けの、我が国に水田稲作が全国的に広まり瑞穂の国が現出した時代だったのです。

葦原中国《あしはらなかくに》（琵琶湖を中心にした畿内地方と一部山陽地域を含む）はもとより、富士山周辺を中心にした東海関東の秀真国《ほつまくに》、日高見《ひたかみ》（中心は仙台多賀城あたりか）、津軽、山陰・山陽、四国、筑紫（九州）など、大八洲全体が豊かに拓けはじめたことがホツマツタヱでわかります。

ところでここ20年ほどの間で、考古学の世界でも発掘調査と炭素14年代測定法の発展により、弥生時代の始まりを西暦前10世紀にさかのぼらせました。

これがほぼ通説になってきて、ようやく考古学がホツマツタヱに近づいてきたようです。ただまだその始まりは北九州地域からとしていますが、将来の遺跡発掘の調査に期待するところです。

その時、ホツマツタヱの記述はますます光彩を放ち真価を現わすことでしょう。

40

ニニギとホノアカリの二朝並立時代

新田開拓の大活躍で別雷《わけいかづち》の天君《あまきみ》となったニニギと、大和飛鳥を治める兄のホノアカリの様子を比べみる。そしてとうとうアマテラスはこのニニギにも三種の神宝を授け、ここに二朝並立時代が始まる。この決定はアマテラスにとって苦渋の決断であったかもしれません。

ニニギの時代が始まる

古事記は、以下のニニギの大活躍を一切伝えておりません。さらにホツマツタヱをみてゆきます。

門出《かどいで》に　御機《みはた》の留《とめ》の　御書《おんふみ》を　皇孫《みまご》に賜《たま》い
御鏡《みかがみ》を　児屋根《こやね》に賜《たま》ひ　御剣《みつるぎ》を　子守《こもり》に賜《たま》い
（24綾―39行）

全国巡幸の出立に先立ち、御機《みはた》の留典《とどめふみ》（第一の神宝、瓊《と》の教えが書かれた典《ふみ》に相当）を

皇孫ニニギに賜い、御鏡をアマノコヤネに賜い、御剣をコモリに賜い〕

アマテラスより三種の神宝を授かった後のニニギは、原見山山麓の大開発ばかりか、その後、琵琶湖周辺から今の京都山背辺りにまで開発の足跡を残します。大日山（原見山）を遷すかのように土を掘り上げ、一枝のうちに日《ひ》枝《え》の山（比《ひ》叡《え》山）を成し、また、みぞろ池（京都上賀茂の深泥池）などの灌漑池や川堰を造って荒地を活かし大地と水を管理します。

稲の豊かな実りのために、天地自然の変化を巧みに活かした水田耕作をおし進めます。まさに「鳴る神（雷）を別けて鎮《しず》む　カグツチ神とミツハメハ神を生む」〔自然神である鳴る神（雷のこと）は、大地を豊かにし植物の生育を助けるものであり、その性格は、火と水の要素をもつものとして、火の神カグツチと水の神ミツハメハに別けてそれぞれを祀《まつ》り鎮《しず》め、稲穂の安定した生育を促しました。〕が如くでした。

この功《いさおし》により原《はら》の大君《をきみ》の名ばかりか、別雷《わけいかづち》の天君《あまきみ》の璽《をして》（天君の印章に相当する御璽《ぎょじ》、日本書紀にも天皇即位の時に散見する）をもアマテラスから賜わりました。それと同時にニニギの臣下たちも、君の意に呼応して日本各地の新田開発に励みます。アマノコヤネはこの時に春日《かすが》の国の飛ぶ火の岡に大和川《やまとがわ》を掘って、三笠山《みかさやま》を積み成したのです。

こうしてニニギを筆頭に日本全国の新田開拓が推し進められます。

ホノアカリに関わる第三の逸話

さてここで第38項で述べましたホノアカリにまつわる第三の逸話が生まれます。

ニニギ及びその臣下たちの活躍を見るなかで、飛鳥を治めるホノアカリ（飛鳥大君《あすかをきみ》）も何かせずにはおれなかったのでしょう。あの原見山（香具山）を映すかのように、近くに初瀬川《はせ》を掘り、その土を積み上げ香久山《かぐやま》と成し、またかつて禊の場とした飛鳥川の淵を埋めてそこを田にしました。

また飛鳥宮の名も香具山宮に変え、父君よりいただいた「大和飛鳥大君《やまとあすかをきみ》」の称《たた》え名もみずから「香具山大君《かぐやまをきみ》」に変えたのです。

この一連の君の行いに、后《きさき》のスガタヒメは諫めます。

「かつてクシヒコたちの諫めもきかず、早々斑鳩《いかるが》から飛鳥に宮を移したことで、世間から嘲《あざけ》りを受けてしまいましたね。この飛鳥川は、その穢れを祓いそそぐために造ったところではありませんか。田にする所は他にもありましょう。この禊所《みそぎどころ》を棄てれば再び穢《けが》れを受け民のそしりを受けましょうぞ。その時はいったいどんな神に祈ったらよいのでしょうや。また父君から賜った飛鳥大君の名をも、香久山大君に変えてしまうとは……」

これに対して君は、姫の言うことをガンと聞きません。

「女が政事に口を出すとは、なんたることとか。そなたはおなごととして子供を生む田で居ればよいのじゃ。子も産めぬような女とは……、もう妻とは言えぬ」と言って、なんと早速に離縁してしまったのです。そして次にトヨマド（豊窓）の娘・ハツセヒメ（初瀬姫）を妻として召したのでした。

ともあれ、この飛鳥川を埋め立てての開田がホノアカリの唯一の業績となったのでした。

ホツマツタヱはこれまで述べた三つの逸話をただ淡々と記すのみで、これにつき君の人物評価などは語りません。しかし、ニニギとホノアカリの二人の皇子兄弟の行いをつぶさに示すことで、まことの君たる者のあるべき姿をはっきりと示しているのです。

「汝忍仁《なんじをしひと》　我が代わり　常《つね》の寄任《よさし》も　御《み》（身）糺《ただ》しぞ　千々《ちぢ》の春秋《はるあき》　民《たみ》を撫《な》で……（11綾・アマテラスの諭し／第41項参照）」や、

「共に睦《むつ》みて　ヱト神の　その日その民守《たみも》る如く……国民《くにたみ》を　吾《わ》がものにせな　君はその民《たみ》の君なり（24綾・忍穂耳の諭し／第35項参照）」などの教え諭しをしっかりと守り体現しているのはどちらのほうなのか、ホツマツタヱは後世の読み手にこれを教訓としてしっかりと伝えられているのです。

ニニギの血脈の繁栄とホノアカリの焦り

ニニギの治世、それから長い年月も経ち、ニニギの系脈ではお后・コノハナサクヤヒメとの間に生まれた三皇子《さんみこ》のうち、三男のヒコホホデミ（斎名《いみな》ウツキネ／卯津杵、通称山幸《やまさち》彦《ひこ》）が跡を継ぎます。

ヒコホホデミは、かつての次兄・ホノススミ（火進、斎名《いみな》・サクラギ／桜杵、通称海幸《うみさち》彦《ひこ》）との諍《いさか》い（海幸彦と山幸彦の物語）以来、筑紫の地にてトヨタマヒメと結ばれ、その地を長らく治めていました。

そして日嗣を受けたことを機に琵琶湖・近江に遷り、父・ニニギの瑞穂《みずほ》の宮を治めます。アマノコヤネとコモリを両翼の臣に、その他重臣を各地に配し、大八洲に遍く豊かで安定した政事が敷かれました。後にこのヒコホホデミとトヨタマヒメとの間の皇子・ウガヤフキアエズが次の天《あめ》の日嗣《ひつぎ》を受け継ぎます。

譲位後のニニギは、都から亀船に乗り鹿児島に向かい、その地にて高千穂峰の神となりました。またコノハナサクヤヒメもほぼ同時に秀真国にて神上がり、朝間《あさま》（富士山）の神となります。

三皇子の長男はホノアカリ（火明、斎名ムメヒト／梅仁）です。原の宮を受け継ぎます。

この君は大物主《おおものぬし》・コモリの娘のタマネヒメ（玉根姫）との間に、クニテル（国照、後にニギハヤヒ／饒速日に改名し飛鳥大君の跡目を継ぐ）とタケヒテル（武日照、尾張・武田の祖）を儲けます。

このニニギの三皇子の長男の名「ホノアカリ」が、飛鳥大君となったニニギの兄と同じであったがために、後の日本書紀や先代旧事本紀で混同されて誤伝につながったようです。たしかにまぎらわしいですね。後にニギハヤヒと改名されるクニテルは、ニニギの孫にあたるのです。

ニニギの次男・ホノススミ（海幸彦）は、海幸・山幸の物語の一件で弟のヒコホホデミ（山幸彦）に詫《わ》びを入れ、改心した後は鵜川宮《うかわみや》として、タマネヒメの妹・スセリヒメ（酢芹姫）との間にウツヒコ（鵜津彦、後に神武東征に仕えるシイネツヒコ／椎根津彦のこと）を儲けます。

このようにニニギの子孫は隆々と栄えるのですが、なぜか兄のホノアカリには子供ができませんでした。そして最終的にニニギの長男であるホノアカリの子・クニテルが飛鳥宮の後継ぎとして養子に入ってニギハヤヒとなったのです。

このニギハヤヒのこと、ホツマツタヱ以外の文献ではこれまで確たることがわからず、謎の人物とされてきたところです。

41

消えてしまった三種の神器の起源譚

「三種の神器」は、皇位の証《あかし》として極めて重要なものにもかかわらず記紀ではその重要性がはっきりしません。ホツマツタヱはこれが如何に重要なものであるかをしっかり伝える唯一の文献です。日本書紀が記載する「天壌無窮《てんじょうむきゅう》の御神勅《ごしんちょく》」の大本の姿を明らかにします。

いまに伝わる「三種の神器」の深い意義

我が国天皇の皇位継承に伴い授受される「三種の神器」は、皇位の証として極めて重要なものです。三種の神器の継承と皇位とは同意義であり一体不可分なものです。

それにもかかわらず、その謂《いわ》れを明らかにする確たる文献はないと言ってもよいのです。記紀にもわずかに出てくる程度であり、しかも天皇即位のしるしとしての「三種の神器」の意義、起源を明確に語っているとは言えません。古事記では天孫降臨のところでただ一か所、八尺《やさか》の勾玉、鏡、草那芸剣《くさなぎのつるぎ》が出てくるだけです。

私は思うのですが、三種の神器の真の意義については、もうすでに記紀成立の時代には、ほとんどわからなくなっていたのではないでしょうか。あえて記述を隠したとは思えないのです。

しかし幸いなことに、ホツマツタヱによってその謂れや意味することなどが詳しく、1300年の時空を超えて、今この現代において明らかになりました。

大変重要なことですのでホツマツタヱの語るところを見てゆきましょう。

この三種の神器（ホツマツタヱでは三種《みくさ》の神宝《かんたから》）は、アマテラスの時に定められ、以来我が国の天君・天皇（および両翼の臣）が皇位の継承に伴って拝受するものだったのです。三種の神器は、国家・国民の象徴で在らせられる天皇陛下ご自身はもとより、私たち国民にとっても極めて大切な精神文化を象徴するモノザネなのでした。

そのことを如実に表す歌が「都鳥《みやこどり》の歌《うた》」であり、そこでは我が国の国体と政体をも明らかにしています。

アマテラスは、次代を受け継ぐ皇子・オシホミミに対して次のような御言宣《みことのり》を発して、天《あめ》の日嗣《ひつぎ》——三種の神宝をお譲りになられました。

アマテラスの我が子に対する深い思いやりと、皇位を受け継ぐ者に対する謹厳なる戒めが込められたお言葉を原文（漢字かな交じり訳文）にて味わってみましょう。

これが後の日本書紀に記述が残る「天壌無窮《てんじょうむきゅう》の御神勅《ごしんちょく》」の大本の原典です。

御言宣《みことのり》
汝忍仁《なんじおしひと》　我《わ》が代《か》わり　常《つね》の寄任《よさし》も　御紀《みただ》しぞ　千々《ちぢ》の春秋《はるあき》　民《たみ》を撫《な》で
この八尺瓊《やさかに》の　真光《まか》り瓊《たま》　天《あ》が奇日霊《くしひる》と　用《もち》ゆれば　中心《なかご》真直《ます》ぐに　保《たも》つなり
八咫《やた》の鏡《かがみ》は　左手《たて》に触《ふ》れ　諸人《もろと》の祥禍《さが》を　鑑《かんが》みよ　又八重垣《またやえかき》は　西に預《あず》け
荒神《あらかみ》在《あ》らば　良《よ》く平《む》けて　恵《めぐ》み和《やわ》せと　御手《みて》ずから　賜《たま》う三種《みくさ》を　受《う》け賜《たま》え
尚《なお》も思《おも》えよ　宝《たから》もの　見《み》ること吾《われ》を　見《み》る如《ごと》く　娶《めと》る千乳姫《ちちひめ》　相共《あいとも》に
常睦《つねむつ》まじく　雅《みやび》なせ　吾両神《われふたかみ》の　道《みち》を成《な》す　吾《わ》が子《こ》熟《つ》ら熟《つ》ら　道行《みちゆ》かば
日嗣《ひつぎ》の栄《さか》え　天地《あめつち》と　正《まさ》に窮無《きわな》し
（11綾―62行）

常の務めの要諦は、われ自身の身と心を糺すとともに、日々に民を慈しみ撫でて祭り事（政事）に心を尽くすことにある。そのためにこの八坂瓊のマカリタマを我が身の側に置き用いるのである。さすれば天の神々の奇《く》しき御霊のお力により心は清らかに、真っ直ぐ天につながり正直を保つことができるであろう。

まずここでは、皇位を受ける者の心構えが明らかにされています。第一の神宝はこの原文では（やさかにのまかりたま）です。この（まかり）を（まがり）と濁点で読んだがために、後になって曲玉（まがりたま）、勾玉（まがたま）と変わってしまったと想像します。しかしここは何としても真《まこと》の宇宙の光を放つ紅き真球（その意味では瓊（と・たま）の漢字を当てるのは適しています）なのだと思います。それでこそ「天《あ》が奇《く》しき御霊《みたま》」すなわち天の神々の御霊、その象徴としての太陽と言えるのです。

さらにアマテラスは、日の神（太陽の御霊をもって生まれたお方）と自他ともに認められていたのですから、常々アマテラスを拝するのと同じなのです。

またこの第一の神宝の本体は以前から「瓊《と》の教えが書かれた教典」なのですが、ここで初めてそのモノザネとしての「真光り瓊（まかりたま）」が用いられました。

さらに教えは続きます。

妻のタクハタチチヒメと相ともに常に仲睦まじく、婦夫《めをと》の情愛を深めまた君としての情《みやび》の道を歩みなさい。この父は父母である両神の教えの道を歩んできたが、この吾と同じように我が子・オシホミミがたゆまずつらつらと同じ道を行くならば、天つ日嗣の代々は弥《いや》栄《さか》に栄え、この国は天地《あめつち》のあらん限り、窮《きわ》めなく永久《とわ》に続くことであろう。

これが先の戦前・戦中に広く世に喧伝《けんでん》された「天照大御神の三大神勅の第一・天壌無《てんじょうむ》

窮《きゅう》の御神勅《ごしんちょく》」の原典なのです。

日本書紀では残念ながらこの天皇のあるべき姿、アマテラスのご心情が伝えられていません。

アマテラスはこの御言宣《みことのり》を我が御子に与えた後は、その後末永く伊勢イサワの地にて「伊勢の道・イモヲセ（妹夫背）の道」を中心に数多くの教えを説かれました。

まさに伊勢の神風《かんかぜ》が国中に吹きわたり、国民《くにたみ》皆がこれに靡《なび》くがごとくに感化されたのです。

そしてアマテラスの最晩年にはイサワから御裳裾川《みもすそがわ》（今の五十鈴川《いすずがわ》）の川辺に遷ります。

天界の神々が御鎮座されるサコクシロの宮に天昇り神上がるにふさわしい清浄な良き宮地です。ここがサコクシロウチ＝現在の伊勢神宮内宮です。

ホツマツタヱはこのように伊勢神宮起源譚《きげんたん》をも語っています。

今も宇治橋を渡り、神宮御神域に一歩踏み入れると誰もが、いとやんごとなき感慨を持たれる理由がここにあるようです。

こうして天の日嗣を受けたオシホミミも、またその嗣子《しし》・ニニギも、またヒコホホデミも、そしてウガヤフキアエズも皆、晩年になりこのアマテラスの御言宣の意を次代にしっかりと教え伝えられた後、神上がりされています。

なおアマテラスは、御孫のニニギに対しても直接に三種の神宝を授けています。

そのいきさつは第39、40項にて述べたとおりです。

42 謎の神サルタヒコとの出会い

古事記では、ニニギが天降る場面でサルタヒコが登場し日向の高千穂まで送り仕えたとします。記紀ではわずかな記載のこのサルタヒコですが、ホツマツタヱでは大変長命で活躍し、アマテラスからも深く信頼された立派な人物でした。

サルタヒコとは？

古事記では、ニニギが天降る場面でサルタヒコが登場し、日向の高千穂に送り仕えた後、阿耶訶《あざか》でひらぶ貝に手を食われおぼれ死んだかのように書かれています。また猿女君《さるめのきみ》の名の由縁もここで述べています。

一方、日本書紀本文にはなく、神代下第九段の第一の一書中にホツマツタヱときわめて近い出会いの場面がありますが、しかしその後はサルタヒコが言った通りに、ニニギは日向の高千穂に降り立ったと書いています。

記紀では省かれましたが、このサルタヒコ、実は大変立派な人物だったのです。以下にホツマツタヱの記すところを述べましょう。

*1音玉川《おとたまがわ》の　白砂《しらすな》に　昼寝《ひるね》して　居《お》る道股神《ちまたかみ》　身《み》の丈十七咫《たけそなた》　*2面赤目蛇《つらかがち》　鼻高《はなたか》さ
七寸《なき》　目《め》は鏡《かがみ》　伴《とも》の八十神《やそかみ》　恐《おそ》るれば　御孫鈿女《みまこうすめ》に　御言宣《みことのり》　*3汝目勝《なんちめかち》に　問《と》
うべしと　鈿女《うすめ》胸《むね》開《あ》け　裳紐《もひぼ》下《さ》げ　嘲笑《あざわら》い行《ゆ》く　道股神《ちまたかみ》　覚《さ》めて斯《か》くする　何《なに》
故《ゆえ》や　曰《いわ》く御孫《みまご》の
御幸先《みゆきさき》　斯《か》く居《お》るは誰《た》ぞ　答《こた》え言《い》う　神《かみ》の御孫《みまご》の　御幸《みゆき》成《な》す　鵜川仮屋《うかわかりや》に　御《み》
饗《あえ》して　相待《あいま》つ長田《ながた》　猿田彦《さるたひこ》　鈿女《うすめ》又問《またと》う　何《いつ》れから　行《ゆ》くや答《こた》えて　*4吾《われ》行《ゆ》か
ん　又問《またと》う汝《なんち》
知《し》るや君《きみ》　行《ゆ》きます所《とこ》を　答《こた》え言《い》う　君《きみ》は筑紫《つくし》の　高千穂《たかちほ》ぞ　吾《われ》は伊勢《いせ》の南《さ》
*5長田川《ながたがわ》　汝吾《なんちわ》が名《な》を　顕《あら》わさば　*6吾《われ》もいたさん（心《い》・意足《いた》さん）（24綾—107行）

---

*1　音玉川《おとたまがわ》：近江高島郡内を流れる小田川か、

*2　面赤目蛇《つらかがち》：顔面はホオズキのように赤々としており、

*3　汝目勝《なんちめかち》に：アメノウズメの高い眼力をもって相手の本性を見抜けの意か、また女の強みを大いに発揮しての意にもとれる。それで強面《こわもて》の男に対して、胸元を開け、裳の紐を下げたらし、その場の雰囲気を和らげたともとれる。じつに頭の良いアメノウズメなのです。日本書紀は、胸乳《むなち》を露《あらわ》にし、裳紐をへそ下におしたれて、

とした。この表現解釈を使って、古事記は天の石屋の前でのウズメの裸踊りとしたか。

＊4　吾行《われゆ》かん：鵜川仮屋（琵琶湖高島の地、後に瑞穂宮《みずほのみや》となる―現在の白髭神社）の饗応の場までご案内いたそう、

＊5　長田川《ながたがわ》：伊勢の五十鈴川の古称か、

＊6　吾《われ》も：自分も心を尽くして皇孫の御供をいたそう、

この中で、「又問《またと》う汝知《なんちし》るや君《きみ》　行《ゆ》きます所《とこ》を　答《こた》え言《い》う　君《きみ》は筑紫《つくし》の　高千穂《たかちほ》ぞ」との意味は、前後の論旨からみてアメノウズメは遠い将来の君が行かれる場所を問い、サルタヒコの先見力を試し、人物鑑定をしたと解釈します。

この記述を奇貨《きか》として記紀はすぐさま高千穂に降り立った、として大省略を考えたのかもしれません。

さてこのサルタヒコとの出会いに皇孫は喜び、彼の先導で琵琶湖西岸高島の地を進みます。時は初夏、卯の花を楽しみこれも髪挿《かざ》して進みます。

皇孫が三種の神宝を賜って再び巡幸を始めたのがこれに先立つ梅の時期（旧暦2月1日）、続く桜も（3月望月＝15日）髪にかざして、これで梅、桜、卯の花を髪挿したのです。

これに因んで後に生まれる三皇子の斎名《いみな》にします。（第43項参照）

皇孫喜《みまごよろこ》び　卯《う》の花《はな》も　又髪挿《またかざ》し行《ゆ》く　猿田《さるた》して　＊1岳《だけ》の岩座《いわくら》　押《お》し放《はな》ち
稜威《いつ》の道別《ちわ》きの　鎧崎《よろいさき》　岳《だけ》や鏡《かがみ》の　三尾《みお》の土《つち》　積《つ》む三上山《みかみやま》　井堰築《いせきつ》く
猿田《さるた》を褒《ほ》めて　＊2三尾《みお》の神《かみ》　好《この》む鈿女《うすめ》を　賜《たま》わりて　その名顕《なあら》わす　猿部等《さるめら》と
神楽男《かぐらを》の子《こ》の　君《きみ》の元《もと》なり
（24綾―130行）

＊1　岳《だけ》の岩座《いわくら》：安曇川《あどがわ》の扇状地を過ぎ、岳山裾の鎧崎、岳、鏡の三尾根を切り開き道を通し、その掘った土は三上山（野洲市）のごとく、それで井堰を築く。この辺りに設けた鵜川仮宮は君により瑞穂宮と名付けられた。今に白鬚神社があり、サルタヒコが祀られている。

＊2　三尾《みお》の神《かみ》：高島市に式内社水尾神社がある。現在の祭神は磐衝別《いわくつわけ》命、及び継体天皇の母・振姫《ふりひめ》だが、かつて水尾川を隔てた河南社にサルタヒコ、河北社にアメノウズメが祭られていた。現在は河南社一社から成る。この水尾神社、磐衝別、振姫、サルタヒコ（その後裔山崎氏）など、ホツマツタヱの伝来と色濃い関係がある。

このような大工事、新田開発を成し遂げるのですから、サルタヒコは近江琵琶湖近辺に代々住みこの地を熟知し、遠い遠祖ヱの尊につながる家系だったのかもしれません。

ニニギから「三尾の神」の名と好むアメノウズメを賜わり、猿部の君の祖となり、後に神楽男《かくらお》の子《こ》の芸能（獅子舞）を開くのでした。

アマテラスから愛された長命なサルタヒコ

このサルタヒコは大変な長生きをし、アマテラスからも大いに信頼され、アマテラスの神上がりの際には、トヨケと同じ真名井（京都府宮津市）の朝日宮に鎮《しず》まる為の穴を掘るよう命じられ、また遺し言ではこのようなお言葉を賜りました。

また猿田《さるた》　昔授《むかしさつ》くる　逆矛木《さかほこぎ》　美《うつく》しき鈴《すず》　地息太刀《はいきたち》
カカンノンテン　時待《ときま》ちて　道顕《みちあら》わせよ
（28綾―167行）

またサルタヒコよ、むかし吾が授けた逆矛木《さかほこぎ》（木製矛）、美《うつく》しき鈴《すず》、地息太刀《はいきたち》を用いて天の神々を祀り、天のご意思を窺《うかが》い頂いて、重大な局面その時が来たならば、大事な天の道の役割を果たしなさい。（カカンノンテンとは、天上の神々の御霊を招き降ろすための鳴物《なりもの》と祝詞《のりと》の儀式を表す常套句《じょうとうく》となっている）

アマテラスからこのように命じられていたサルタヒコは、その後なんとはるか後の垂仁天皇の時代にまで寿命を永らえ、天皇の内親王であるヤマトヒメ（日本姫、倭姫）にこの神宝を授けます。

ヤマトヒメはアマテラスの御杖代《みつえしろ》として、御霊笥《みたまげ》を担いでアマテラスの御霊を鎮める良き宮処を探し訪ねていたのです。

サルタヒコは、使者のオオワカゴ（大若子）に次のように述べヤマトヒメに伝えます。

「われは昔、アマテラスからの賜り物をサコクシロ宇治の宮処に納め奉り、アマテラスの荒御霊を奉斎してきたが、その神宝天つ日嗣の逆矛木《さかほこき》、美《うつく》しき鈴《すず》、地息太刀《はいきたち》、時を待ちそれを授ける者を待っていた。この神宝を持ち帰りヤマトヒメに告げよ」と言い遺し、長田生まれの土公《つちきみ》（サルタヒコのこと）はもとに還って行きました。

これを聞いたヤマトヒメは、宇治に至り、「この地こそ神風の伊勢の宮、三種の神宝を祀る源ぞ」と敬い返し、早速に新たに宮居を建てさせました。

これが今に続く伊勢皇大神宮の建設譚なのです。

このようにサルタヒコは、かつてニニギと初めて出会った時の予言的言辞「吾《われ》は伊勢《いせ》の南《さ》　長田川《ながたがわ》」〔吾は伊勢の南、長田川の地に在り、そこが終《つい》の場所だ。〕の通りにこの地を終焉《しゅうえん》の地としたのでした。

43

コノハナサクヤヒメの三御子出産の経緯

ニニギとお妃・コノハナサクヤヒメ、そしてヒコホホデミとお妃・トヨタマヒメの二代に焦点を当てて、コノハナサクヤヒメ、トヨタマヒメという素晴らしい、我が国女性の鑑を見ることにします。記紀の描く二人の女性像は、かなりゆがんだものになっていることに気づきます。

大和撫子の鑑、コノハナサクヤヒメとトヨタマヒメ

アマテラスの後嗣、オシホミミ、ニニギ、ヒコホホデミ、そしてウガヤフキアエズの神代の歴史物語のうちで、とりわけ注目したい天君とそのお妃がいます。それはアマテラスの皇孫にあたるニニギとお妃・コノハナサクヤヒメ、そしてヒコホホデミ（山幸彦）とお妃・トヨタマヒメの二代です。

記紀ではこの二代に関する逸話はすべて筑紫《つくし》日向《ひむか》でのこととして、ホツマツタヱと同じものを載せてはいますが、この物語の本当の良さが伝わっているとは思えません。

これから、その天君とお妃二代に焦点を絞ってお話を進めます。同時にその中での君と

姫との歌の贈答もあり、その背景を知りより深い歌の鑑賞もいたします。

そこには、コノハナサクヤヒメとトヨタマヒメという素晴らしい、我が国女性の鑑《かがみ》を見ることになります。これまでの大和撫子のイメージとは異なり、実に麗しくも猛《たけ》き心をもち、君をしっかりと支える日本女性の真《まこと》の姿を見ることでしょう。世のすべての人が皆、このお姫様が大好きになること請け合います。

コノハナサクヤヒメとの出会い

まずは古事記でのコノハナサクヤヒメのお話をまとめます。

ある日ニニギは、笠沙之岬《かささのみさき》で麗しい乙女に出会いました。ニニギは一目ぼれして、誰の娘か問います。オオヤマツミの娘であり自分の名と、姉のイワナガヒメ（石長比売）がいる旨を答えます。

ニニギが父に使いを遣《つか》わすと、オオヤマツミはおおいに喜び、姫に姉を副《そ》えてたくさんの嫁入り道具を持たせて送りだしました。ところが容姿端麗な妹にくらべて姉はたいへん醜かったのです。ニニギはその日のうちに姉を実家に返し、妹だけを留め契りを結びます。

これに対して父親は、「深い意味を込めて送りだしたのに、妹ひとりを留めたのですから今後、天津神御子の命は、桜の花のようにもろくはかないものになるでしょう」との恨み言を吐《は》いたのです。これ以来いまに至るまで天皇たちの御命《みいのち》は限りあるものとなり短いものになったのです、と古事記は語ります。

この後、姫が参り自分の妊娠を告げると、ニニギはそれを疑い、自分の子ではないと言います。これに対し姫は、「私の子がもし国津神の子ならば、無事には出産できず、もし天津神の子ならば無事に出産するでしょう」と述べました。

そうして姫は、出入り口のない八尋殿《やひろどの》を作り中に入り、内側から土で塗り塞《ふさ》いで、出産の時に自ら火を放ち、その燃えさかる火の中で子を生みました。こうして姫は体を張って、生まれた子がニニギの子であることを証明してみせたのです。ここで生まれた3人の御子は、ホデリ（火照命、隼人の阿多《あた》君の祖であるとする）、次にホスセリ（火須勢理命）、次にホオリ（火遠理命）、またの名はヒコホホデミといいます。

このように、古事記は3皇子の出産の経緯も、実にかんたんに語っています。

ではホツマツタヱの語りに移りましょう。

以下にホツマツタヱ原文（漢字かな混じり訳文）を多く引用します。

ホツマツタヱの簡潔明瞭で耳に聞いても美しい文体を味わってみてください。そして記紀とホツマツタヱと、はたしてどちらが先行文献だったのかを考える好個の場面としてみてください。

三種の神宝を拝受したニニギは、全国巡幸の過程で原見山周辺を大開拓して順調に成果をあげます。そしてここ酒折宮《さかおりみや》（甲府市酒折宮に比定される）に入り、オオヤマスミ（さらに子息のオオヤマカグスミ）の歓待を受け、饗応に出た孫娘のコノハナサクヤヒメと一夜を伴にします。

このオオヤマスミはアマテラスの重臣であったサクラウチの子息で、セオリツヒメとは兄弟にあたります。セオリツヒメとコノハナサクヤヒメは同族なのです。

酒折《さかおり》の　宮《みや》に入《い》り坐《ま》す　預《あづ》かりの　大山祇《おおやますみ》が　御饗《みあえ》なす
御膳捧《みかしはささ》ぐ　葦津姫《あしつひめ》　一夜《ひとよ》召《め》されて　契《ちぎ》り込《こ》む

（24綾―172行）

ニニギは原見山のすそ野周辺に広大な田を拓き、この山（富士山）も稜威《ゐつ》浅間峰《あさまみね》と讃えられる聖山になりました。その後、この地方を代々管理する領主、オオヤマスミ家の酒折宮に入ります。饗応にあたったカグスミの娘・コノハナサクヤヒメが一夜召されてニニギと契りを結びます。

ニニギ一行はその後、新治《にはり》宮に向かい、悠紀主基《ゆきすき》宮を設けて天神地祇《てんじんちぎ》を祀り、践祚《せんそ》の大《おお》嘗会《なめゑ》を挙行します。さらに諸臣たちはこぞって全国の開発に励みます。
そうして再びコノハナサクヤヒメと再会する次の場面になります。

時《とき》に君《きみ》　思《おぼ》す事有《ことあ》り　児屋根《こやね》して　新治《にはり》に留《とど》め　勝手《かつて》して　海辺《うみべ》を上《のぼ》る　御幸触《みゆきふ》れ
大山祇《おおやますみ》は　伊豆崎《いつさき》の　仮屋《かりや》に迎《むか》え　御饗《みあえ》なす　膳《かしは》なす時《とき》　葦津姫《あしつひめ》　妹女《いめ》孕《はら》めりと
申《もう》す故《ゆえ》　伊勢《いせ》に告《つ》げんと　装《よそ》ひなす　（24綾―202行）

しばらく新治宮に滞在していたニニギは、思うことがあって、アマノコヤネを新治宮に留め、カツテ（勝手／葛城一言主の子）に命じて海辺の道（今の東海道）で伊勢に上京する御幸の触れを出します。そこで再びオヤマスミは伊豆崎に仮宮を設けてのお出迎えです。ここで饗応の御膳《おぜん》をはこぶコノハナサクヤヒメが自分の妊娠を告げます。これに君は喜びさっそく姫をともない伊勢に報告するため出立の準備を始めます。

姫の懐胎を知った君はここですなおに喜び、急ぎ伊勢に向かいアマテラスに報告に行こうとします。

ところが古事記はこの場面で、姫の懐胎を知らされた君は、それはおかしい、一夜で懐妊したとは自分の子ではないと疑いを投げかけています。古事記では、ホツマツタヱとは全く異なる筋立てとなっていることは最初に述べたところです。

ホツマツタヱのお話は、ここで姉のイワナガヒメを連れた母親がやってきて思わぬ仕儀となるのです。

母姉の流言とコノハナサクヤヒメの悲嘆

時《とき》にその母《はは》　姉《あね》連《つ》れて　仮屋《かりや》に到《いた》り　目見《まみ》え乞《こ》ふ　召《め》せば申《もう》さく　妹《いも》とさえ
吾《わ》が慈《いつく》しの　姉《あね》有《あ》りと　言葉《ことば》飾《かざ》れば　＊1二心《ふたこころ》　姉磐長《あねいわなが》を　召《め》せばその　容鋭《かたちするど》く
見目悪《みめあ》しく　故《ゆえ》に肝消《きもけ》し　雅変《みやびか》え　やはり葦津《あしつ》と　宣給《のたま》えば　父驚《ちちおどろ》きて　妻叱《つましか》
る　斯《か》く有《あ》らんとて　出《い》ださぬを　急《いそ》ぎ帰《かえ》れと　追《お》い遣《や》れば　＊2母姉恨《ははあねうら》み　下女《しもめ》
して　妹陥《いもとお》とさん　徒枕《あだまくら》　遂《つい》に偽《いつわ》り　白子屋《しらこや》で　君《きみ》に聞《き》こゆる　疑《うたが》いに　旅屋《たびや》
を夜半《よわ》に　発《た》ち出《い》でて　伊勢《いせ》に帰《かえ》ます
（24綾―210行）

その時に、その母親が姫の姉を連れてきて仮屋にいたり面会を請います。君が会うと母が言うには、妹にも増して私が慈しみ育てた姉がいます、と言葉巧みに持ちかけました。君はこれに二心《ふたこころ》を起こして、イワナガヒメを召されると、その姿は粗野でするどく、容貌は見苦しいので君はたまげて肝を消し、その気も失せて、やはりコノハナサクヤヒメだと宣《のたま》います。

これを知った姫の父は、驚いて母を叱ります。「こんなこともあろうかと思い姉は出さなかったものを、なんとしたことか、早くに帰れ」

こうして追いやられた母と姉は、恨みがつのり、下女をして妹を貶《おとし》めるはかりごと、「妹は不倫によって身籠《みごも》ったのだ」という噂《うわさ》を流すのでした。このうその噂が白子（三重県松坂市）に届き、君はこれによりコノハナサクヤヒメを疑い、宿を夜半に出立して伊勢に行ってしまいました。

＊1　二心《ふたこころ》：ここでは母と姉の言色にその裏の下心《したごころ》も感じ取った君ではありましたが、とりあえずその勧めに君も心を動かしたということでしょうか。

＊2　母姉《ははあね》：ここでの母姉は、コノハナサクヤヒメとは別腹の人と考えたいものです。

この部分は前述したように、古事記とは大いに異なるところです。古事記は父のオオヤマツミがイワナガヒメをも副《そ》えて多くの結納品とともに二人の娘をニニギに差し出したとなっています。そしてイワナガヒメが返されてしまったことに対して、とんでもない恨み言を発しています。

さてホツマツタヱの記述ですが、国許に返された母姉は恨みがつのり流言を広めます。

これにより、コノハナサクヤヒメの胎の子は君の子ではないとの偽りのうわさを信じてしまったニニギは、旅の宿に姫を置いたまま夜半に伊勢に向かって出立してしまったのでした。コノハナサクヤヒメの驚きと深い悲しみ、無念の思いはいかばかりだったでしょうか。
鈴鹿市の白子子安観音寺の不断桜のエピソードが記されています。

姫一人《ひめひとり》　寝覚《ねさ》めて行《ゆ》けば　松阪《まつさか》に　塞《せ》き止《と》められて　*1白子屋《しらこや》に　帰《かえ》り誓《ちか》って
妬《ねた》まれの　吾《わ》が恥雪《はぢすす》げ　この桜《さくら》　昔曽祖父《むかしひをぢ》　桜大人《さくらうし》　この花捧《はなささ》ぐ　大御神《ををんかみ》
大内《おうち》に植《う》えて　伊勢《いせ》の道《みち》　成《な》る離《はな》るるを　計《はか》ります　桜心有《さくらいあ》らば　吾《わ》が孕《はら》み
徒種《あだたね》ならば　花萎《はなしぼ》め　正種《まさたね》ならば　生《う》む時《とき》に　咲《さ》けと誓《ちか》いて　此処《ここ》に植《う》え
里《さと》に帰《かえ》ります
（24綾―202行）

置き去りにされた姫はひとり目覚めて、あとを追いますが、松坂でせき止められて白子屋に戻ります。そこで桜を植えて、その前で誓いの言葉を発して願をかけ、ひとり寂しく里に帰って行きました。

*1白子屋《しらこや》：今に鈴鹿市白子の子安観音寺には天然記念物の「不断桜《ふだんざくら》」があります。
昔サクラウチ大人《うし》は、アマテラスが遷った伊勢イサワの宮の東殿（大内《おうち》

宮《みや》）に桜を植えましたが、その桜のもとでアマテラスは伊勢の道を説かれ、男女の仲がうまくゆくように導かれたのです。その故事にならい、植えた桜に思いを込め誓って、自分の里・酒折宮に帰っていったのでした。

三御子の誕生と斎名の由縁

十《そ》二《ふ》満《み》ちて　水無月初日《みなつきはつひ》　三《み》つ子生《こう》む　その胞衣《えな》の綾《あや》　梅桜《むめさくら》　卯花《うはな》と変《か》わり
怪《あや》しめば　君《きみ》に告《つ》ぐれど　返事《かえ》なくて　姫《ひめ》は裾野《すその》に　無戸屋《うつむろ》＊1し　回《めぐ》りに柴《しば》の
垣《かき》なして　母子《ははこ》誓《ちか》ひて　中《なか》に在《あ》り　徒種《あだたね》ならば　滅《ほろ》びんと　火《ひ》を点《つ》け焼《や》けば
熱《あつ》がりて　這《は》ひ出《い》でんとす　峰《みね》の竜《たつ》　水吐《みずは》き掛《か》けて　一人《ひとり》づつ　導《みちび》き御子《みこ》を
這《は》ひ出《い》だす　諸人《もろと》驚《おどろ》き　火《ひ》を消《け》して　姫《ひめ》引《ひ》き出《い》だし　御輿《みこし》以《も》て　宮《みや》に送《おく》りて
伊勢《いせ》に告《つ》ぐ
（24綾—241行）

月満ちて水無月の初日に三御子が生まれました。その胞衣には模様が浮かびあがり、梅・桜・卯の花と変化します。この不思議のさまを君に告げますが返事がありません。これにより姫は原見山のすそ野に無戸屋《うつむろ》（四面を塗り塞いだ出入り口のない室）を作り、芝の垣根をめぐらして誓いのもとに火を放ちました。三人の子は熱がって這い出ようとする時、峰の竜が水を吐きかけひとりづつ導きだしました。ここで皆も驚き火を消して、姫を引き出し輿《こし》にのせ宮に送りとどけ、この顛末《てんまつ》を伊勢の君に告げたのです。」

出産の第一報にまだ疑いが晴れない君の様子を感じ取った姫、無謀とも思えるような母子の誓いと行動、しかし幸いにも母子は助かりました。

しかも白子の桜が生まれた日に咲きほこったのです。この報に、もはや居ても経ってもいられない君は鴨船（帆船）にて急ぎ沖津に着きます。今の清水市の駿河湾を望む興津《おきつ》の浜でしょうか。しかし姫の恨みは簡単には晴れません。ここで歌が登場します。

白子《しらこ》の桜《さくら》　生《う》まれ日《ひ》に　咲《さ》きて絶《た》えねば　天皇孫《あめみまご》　鴨船速《かもふねはや》く　飛《と》ばさせて
沖津《おきつ》に着《つ》けば　雉飛《きじと》びて　酒折《さかおり》に告《つ》ぐ　姫恨《ひめうら》み　衾被《ふすまかふ》りて　答《こた》え無《な》し
返言《かえこと》すれば　君暫《きみしば》し　思《おも》いて和歌《わか》の　歌身染《うたみそ》め　沖彦《おきひこ》をして　早牡鹿人《さおしかど》　姫戴《ひめいただ》きて
　沖津藻《おきつも》は　辺《へ》には寄《よ》れども　さ寝床《ねとこ》も　能《あた》わぬかもよ　浜《はま》つ千鳥《ちどり》よ
この歌《うた》に　恨《うら》みの涙《なんた》　解《と》け落《お》ちて　肝《きも》に応《こた》えの　徒裸足《かちはだし》　裾野走《すそのはし》りて　興津浜《おきつはま》
君喜《きみよろこ》びて　輿並《こしなら》べ　行《ゆ》く大宮《おおみや》は　山祇《やますみ》の　道迎《みちむか》えして　三所《みところ》に　諏訪《すわ》が御饗《みあえ》は
素走《すはし》りで　酒折宮《さかおりみや》に　入《い》り坐《ま》して　諸神聞《もろかみき》けよ　吾先《われさき》に　花《はな》を髪挿《かざ》して　影透《かげとほ》る
これ胞衣《えな》の綾《あや》　諱《いみな》なす　初《はつ》に出《で》る名《な》は　火明《ほのあかり》　諱梅仁《いみなむめひと》　次《つぎ》の子《こ》は　名《な》も火進《ほのすすみ》

桜杵《さくらぎ》ぞ　末《すえ》は名《な》も彦《ひこ》　炎出見《ほおでみ》の　諱《いみな》卯津杵《うつきね》　また姫《ひめ》は　子《こ》を生《う》む日《ひ》より
花絶《はなた》えず　故《ゆえ》に木花《このはな》　咲耶姫《さくやひめ》　宮造《みやつく》りして　御座《おわ》します　夏女《なつめ》の神《かみ》が　産着《うぶき》なす
母《はは》の乳《ち》を以《も》て　養育《ひた》します　子安《こやす》の神《かみ》ぞ
（24綾—256行）

白子の桜は生まれた日に咲きほこりその後も絶えないとの報に、君の疑いは完全に晴れました。いそぎ鴨船で興津の浜に到着しますが、この報を告げる伝令にも、姫は恨んで衾《ふすま》を被ったままで返事をしません。ここで君は思いを歌に込めて届けます。

この歌にようやく、姫の恨みの涙は解け落ちて君への思いもつのり、おもわず裸足のまま駆けだし興津浜に向かうのでした。着いた姫に君も大喜び、二人の心はようやく溶け合ったのです。

輿を並べて酒折宮に向かいます。大宮（朝間大社）で香具山祇が迎え、酒折宮に入ります。

ここで生まれた三御子に、かつて自分が御幸の際に時期に応じて髪に挿した梅・桜・卯の花にちなんだ斎名《いみな》（ムメヒト／梅仁・サクラギ／桜杵・ウツキネ／卯津杵）を付けたのです。また姫には、生んだ日に桜が開花して以来花が絶えないので、「コノハナサクヤヒメ／木花咲耶姫」の称え名を贈ったのでした。

こうして姫は新造の宮に母子ともに御座《おわ》します。自らの乳で子を育て上げたので、子安の神とも称えられました。

白子の桜、胞衣《えな》の綾《あや》が梅桜卯と変わる話、三皇子の斎名《いみな》の由縁、和歌を贈る話は記紀にはありません。コノハナサクヤヒメという称え名は、この白子の桜にちなんでつけられたのですね。またこの生まれた三皇子を自分の乳で立派に育て上げた姫は「子安《こやす》の神」となったのです。

「白子の不断桜」の伝承は、なんとこのコノハナサクヤヒメのお話から始まっていたのでした。

なおこの無戸室《うつむろ》に火をつけ、皇子たちが這い出し助かる場面について、それを象徴的に今に伝える現代の神事があります。一関市山目の配志和《はいしわ》神社（祭神はニニギとコノハナサクヤヒメ）のおおむね4年毎の式年大祭に伝わる霊験の秘儀「御室焼《おむろやき》」です。燃えさかる産屋の周りを幕で覆い再現する、最も神秘性を帯びた神事です。そしてこれに続き、子の健やかな成長を願う稚児行列が繰り広げられるそうです。このことを最初に詳しく紹介した著書は『甦る古代　日本の真実』（千葉富三著・文芸社）です。記紀とホツマツタヱを逐条対照した書で、三書比較のさらなる研究には必携の書です。

さて、それにしても歌の力はすごいものですね。

沖津藻《おきつも》は　辺《へ》には寄《よ》れども　さ寝床《ねとこ》も　能《あた》わぬかも（鴨《かも》）よ　浜《はま》つ千鳥《ちとり》よ

沖にただよう藻は波のまにまに揺られ、海辺に寄ってはくるものの浜には上がれない。ここに漂う吾も藻と同じ、浜に上がれず、恋する愛しきそなたともはや夜の床を共にすることもあたわぬ哀れな鴨・自分であることよ。浜の千鳥よ、どうかこの思いを姫に伝えておくれ。

この歌は後に、これを本歌として、ニニギの皇子ヒコホホデミとトヨタマヒメとの歌の贈答の場面にも現われ、二人の仲が再び戻ることにつながります。（第45項参照）じつに深い意味在る歌なのです。

44

ヒコホホデミとトヨタマヒメの結婚の実相

ニニギの筑紫への巡幸と、その間の海彦・山彦の諍いの物語の後に、トヨタメヒメとヒコホホデミ（山幸彦）の出会いがあり二人は結ばれます。ただ記紀ではトヨタメヒメは産後ワニに変じて海中に帰って行ったとしました。トヨタメヒメの実像はこれと全く異なり、じつに美しくも猛き心を持ったまことの大和撫子をみる思いがします。

ニニギの全国各地への巡幸

以下に記すニニギの全国各地への巡幸と、瑞穂《みずほ》の国作りの功業は、記紀では全く想像もつかないことです。

ニニギの治世はますます栄え、別雷《わけいかづち》の天君《あまきみ》となられた原大君《はらのをきみ》・ニニギはこれまでの歴史ある酒折《さかおり》の宮を再建し原浅間宮《はらあさまみや》とし、その装いは実に豪華絢爛なものでした。

君酒折《きみさかおり》の　造《つく》る名《な》も　原朝間宮《はらあさまみや》　装《よそお》いは　黄金《こがね》を飾《かざ》り珠台《たまうてな》　漆彩《うるしいろど》り　懸橋《かけはし》の
滑《すべ》れば木綿《ゆう》の　足袋《たび》着《つ》けて　懸橋《かけはし》したふ　旅《たび》(足袋)姿《すがた》　尚豊《なおゆた》かにて（24綾―447行）

別雷の天君となられたニニギは、酒折宮を再建して原浅間の宮と名付けました。その装いは豪華絢爛、黄金を飾り珠玉《たま》の楼台《うてな》とし、漆で彩られており、渡り橋は滑るので木綿の足袋を着け渡り、それはあたかも旅姿のようです。太平で豊かな年が続きます。

こうして秀真《ほつま》の国も安らかに豊かに栄え、この原浅間宮で過ごされていたニニギは、深き思いのもとに、西方地域への遷宮を思い立ちます。

時に32鈴23穂4月初（西暦前890年頃）、まず淡海《あわうみ》（琵琶湖）の瑞穂《みずほ》の宮を造らせ、よき日を選び遷宮します。瑞穂宮への往途、まず父・オシホミミの眠る箱根に詣で幣捧《ぬさささ》げ、伊勢にてアマテラスと母・タクハタチチヒメ（オシホミミ崩御後はアマテラスのもとに仕えていた）を拝しました。

原浅間宮には長男のホノアカリ（ムメヒト、古事記ではホデリ）を留め、アマノコヤネが政事を預かり、次男のホノススミ（火進／サクラギ、古事記ではホスセリ）は新治宮《にはりみや》から改築成った鵜川宮《うかわみや》（以前の鵜川仮屋・高島市）を、三男のヒコホホデミ（ウツキネ：古事記ではホオリ）は二荒《ふたあら》（日光）から新築成った大津の磯《し》の宮《みや》をそれぞれ賜り遷ります。

次男はつねに釣りを楽しみ海幸彦と、三男はつねに狩りを楽しんで山幸彦と呼ばれます。

このように新たな布陣を整えて、ニニギは西方の国々、山陽、山陰そして安芸《あき》地方まで巡狩され、井堰・堤に新田を拓き、また荒れた山には植林をして豊かさを広めていったのです。

ニニギの筑紫への巡幸

時《とき》に筑紫《つくし》の　治《おさ》まらで　皇子御下《みこみくだ》りを　乞《こ》う故《ゆえ》に　君聞《きみき》こし召《め》し
磯《し》の宮《みや》を　筑紫治君《つくしをきみ》と　御言宣《みことのり》　（25綾―53行）

本州全域が豊かになるなかで、ときに筑紫が政情不安で騒ぎが起こっているとして、皇子の天下りを請う願いが届きます。これに応えて君は、三男の磯《し》の宮《みや》（ヒコホホデミ）を筑紫治君《つくしをきみ》（親王）とする御言宣を出されました。

このように最初は三男のヒコホホデミを下す御言を発しますが、その後、筑紫が治まらないのは食糧不足が原因と知り、ニニギ自ら出向き田を増やそうと決めます。

そこで長男・ホノアカリを瑞穂宮の治君《をきみ》とし、アマノコヤネとコモリを両翼につけて政祭《まつり》を執らせます。

また、次男と三男には、ともに北の津（敦賀、今の気比《きひ》神社の地）に向かわせることにし、諍《いさか》い、もめごとがあれば共に仲良くしろよと言い遺して筑紫に向かうのでした。二人の性格を見抜いてのことでしょうか。

時《とき》に君《きみ》　筑紫《つくし》は糧《かて》の　足《た》らざるか　てれば行《ゆ》き見《み》て　田《た》を増《ま》さん　……（中略）……
卯津杵酢芹《うつきねすせり》　北《きた》の津《つ》に　行《ゆ》きて治《おさ》めよ　*1言然然別《いささわけ》　在《あ》れば睦《むつ》めよ　天君《あまきみ》は
西宮《にしのみや》より亀《かめ》に乗《の》り　筑紫美《つくしう》ましの　*2鵜戸《うど》に着《つ》き　筑紫遍《つくしあまね》く　巡《めぐ》り狩《か》り
井堰堤《いせきつつみ》に　新田成《にいたな》す
（25綾―61行）

＊1　言然然別《いささわけ》：兄弟間の諍いごとの意。越前国一の宮・敦賀の気比神宮（笥飯《けゐ》の宮）の主祭神は伊奢沙別命《いささわけ》（笥飯《けゐ》大神）となっている。この気比神宮の伊奢沙別命《いささわけ》とは、三男・ヒコホホデミなのです。その訳は、崩御された後遺し言によりこの地に祀られたからなのです。

御遺骸《おもむろ》は　伊奢沙別宮《いささわけみや》　笥飯《けゐ》の神《かみ》　故《ゆえ》は翁《おきな》に　笥飯《けゐ》を得《え》て
巡《めぐ》り開《ひら》ける　鉤《ち》を得《え》たり　門出《かどで》の笥飯《けゐ》ぞ
（27綾―90行）

ヒコホホデミの御遺骸《なきがら》は、伊奢沙別宮《いささわけ》に笥飯《けゐ》の神として祀られました。その訳は、かつて兄・ホノススミ（海幸彦）の釣り針を失い窮地に陥った時、シホツチの翁の助け舟と笥《け》飯《ゐ》（弁当）をいただきその後運が開けたことで釣り針を得たという、まさに門出の笥飯だったからです。

＊2　鵜戸《うど》：宮崎県日南海岸の鵜戸。ニニギが西の宮から亀船で筑紫に最初に着いた所。また後にヒコホホデミが筑紫全域の開発に尽力した後に、お后のトヨタマヒメとこの鵜戸の地でゆっくり過ごし姫はここで皇子を身籠りました。鵜戸神宮の主祭神はウガヤフキアエズ。

ニニギは、こうして九州のほぼ全域を巡り各地に井堰・堤を築き新田開拓に身を尽くし、ほぼ3年のうちに計画通りの成果を達成してまた瑞穂宮に帰還し、長男・ホノアカリはもとの原浅間宮に戻ります。

このニニギが筑紫を巡幸している間に北の津で、次男三男の兄弟間に釣り針を巡っての諍いが起きるのです。

この場面から古事記はホツマツタヱと同じ海幸彦と山幸彦の逸話が始まります。

海の獲物をとるのが得意な兄（海幸彦）と、山の獲物をとるのが得意な弟（山幸彦）は、たがいにその狩りの道具を交換して楽しもうとしますが、山幸彦は兄の釣り針をなくしてしまいここで諍《いさか》いが起こります。ただこの二人の争いの場所は、古事記では一貫して日向《ひむか》ですが、ホツマツタヱでは北の津（敦賀）です。そしてその北の津からシホツチの翁の助けを借りて船に乗り筑紫美ましの浜（日南海岸の鵜戸）に着き、そこでハデツミ（波堤祇／トヨタマヒメの父）に迎え入れられいろいろと助けを受けます。失った釣り針を得て兄に返し、いろいろもめましたがなんとか仲を取り戻すことができました。

古事記では、シオツチ（塩椎神）の差しだした目が硬く詰まった竹籠の小舟に乗ってワタツミ（海神）の宮殿に行き、ワタツミの娘・トヨタマヒメと結婚し、そこで3年過ごした後に、ようやく兄の釣り針を得て兄に返すという流れです。このワタツミの宮殿は海の底か、海のかなたかは定かではありません。

以降の話もホツマツタヱによって進めます。

ヒコホホデミとトヨタマヒメとの婚礼

兄との諍いが無事に解決し仲直りしたヒコホホデミ（山幸彦）は、その後、筑紫治君《つくしをきみ》として地元筑紫三十二《つくしみそふ》県《あがた》の諸守《もろかみ》から迎えられます。

そして鹿児島宮で皆と諮《はか》ってハデツミの娘・トヨタマヒメを御后にむかえ、典侍《すけ》、内侍《うちめ》、下女《しもめ》を二人づつの六局《むつぼね》も成して婚儀を整えます。

豊玉姫《とよたまひめ》を　御后《みきさき》に　典侍《すけ》内侍下女《うちしもめ》　二人《ふたり》づつ　六局《むつぼね》も成《な》り　整《ととの》えば
その明日《あすみか》三日に　*1豊祇《とよすみ》が　玉笠《たまかさ》揃《そろ》え　玉椀《たままり》も　六人《むたり》に持《も》たせ　水捧《みづささ》ぐ
声《こえ》を揃《そろ》えて　桃雛木《ももひなき》　目合後《まくばいのち》の　三日《みか》の日《ひ》の　川水《かわみつ》浴《あ》びて　大埿煮《うびちに》の
上《かみ》から下《しも》へ　*2花婿《はなむこ》に水《みつ》　参《まい》らしょう　参《まい》らしょう　この時《とき》に　三十二県《みそふあがた》の
守歌《かみうた》い　万《よろ》と楽《たの》しむ
（25綾―191行）

ヒコホホデミは鹿児島宮に遷り、そこでトヨタマヒメを正后に六局《むつぼね》を置いて後宮を整えて、挙式をあげます。新婚3日目には、トヨスミヒコ（豊祇彦）が玉笠をかぶって水壺を持った六人とともに声を掛けながら水かけを捧げます。あのウビチニ・スビチニの結婚の時の逸話に倣《なら》っての儀式でした。

筑紫全域三十二県《みそふあがた》の守たちも、みな皆も喜び祝うのでした。

＊1　豊祇《とよすみ》：ハデツミ長男のトヨスミヒコで、長女がトヨタマヒメ、次男がタケスミヒコ（建祇彦）、二女がオトタマヒメ（乙玉姫）

＊2　花婿《はなむこ》に水《みつ》：婚礼で花婿に水をかけるこの水祝儀は、現在も「水かけ祭り」の奇祭として、宮城県加美町、福島県いわき市、静岡県沼津市などに伝わっています。

筑紫治君　三十二県の開拓に尽力

トヨタマヒメと結ばれた後、ヒコホホデミは筑紫三十二県を巡って井堰を築き新田を拓き、先に父君巡幸の成果の実も相まって、宇佐の県などは豊の国となり、また土地のやせた阿蘇国では宮をそこに遷し、魚肥を入れて田を肥やし陽炎《かげろう》燃える火の肥国《こえくに》にします。

さらに志賀の地も肥やすためそこに宮を遷し、土壌に油粕を入れて豊かに肥やし（よってここは粕屋《かすや》とよばれ）、その他にも招く県を巡って都合18万年（実年で60年）もの間休まず民を豊かに治《た》して導いたのです。そのゆえでしょうか、いまだに后局に御子ができませんでした。

このため君は深く思いをいたし、義父・ハデツミの勧めをうけて后・トヨタマヒメ一人をともなって鵜戸にてしばらく過ごすことになりました。

ニニギの生前譲位とトヨタマヒメの出産

三十六《みそむ》鈴《すず》三十四《みそよ》枝《ゑ》三十八《みそや》穂《ほ》弥生《やよい》望《もち》（西暦前８００年頃）、別雷《わけいかづち》の天君《あまきみ》・ニニギは、天の日嗣を三男・ヒコホホデミに生前譲位する御言宣を出されました。

これを受け、譲位を告げる勅使が筑紫に到着したため、ヒコホホデミは急ぎ瑞穂宮へと向かいます。君は最速の大鰐船《おおわに》（大型の帆掛け船、数日で着くという）で志賀の浦（博多湾辺り）から北の津の伊奢沙別宮《いささわけみや》を経て瑞穂宮に還り、そこで天君、諸臣らの喜びのうちに天津日嗣《あまつひつぎ》を授かることになります。

后・トヨタマヒメは、この時すでに孕み臨月を迎えていたために、君の後からやや遅いが快適な鴨船（ひと月程度で到着するという）で北の津へ向かいます。

が、ここで思わぬ事態となり、ことは順調に運ばないのです。

これの先《さき》　后《きさき》孕《はら》みて　月《つき》臨《のぞ》む　故《ゆえ》に後《あと》より　鴨船《かも》をして　北津《きたつ》に行《ゆ》かん　吾《わ》が為《ため》に
産屋《うぶや》を成《な》して　待《ま》ち給《たま》え　故松原《ゆえまつばら》に　産屋《うぶや》葺《ふ》く　棟合《むねあ》わぬ間《ま》に　鴨船《かも》着《つ》きて
早《は》や入《い》り坐《ま》して　御子《みこ》を生《う》む　……（中略）……　児屋根神《こやねかみ》　諱《いみな》考《かが》えて　鴨仁《かもひと》と
母《はは》より渚《なぎさ》　武鵜萱《たけうかや》　葺合《ふきあ》わせずの　名《な》を賜《たま》う　故《ゆえ》は千座《ちくら》に　鴨船《かも》破《わ》れて　姫《ひめ》も建祇《たけずみ》
穂高見《ほたかみ》も　渚《なぎさ》に落《お》ちて　溺《おぼ》るるを　猛《たけ》き心《こころ》に　泳《およ》がせば　竜《たつ》や蛟《みづち》の　力《ちから》得《え》て
恙《つつが》も無《な》みの　磯《いそ》に着《つ》く　釣《つ》り船《ふね》よりぞ　美保崎《みほさき》の　鰐《わに》船得《え》て此処《ここ》に　着《つ》く事《こと》も
御種《みたね》思《おも》えば　渚《なぎさ》猛《た》け　母《はは》の御心《みこころ》　顕《あら》わるる
（26綾―29行）

これより先、ヒコホホデミの后・トヨタマヒメは身ごもり臨月を迎えようとしていました。

よって「君の後から日数はかかるも快適な鴨船に乗って、北の津へ向かいましょう、どうか私のお産のために産屋《うぶや》を設けて待っていてほしい」と言われていました。君はこれにより松原に萱葺《かやふ》きの産屋を作り始めますが、まだ棟《むね》が合う前に鴨船が到着したため、その萱も葺かない産屋に早々入《はやばや》りまして皇子を生み上げました。(中略) こうして生まれた皇子に、アマノコヤネは斎名《いみな》を「カモヒト（鴨仁）」と命名し、母・トヨタマヒメからは、「ナギサタケウカヤフキアワセズ（渚武鵜萱葺不合）」の名を賜りました。

このような名が付いた由縁はこうです。

トヨタマヒメが乗った鴨船は途中で難破して、皆が海に落ちて溺れかかりましたが、姫は猛き心で泳ぎ、竜《たつ》や蛟《みずち》の力を得て、無事に海岸までたどり着きました。そして漁師の釣り船で美保崎まで、そして鰐船に乗りかえてここに着いたのでした。

それもこれも、君の御種大事《みたねだいじ》の思いでの渚武《なぎさたけ》、母の御《み》こころが現れたことによるのです。

この逸話により、生まれた皇子が「ナギサタケウカヤフキアワセズ」（古事記ではアマツヒコナギサタケウガヤフキアエズノミコト／天津日高日子波限建鵜葺草葺不合命）との名が付いたのですね。記紀でのこの話の部分には、多分の省略があって、なぜこのような名が付いたのかにつき十分な説得力がありません。

さらにこの後、産屋での姿を君に覗かれたことを恥じたトヨタマヒメは、古事記では大きなワニに変じて（日本書紀では竜《たつ》に化して、さらに草で包んで子を捨てて）海の道を閉ざして海中に帰って行ってしまったと言うのです。酷《ひど》いことです。

トヨタマヒメの出奔

君《きみ》待《ま》つ原《はら》に　進《すす》み来《き》て　産屋覗《うぶやのぞ》けば　腹這《はらば》いに　装《よそ》い無《な》ければ　*1枢《とぼそ》引《ひ》く
音《おと》に目覚《めざ》めて　恥《はつ》かしや　弟建祇《おとたけすみ》と　水無月《みなつき》の　禊《みそぎ》して後《のち》　産屋《うぶや》でて　*2遠敷《おにふ》に至《いた》り
御子抱《みこいだ》き　眉目御手撫《みめみてな》でて　母《はは》は今《いま》　恥《は》じ帰《かえ》るなり　目見《まみ》ゆ折《おり》　もがなと捨《す》てて
***3朽木川《くちきかわ》　登《のぼ》り山越《やまこ》え　漸三日《ややみか》に　*4別雷《わけつち》の峰《ね》の　罔象女《みづはめ》の　社《やしろ》に休《やす》む（26綾―67）**

さて生後まもなくのことですが、ヒコホホデミは松原に涼みに来てなにげなく産屋の中をのぞき見しました。暑い日だったのでしょう、トヨタマヒメは装いもあらわで腹ばいに寝ています。それを目にした君はいそぎ扉を引いて閉めたのですが、その音に目覚めた姫はいたく悔しく恥ずかしく思い居たたまれなくなって仕舞われたのです。

姫は水無月の祓いをして後、弟のタケスミヒコをともない産屋をあとにし、遠敷（福井県小浜市）に至って、姫は御子を抱きしめ眉目御手をなでて、「母は今、恥じて里に帰ります。再び会える時がありましょうや」と言い捨て御子を伴の者に託して、朽木川を上り山を超えようやく三日目に別雷《わけいかづち》の峰の北の罔象女《みづはめ》の社に着いて休みます。

＊1　枢《とぼそ》引《ひ》く：産屋の扉を開けたが、君は驚きすぐさま戸を閉めたがその時に音がでた。
＊2　遠敷《おにふ》：旧若狭国遠敷、現福井県小浜市。
＊3　朽木川《くちきかわ》：遠敷から琵琶湖西岸に向かう若狭街道を進み、山中を右に採ると安曇川上流葛川にてそのまま葛川を遡行する道を行く。
＊4　別雷《わけつち》の峰《ね》：上賀茂神社北方の神山、その北側に罔象女《みづはめ》の社（貴船神社）がある。

この罔象女《みづはめ》の社（貴船神社）でトヨタマヒメはしばらく隠棲することになります。弟のタケスミヒコもともに従います。

45

和歌の力とトヨタマヒメの宮入り

ニニギは高千穂の峰の神、コノハナサクヤヒメは浅間の神となり神上がります。出奔《しゅっぽん》していたトヨタマヒメはヒコホホデミとの歌の贈答により心を和《やわ》し、晴れて宮入りを果たします、実に感動的なシーンが伝わります。歴代の天君は皆、歌を大切なものとしてよくその力を知っていたのです。

ニニギ、トヨタマヒメを諭す

古事記では、トヨタマヒメがワニに変じて去った後、再び君のもとに戻ることはなく、代わりに妹のタマヨリヒメ（玉依姫）を差し出します。そしてこのタマヨリヒメがなんと、トヨタマヒメ姫の生んだウガヤフキアエズと結婚し、四人の子を生んで、そのうちの一人が後の神武天皇だとしたのです。

日本書紀の本文も同じく、神武天皇の母親はトヨタマヒメの妹・タマヨリヒメとしました。これはホツマツタヱとは全く異なります。

ひき続きホツマツタヱをみてゆきます。
トヨタマヒメは、度重なる説得の使者があってもいまだ頑《かたく》なに宮に戻ろうとはしません。姫の言葉に従って、妹のオトタマヒメ（乙玉姫）が宮に上ります。
さてそのような中で、ニニギは天の日嗣を若宮・ヒコホホデミに譲ることになります。

天《あま》つ日嗣《ひつぎ》を　若宮《わかみや》に　授《さつ》け給《たま》いて　大上君《おおゑきみ》　磯《し》の宮《みや》に坐《ま》す　瑞穂《みづほ》には　新治《にはり》の例《ためし》
悠《ゆ》紀《き》主《す》基《き》の　大御祭《ををんまつり》の　大嘗会《おおなめえ》　三種《みくさ》の受《う》けを　天《あ》に応《こた》え　青人草《あおひとくさ》を　安《やす》らかに
保《たも》つ八幡《やはた》の　花飾《はなかざ》り　明日《あす》より民《たみ》に　拝《おが》ましむ
（26綾―96行）

天つ日嗣を若宮に授け賜われたニニギは、磯《し》の宮《みや》に遷ります。代わって瑞穂宮に入られたヒコホホデミは、父の即位の時の例《ためし》にならい、悠紀主基のお祭り、大嘗会をし、三種の神宝を受けたことを天の神々にお伝えし、国の民皆が安らかに保てるように八幡を立て、花飾りをし、翌日よりそれらを民にも拝ませたのでした。

生前譲位の後、ニニギ（太上皇《おおゑすべらぎ》）は大津の磯《し》の宮《みや》に隠居して過ごされていましたが、明くる年いよいよニニギじきじきにトヨタマヒメの籠もる罔象女《みづはめ》の社《やしろ》に出向き姫の説得にあたります。

屡々《しばしば》召《め》せど　豊玉《とよたま》は　罔社《みづや》を出《い》でず　明《あ》くる年《とし》　太上皇《おおゑすべらき》　別雷《わけつち》の　葵桂《あおいかつら》を
袖《そで》に掛《か》け　宮《みや》に至《いた》れば　姫迎《ひめむ》かう　時《とき》に葉《は》を持《も》ち　是如何《これいかん》　豊玉答《とよたまこた》え　葵葉《あおいば》ぞ
又是如何《またこれいかん》　桂葉《かつらば》ぞ　何《いつ》れ欠《か》くるや　未《ま》だ欠《か》けず　汝世《なんぢよ》を捨《す》て　道欠《みちか》くや
姫《ひめ》は畏《おそ》れて　欠《か》かねども　渚《なぎさ》に泳《およ》ぐ　嘲《あざけ》りに　腹這《はらば》いの恥《はぢ》　重《かさ》ぬ身《み》は　豈上《あにのぼ》らんや
（26綾―105行）

ヒコホホデミは、しばしばトヨタマヒメに宮に上るように使いを出すのですが、姫はなかなか出ようとしません。そして明くる年、ニニギは別雷山の葵と桂の枝を衣の袖にかけ、姫の宮を訪ねます。姫がお出迎えすると、ニニギはその葵桂の葉のこと、人の道をよく説いて聞かせるのですが、姫はなかなか理解できずに、いまだ自分の恥を悔いて応じようとしません。

この葵と桂の葉の葉脈は主筋に対して左右対称、また茎からも左右対称に一対の葉が出ることから、婦夫《めをと》はどちらも一方が欠けることがあってはならず、共に補い合って生きることこそが天の道にかなうと諭しているのです。

この葵と桂葉の説諭の故事にちなんだお祭りが、京都の下鴨神社と上鴨神社5月の葵祭（賀茂祭り）です。内裏宸殿の御簾をはじめ供奉者の衣冠や牛馬などのすべてに双葉葵の葉を挿し飾るのは、祭神の別雷神《わけいかづち》の故事によるものと言われています。

このように諭されてもまだ、姫は渚で必死に泳いだことや産屋を覗かれたことを我が恥と固執し、自分は宮中に上れる身ではないと考えています。

そこでさらに、太上皇《おおゑすべらき》（ニニギ）はつぎのように竜の子の「三息《みいき》の教え」を下されます。

是恥《これはぢ》に　似《に》て恥《はぢ》ならず　然《し》かと聞《き》け　子《こ》を生《う》む後《のち》は　因《ちな》み断《た》つ　七十五日《なそゐか》に養《た》す
慎《つつ》しまざ　更絶《さらた》ち養《た》せず　勝手神《かってかみ》　予《か》ねて申《もう》すを　覗《のぞ》く恥《はぢ》　汝《なんぢ》にあらず
竜《たつ》の子《こ》は　千穂海《ちほうみ》に棲《す》み　竜田《たつた》（治《た》）知《し》る　千穂山《ちほやま》に棲《す》み　竜経《たつふ》（振《ふ》）ると
千穂里《ちほさと》に棲《す》み　付《つ》く離《はな》る　三息《みいき》（威気《いき》）悟《さと》りて　君《きみ》と成《な》る　汝渚《なんぢなぎさ》に　落《お》ちんとす
御種思《みたねおも》えば　猛心《たけこころ》　為《な》して泳《およ》ぎて　長《なが》らうる　是地息知《これはいきし》る　宮《みや》に立《た》ち　振《ふ》りて嘲《あざけ》り
免《まぬ》かるる　是天息知《これあいきし》る　今一《いまひと》つ　葵桂《あおいかつら》の　伊勢《いせ》を得《ゑ》ば　人息悟《ひといきさと》る　三《み》つ知《し》れば
竜君如《たつきみごと》く　神《かみ》と成《な》る　竜君如何《たつきみいかん》　竜《たつ》は鰭《ひれ》　三《み》つ知《し》る故《ゆえ》に　鱗君《うろこきみ》　神《かみ》・祇《つみ》・鬼《おに》を
三《み》つ知《し》れば　人《ひと》は神《かみ》なり
（26綾―119行）

「竜の子は千年海に棲み、千年山に棲み、そしてまた千年里に棲むといわれる。それぞれの時を経て威丈《いたけ》に成長し、背びれをもつ魚類の中でも最高のウロコ君、竜君《たつきみ》として神に成るのである。人も同じ、この世で生きるなかで、天界、地上界の神（天神地祇）の意識を知り、さらに人の世で葵桂のイモヲセ（伊勢）の道を得たならば（天地人の悟り）、もはや人は生きながらの神となるのである。

　そなたは海に落ちたが君の御種を思い、猛き心で渚を泳ぎ切り命永らえ地息《はいき》を知った、人の嘲りを避けようと世間を離れて天息《あいき》を知った。あとはただ一つ、葵桂の葉を思い描いて妹背《いもせ》の道に還れよ」

　これほどまでに、義父・ニニギの深い愛情に包まれた諭しのなかで、トヨタマヒメにはもはや言葉もなく、ただおのれに恥じ入るばかりでした。

姫《ひめ》は恥《は》ぢ落《お》ち　入《い》り言《い》わず　*1三穂津姫《みほつひめ》　御幸送《みゆきおく》りて　此処《ここ》に在《あ》り　訪《と》えば喜《よろこ》び
答《こた》え問《と》う　三穂津頷《みほつうなつ》き　大上君《おおゑきみ》　心《こころ》な痛《いた》め　給《たま》いそよ　君《きみ》と姫《ひめ》とは　日《ひ》と月《つき》と
睦《むつ》ましなさん　申《もう》す時《とき》　大君笑《おおきみえ》みて　建祇《たけすみ》に　豊玉養《とよたまた》せと　*2川合《かわあい》の　国賜《くにたま》わりて
（26綾―142行）

　トヨタマヒメは、ニニギのお諭しに自分の不明を恥じ、すっかり落ち込んで物も言えません。ここで同道してきていたミホツヒメに、どうしたものかとトヨタマヒメはお尋ねします。そして同時にミホツヒメは、ニニギにも後はお任せを、として君が安心して筑紫に出向けるようにとり計るのでした。ニニギは微笑んで弟のタケスミヒコにトヨタマヒメの後を託して、川合の地を賜るのでした。

＊1　ミホツヒメ：第七代タカミムスビであるタカキネの娘で、ニニギの母・タクハタチチヒメの妹。二代大物主・クシヒコの妻となり、三代大物主・コモリを生む。コモリの娘にイソヨリヒメ（磯依姫）がいる。ミホツヒメはこの時、ニニギの旅立ちの見送りのため同道してきていたのでしょう。トヨタマヒメの戸惑いにすべてをわきまえたミホツヒメはこう申しあげ、ニニギを安堵させたのです。

＊2　川合《かわあい》の国《くに》：京都市左京区、賀茂川と高野川の合流する三角州状の地の辺り。ここに下鴨神社の摂社河合《かわい》神社がある。御祭神は神武天皇の母・タマヨリヒメ（玉依姫）。この姫はトヨタマヒメの弟・タケスミヒコがイソヨリヒメと結ばれてできた娘であり、はじめ天の神（ニニギの御霊）の子（ミケイリヒコ／三毛入彦：出雲の御子）を生み、その後、ウガヤフキアエズに嫁し神武天皇を生む。

ニニギ、高千穂《たかちほ》の峰《ね》の神と成る

こうしてトヨタマヒメに会った後、ニニギは貴船川の谷合いを出て、亀船で筑紫の高千穂に向かうのです。

かつてニニギが初めてサルタヒコと出会った折、サルタヒコは「君は筑紫の高千穂ぞ」と予言めいて語った言葉通り、ニニギは終焉の地、日向の高千穂に向かいます。

そしてこの門出を見送られるヒコホホデミに対して、君の心得をしっかりと遺《のこ》し言《こと》して亀船に乗り鹿児島に向かうのでした。

こうして亀船で鹿児島に着き、高千穂の峰を日々眺め過ごされるなかで、ニニギはいよいよ神上がる時を迎えます。また予《かね》てその日を合わせたかのごとく、秀真国《ほつまくに》ではお后である子安の神・コノハナサクヤヒメも神去られます。

襲緒《そを》高千穂《たかちほ》の　日《ひ》に辞《いな》む　朝《あさ》は朝間《あさま》の　日《ひ》に向《むか》う　日向《ひむか》う国《くに》と　秀真国《ほつまくに》　姫《ひめ》は朝間《あさま》に
辞《いな》む月《つき》　高千峰《たかちね》に入《い》り　神《かみ》と成《な》る　朝間《あさま》の神《かみ》や　子安神《こやすかみ》　予《か》ねて会《あ》う日《ひ》の　稜威《いつ》の
神《かみ》　高千穂《たかちほ》の峰《ね》の　神《かみ》と成《な》る　鳴《な》る神別《かみわ》けて　土活《つちい》かす　別雷《わけいかつち》の　皇神《すへらかみ》

（26綾―161行）

ニニギは襲緒高千穂《そをたかちほ》にて、朝は姫の居るはるか東方の富士浅間峰よりのぼる日に向かい（これにより日向《ひむか》の名が起きる）、夜は高千穂の峰に沈む日に別れを告げて神上がられます。

また姫は原見山浅間の峰にて、のぼる月に別れを告げ、朝は西方の大君の居られる高千穂の峰に沈む月を見送り、ともに崩じられました。高千穂峰の神と、富士浅間の神・子安神の婦夫《めをと》神、実に美しい終焉のお姿を遺されたのです。


一方、川合の地で暮らすトヨタマヒメは、再び別雷山《わけつちやま》（京都鞍馬の貴船山、この麓に貴船神社がある）に籠っていましたが、慈父の悲報に接して、ひとりニニギの喪に四十八日服し（天界の四十八《よそや》神に準えて）、翌年の喪祀《もまつ》りにも御饗《みあえ》をして神を篤《あつ》く祀られていました。

瑞穂宮では天君・ヒコホホデミも、常にトヨタマヒメのことを心にとどめていましたが、喪の明けた頃合いを見て、なんとか呼び戻そうとします。

そこで勧めに応じて、亡き父の歌の故事に習って歌を詠むことになります。

ニニギがコノハナサクヤヒメに贈ったあの時の歌は次のものでした。

沖津藻《おきつも》は　辺《へ》には寄《よ》れども　さ寝床《ねとこ》も　能《あた》わぬかもよ　浜《はま》つ千鳥《ちどり》よ（第43項参照）

沖にただよう藻は波のまにまに揺られ、海辺に寄ってはくるものの浜には上がれない。ここに漂う吾も藻と同じ、浜に上がれず、恋する愛しきそなたともはや夜の床を共にすることもあたわぬ哀れな鴨・自分であることよ。浜の千鳥よ、どうかこの思いを姫に伝えておくれ。

これを本歌として君の沖つ鳥の歌、それに対する姫の返歌のやり取りが始まります。

豊玉《とよたま》は　別雷山《わけつちやま》に　喪《も》は四十八《よそや》　年《とし》の祭《まつり》も　御饗《みあえ》なす　天君姫《あまきみひめ》を　尋《たつ》ぬれば
児屋根《こやね》答《こた》えて　例《ためし》有《あ》り　三穂津《みほつ》に問《と》えば　歌《うた》なせと　故歌詠《かれうたよ》みて　三穂津姫《みほつめ》が
孫磯依《まごいそより》を　遣《つか》わせば　姫迎《ひめむか》ゆるを　磯依《いそより》は　立《た》ちて詠《よ》む歌

川合の地で暮らすトヨタマヒメは、別雷山に籠って48日の喪を勤め、一年祭には御饗《みあえ》をお供えします。ここで、ヒコホホデミは姫を呼び戻そうとアマノコヤネに相談すると、同じ例がありますと答え、またミホツヒメに問うと、歌をお詠みくださいと答えます。そこで君が詠まれた歌がイソヨリヒメのお遣いでトヨタマヒメのもとに送られました。

①沖《おき》つ鳥《とり》　鴨船《かも》着《つ》く島《しま》に　吾《わ》が寝《い》ねし　妹《いも》は忘《わす》らじ　夜《よ》（世）の事《こと》ごとも
御歌《みうた》受《う》け　三穂津《みほつ》は如何《いかん》　磯依《いそより》が　三穂津《みほつ》の歌《うた》に

この歌①を受けたトヨタマヒメは、ミホツヒメはいかにお考えだろうかと問います、これに対してイソヨリヒメはミホツヒメの歌②を差し上げます。

②忌《いみ》と言《い》い　穢《けが》れと断《た》つる　日《ひ》の本《もと》の　神《かみ》の心《こころ》を　知《し》る人《ひと》ぞ神《かみ》
時《とき》に姫《ひめ》　返《かえ》しは葵《あおい》　君桂《きみかつら》　紙《かみ》に包《つつ》みて　水引草《みひきぐさ》　文箱《ふはこ》に納《おさ》め　奉《たてまつ》る
君自《きみみずか》らに　結《ゆ》いを解《と》き　その歌詠《うたよ》めば

この歌②を知り、すべてを理解するに至る姫でした。こうして、ミホツヒメの自分に対する深い思いやりを感じ取ったトヨタマヒメは、自らの返し歌を葵の葉に添え、君の御歌には桂の葉を添えて、それを紙に包んで水引草の茎をもってこれを結い、折形《おりかた》にして文箱に納め、ヒコホホデミに奉ったのです。君は自らにこの結いを解いてその歌③を詠まれます。

③沖《おき》つ鳥《とり》　鴨《かも》を治《をさ》むる　君《きみ》ならで　世《よ》（夜）の事《こと》ごとを　得《ゑ》や（疫病《ゑや》）は防《ふせ》がん
この歌《うた》を　三度《みたび》に涙《なんだ》　落《お》ちかかる　膝《ひざ》の葵葉《あおいは》　喪《も》に染《し》みて　迎《むか》いの輿《こし》に　豊玉《とよたま》の
天《あ》の宮入《みやい》りと　喜《よろこ》びて
（26綾—181行）

ヒコホホデミはこの歌③を三度詠じて、感極まり涙が止めどもなく流れ、膝の葵葉にも落ちかかり、裳にも染みて吾を忘れるばかりでした。その後、君よりの迎えの輿に乗られて、めでたくトヨタマヒメは宮中へお上りになられ、世の人々は天の宮入りと心からの喜びに包まれるのでした。」

①から③の歌の歌意

①ヒコホホデミの歌の歌意：あの鴨船（櫂付の帆船）を考案されたオキツヒコ（沖津彦／初代島津彦《しまつひこ》に始まる船魂《ふなたま》の家系の二代目）の子孫であるそなたトヨタマヒメよ。吾はかつて、その鴨船に乗ってはるばる筑紫に行き着き、そなたとめぐり会うことができた。以来、共に過ごしたあの夜の事ごと、姫のことを忘れることができない。また同時に吾は君として、世を安らかに治めるための政事にも心せねばならぬ。そなたの許へすぐにでも行きたくとも行けず、なんともどかしいことであろうか。

②ミホツヒメの歌の歌意：人の世の忌み穢れの何たるかを知り、恥を恐れ、汚穢隈《おえくま》の穢れを断じて避ける、その勇気を持つことを日の本の神は教えている。

かつてそなたは、吾が子の命を守るため沈みかけた船を離れ、猛き心で岸に泳ぎ着いた。これで世の嘲りを受けたと思い恥と感じたが、そうではない。勇気の表れである。そして産後の体を休めるため、産屋で腹這いの寝姿を君に覗かれ恥じ入ったこと、これは君の誤りであり姫の恥ではない。そして今、自分の恥を知り反省して物忌みし、穢れを断って日々の政事に心をくだく君の姿と、その君の姫に対する深い思いを知ったであろう。この三つの、日の本の神の御心を知ったそなたは、もはや神の許に居られる人なのですよ。

③トヨタマヒメの返歌の歌意：船を司る家系のこの私をうまく納（治）め、迎え入れてくださるお方は君しかおりません。夜を睦まじく過ごした頃の事ごと、懐かしゅうございます。また、世の上下（かも・天地）に心を配り民を安らかにお治めくださる君ならばこそ、世の中の忌みごと、穢病事（ゑやみごと）を防ぐことができるのでございましょう。そのような君のお側に迎えてくださいませ。

トヨタマヒメはこのように、イソヨリヒメが立ちて詠む君の御歌①をお聞きになり、はたしてミホツヒメはどのように申されておられるのか、気にかかります。

その問いに対して、イソヨリヒメはさらにミホツヒメの歌②を詠むのでした。

こうして、ミホツヒメの自分への深い思いやりを感じ取ったトヨタマヒメは、自らの返し歌③を葵の葉に添え、(葵と桂の葉はニニギが以前、姫を諭しに来られた折りに携えていたもの)君の御歌には桂の葉を添えて、それを紙に包んで(今から2800年以上前のこの当時、すでに紙があったということです)、水引草(タデ科の多年生草)の茎をもってこれを結い、折形《おりかた》にして文箱《ふばこ》に納め、君に奉ったのでした。

自らその結いを解き、その歌を詠まれた君は、また三度詠じて感極まり、涙が止めどなく流れ膝の葵葉にも落ちかかり、裳にも染みて吾を忘れるばかりでした。

こうして君よりの迎えの輿に姫は乗られ、めでたくトヨタマヒメは宮中へお上りになられたのです。世の人々は天《あめ》の宮入《みやい》りと心からの喜びに包まれたのです。


我が国の天君二代とそのお后方による、じつに美しく心に染み入る歴史物語がここにあります。この天君二代、ニニギとヒコホホデミに続く次の天君、ウガヤフキアエズの世は、なんと実質180年に及ぶ治世に及び、これまた詳しいご事績の記述がホツマツタヱにはありますが、記紀ともに、ただ系譜の記載のみで全くその他のことは伝わっておりません。

16 オシホミミの長男・ホノアカリテルヒコの薨去とニギハヤヒの登場

ヒコホホデミ政権が隆々とした盤石の体制を築くなかで、飛鳥宮（ホノアカリ）はとうとう後継ぎがないままにみ罷《まか》ってしまわれたのです。

これに宮の母であるタクハタチチヒメ（高木神の娘／オシホミミの正后）は嗣子がいないことをひどく嘆き悲しみ、アマテラスに嗣子を賜ることを頼みこむのでした。

このタクハタチチヒメは夫のオシホミミが薨去した後、伊勢のアマテラスのもとに近侍して共に居を同じくしていたということもあるのでしょう。

ここでアマテラスは、「原の宮のクニテルを嗣子（つぎ） 天照饒速日君（あまてらすにぎはやひきみ）」との教えを下されました。

これに従いニギハヤヒと名を改めたニニギの孫にあたるクニテルは、義父の喪に入り、白庭村に御墓を成して飛鳥の神として厚く祀りました。そして十種宝を譲り受け飛鳥の宮を継承することになったのです。

ここで重要なことは、ホツマツタヱでは十種宝のことは記しますが、三種の神宝を譲り受けたとは書いていません。この時に飛鳥宮の三種神宝は実際、実質的にみて返上された、とみてよいのではないでしょうか。二朝並立はここで終わっていたと私は考えます。

このように、飛鳥の地もニニギの血脈（孫）に受け継がれたのでした。

そしてこの後、ニギハヤヒは重臣フトタマの孫ミカシヤヒメを妻としてウネシマチを生みます。そして姫の兄であるナガスネヒコを大物臣（おおものとみ）として重用しました。このナガスネヒコが後の神武東征の原因となる重大事件を引き起こすことになるのです。第47項にて詳述します。

神様系図３

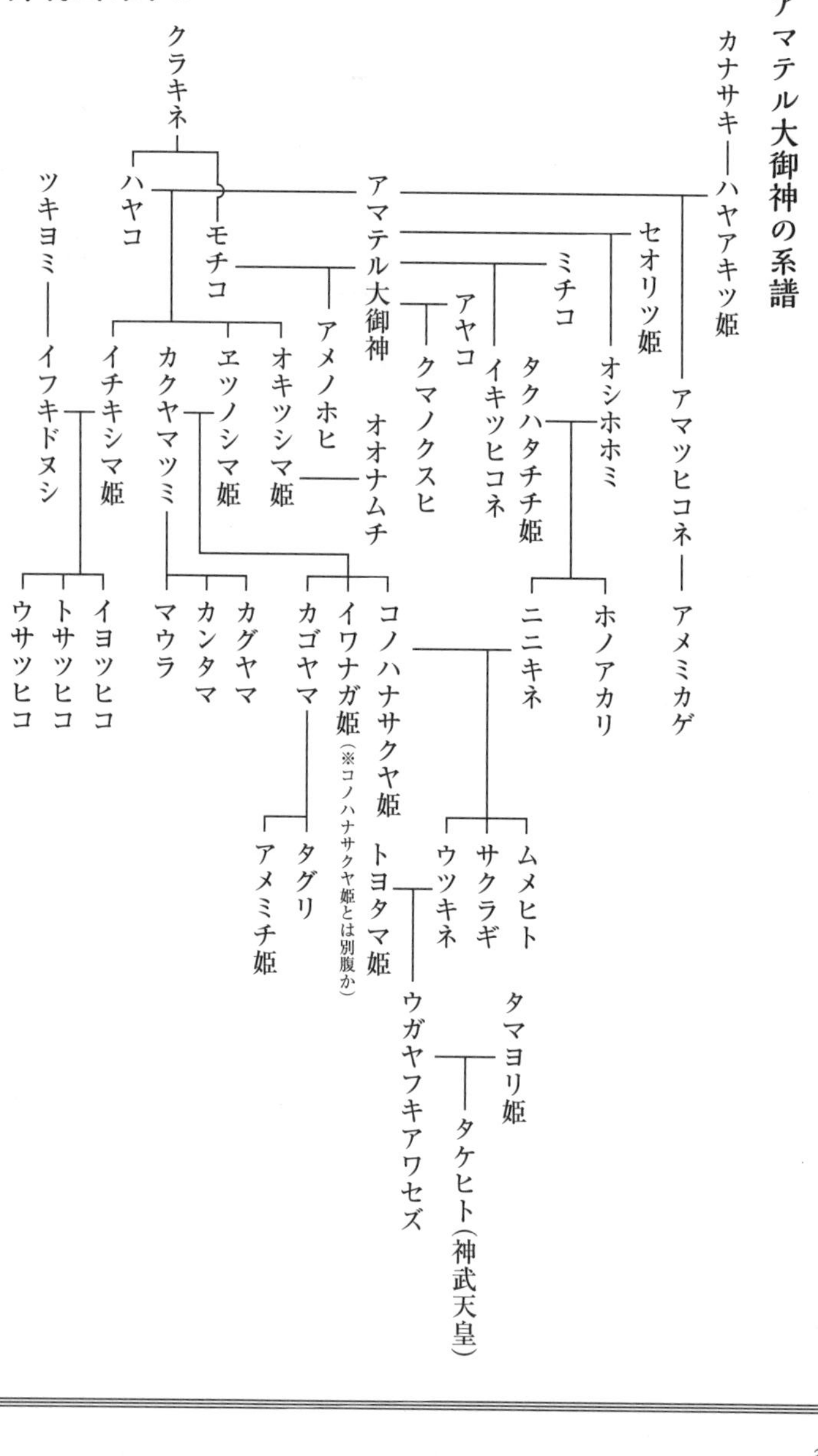
アマテル大御神の系譜
カナサキ
ハヤアキツ姫
アマツヒコネ
アメミカゲ
セオリツ姫
オシホホミ
ホノアカリ
ニニキネ
ミチコ
タクハタチチ姫
イキツヒコネ
アヤコ
クマノクスヒ
アマテル大御神
アメノホヒ
オオナムチ
モチコ
ハヤコ
クラキネ
オキツシマ姫
ヱツノシマ姫
カクヤマツミ
イチキシマ姫
ツキヨミ
イフキドヌシ
コノハナサクヤ姫
イワナガ姫（※コノハナサクヤ姫とは別腹か）
カゴヤマ
カグヤマ
カンタマ
マウラ
イヨツヒコ
トサツヒコ
ウサツヒコ
ムメヒト
サクラギ
ウツキネ
トヨタマ姫
タグリ
アメミチ姫
ウガヤフキアワセズ
タマヨリ姫
タケヒト（神武天皇）

第7章

神武天皇以降の時代

神武天皇東征出立の初めに謎の神・ニギハヤヒが出てきます。天皇皇位の正当性に関わる重要論点なのでこの人物と、さらに東征の真因をホツマツタヱで明らかにします。またホツマツタヱ最終章(40綾)で語られる景行天皇とヤマトタケルの本当の親子の関係、さらにヤマトタケルはスサノオの生まれ変わりだった、とのモチーフで綴るホツマツタヱの比類なき極上の文学性をみて本論を締めくくります。

46

記紀等における謎の神・ニギハヤヒ

記紀や先代旧事本紀に出てくる「ニギハヤヒ」とホツマツタヱの「ニギハヤヒ」とは別人です。また先代旧事本紀に載るニギハヤヒと十種宝の記述はホツマツタヱと同根のようによく似ていますが、重要な異点があります。はて、どちらが先行文献なのでしょうか。

ホツマツタヱでのみわかる謎の神・ニギハヤヒ

神武天皇による大和建国史の前段で、実に不思議な神が出てきます。その名は「ニギハヤヒ」。記紀さらに先代旧事本紀では、神武東征のはるか以前、あるいはその前後に、高天原系（いわゆる天孫）のニギハヤヒが畿内に天下っていたと記しているからです。

この神の存在をめぐり古代史の世界ではこれまで多くの議論がなされてきました。

このニギハヤヒが、記紀の語る天皇起源の由来から離れて、いろいろな憶測や空想論を引き起こしたといっても過言ではありません。

本項ではニギハヤヒの実像と神武東征の原因をホツマツタヱによって解き明かしたいと

思います。これまでの古代史の多くの疑問が氷解することになるでしょう。なおこのニギハヤヒとは誰かについてのホツマツタヱの記述は、すでに第40項及びコラム⑯で説明したところです。

まず古事記では、カムヤマトイハレビコノミコト（神倭伊波礼毘古命／神武）がナガスネヒコ（那賀須泥毘古）や地元豪族勢との戦いに苦戦している時、ニギハヤヒノミコト（邇芸速日命）が参上してきて、「天津神である御子が天下りなされたと聞いたので、そのあとを追って降ってきました」と申し上げ、直ちに天津端《あまつしるし》を献上してお仕えした。そしてこのニギハヤヒがナガスネヒコの妹・トミヤヒメ（登美夜毘売）を妻として、ウマシマジ（宇摩志麻遅命）を生んだ。これは、物部の連、穂積の臣、婇《うねめ》の臣の祖先である、とただこれだけを記しています。

次に日本書紀ではどうでしょうか。この記載もわずかではありますが無視できない、我が国の建国と天皇家成立の正当性に関わる重要な部分ですので、なるべく正確に口語訳によってまとめてみましょう。

神武天皇の東征に先立ってシオツチ（塩土老翁）が言うには、「東方に美しい国があり、四方を青山が囲んでいます。その中に天の磐船に乗って飛び降りた者がおります」。そこで神武が言うには、「その国はきっと、天つ日嗣の大業を弘め、天下に君臨するに足りるところであろう。さだめし我が国の中心の地ではあるまいか。その天から飛び降った者というのは、おそらくニギハヤヒ（饒速日命）であろう。そこへ行って都を定めることにしようではないか」

この年、太歳甲寅《たいさいきのえとら》（これが年紀干支の初出）であった。こうしてこの年の冬10月に東征の途についた。そして畿内大和の地をめぐりその地の豪雄・ナガスネヒコ（長髄彦）らとの戦いを繰り広げる。

その戦いの終盤に至り、ナガスネヒコが言うには、「昔、天神の御子が天の磐船に乗って天降って来られました。名はクシタマニギハヤヒノミコト（櫛玉饒速日命）と申す。この命が自分の妹のミカシキヤヒメ（三炊屋姫）を娶って御子をお生みになった。名をウマシマデ（可美真手命）と申す。そこで自分はニギハヤヒを君と崇めてお仕えしている次第である。いったい天神の御子が二人もおられるはずはない。それなのにどうして天神の御子と称して人の国を奪おうとするのか」

ここで両者はそれぞれが持つ天の神の表徴（天羽羽矢《あまのははや》と歩靫《かちゆき》）の品を見せあう。

ナガスネヒコは神武の表徴をみて、それはたしかに本物だと思い畏敬の念をもつが、途中で引き下がるわけにもいかず頑迷な謀りを固守して改心することがなかった。

ニギハヤヒはもともと天神が深く心にかけて天孫だけに味方しておられることを知っていた。またナガスネヒコの性質はねじけ曲がっており、神と人との区別を教えても到底理解しようともしないことを見て取って、ついに殺害し、その軍勢を率いて帰順した。

神武は初めからニギハヤヒが天降った神であることを承知しており、今果たして忠誠の功を立てたのでこれを褒賞して寵愛された。これは物部氏の遠祖である。


とこのように、これがニギハヤヒに関する記述で、またこれだけしかありません。

以上のことから、記紀ともに神武東征以前にすでに畿内の地にはニギハヤヒという天孫が支配しており、神武は東方の美《う》まし国を侵略してナガスネヒコ軍と戦い、最終的にニギハヤヒから政権の禅譲を受けたかのような記述になっています。

ただ美まし国を目指して遠く九州の地から畿内を目指したのでしょうか。その理由がこれだけではあまりに薄弱で正当性に欠けます。

そしてこの内容の延長線上に立って、先代旧事本紀はさらに物部氏を顕揚しようとの意図をもって、ニギハヤヒの素性や畿内に天下った状況、後に物部氏の祖となったウマシマチの系譜などをかなり詳しく記しています。

先代旧事本紀のニギハヤヒ伝承

古来よりこのかた、不思議な書物と言われるものに先代旧事本紀があります。その序文には、「それ先代旧事本紀十巻は、推古天皇の28年（620）に、摂政の廐戸聖徳太子、大臣蘇我馬子宿禰らが勅を奉じて撰録したところである」、つまり記紀より100年ほど前に成立したとしています。そのため近世初期に至るまで記紀より古い書物として尊重されていました。

しかしそのじつ内容を見ると、奈良時代にできた天皇の漢風諡号《かんぷうしごう》が記されていたり、聖徳太子や馬子の没後の事績まで記載されており、さらに明らかに記紀や古語拾遺（807年成立）の文章に基づいて書かれた部分があります。

またこの撰者や成立年代がはっきりしないのですが、これまでの研究でおおよそ9世紀中頃の成立と考えられ、またその撰者は平安時代初期の明法博士（法律家）であった興《おき》原敏久《はらのみにく》であろうとの説が有力です。三河国の人で物部敏久といい、まさにウマシマチ直系であり、物部氏に伝えられた家伝書に基づいてまとめられたものと思われます。ただし未完成だったために名が示されなかったのでしょう。古語拾遺などに刺激されて、史書編纂が活発に行われた時期に物部氏の顕揚を意図してまとめられたもののようです。

本居宣長はこの書を偽書とはしつつも、そこに古伝としての価値を少しでも認めようとする立場です。『古事記伝』の中で次のように記しています。

「先代旧事本紀巻三のニギハヤヒノミコトが天から下る時の記事と、巻五の尾張の連、物部の連の系譜と巻十の国造本紀などは、他のどの書物にも見えず、新たに造作した記事とも思えないので、しかるべき古書があってそこから取ったものであろう」としています。

ではその旧事本紀、一体どのようなことが書かれていたのでしょうか。箇条書きにて挙げてみましょう。

◎先代旧事本紀では、ニギハヤヒは、オシホミミ（天押穂耳尊）とヨロズハタトヨアキツシヒメ（万幡豊秋津師姫）との間に生まれた御子であり、ニニギの兄であるとしています。

古事記ではこのオシホミミ（天忍穂耳命）の子として、ホアカリ（天火明命）とニニギ（邇邇芸命）とが生まれたと記していますので、先代旧事本紀ではまさにこのホアカリとニギハヤヒが同一神だとしているわけです。

そしてニギハヤヒの正式名を、「天照國照彦天火明櫛玉饒速日尊（あまてるくにてるひこあめのほあかりくしたまにぎはやひのみこと）」として、なんともゴテゴテに多くの神名を合体したような神名になっています。

ちなみに日本書紀でのホアカリのことはどのように書かれているのでしょうか。

日本書紀の本文では、オシホミミとタクハタチチヒメとの子はニニギのみとなっています。しかし第六の一書と第八の一書で、二人の間の子はホアカリとニニギとなっており、ホアカリの子・アメノカグヤマ（天香山）は尾張の連等の遠祖と記しています。

◎そして先代旧事本紀では第一次の天孫降臨を次のように語ります。

アマテラスは瑞穂の国を治めるために、吾御子のオシホミミを降臨させようとしたところ、その準備をしている間にニギハヤヒという児が生まれた。よって代わりにその児を降臨させたいと願い出て許された。アマテラスは降臨するニギハヤヒに、天の璽《しるし》の瑞宝十種《とくさ》を授けた。

ニギハヤヒは数多くの随神、随臣を伴って、天の磐船に乗り、大虚空《おおぞら》を翔《か》けめぐりて河内の国の河上の哮峰《いかるがのみね》に天降った。さらに大倭の国の鳥見《とみ》の白庭山に遷った。

＊＊注目＊＊（ここまでの降臨のいきさつや十種の宝を授けたこと、また多くの臣従を伴って天降った部分の記述は、すでに第37項で解説しましたが、まさにホツマツタヱの内容をほぼそのまま引き写したものになっています）

◎ニギハヤヒはナガスネヒコの妹・ミカシキヤヒメを后としたが、その妃の出産を前にして亡くなった。タカミムスビは速飄《はやかぜ》を使者として、ニギハヤヒの遺骸を天上に迎えて七日七夜の葬儀を行った。生まれた子供はウマシマチと名付けられ、後に伯父のナガスネヒコを殺して瑞宝十種を神武に献上して帰服した。

以上でわかるように、先代旧事本紀は物部氏の遠祖であるウマシマチの父親・ニギハヤヒをアマテラスの孫にあたるニニギの兄として位置づけ、正しく天孫の血筋を受けた物部氏であること強調しているかのようです。そしてウマシマチの系譜を詳細に書き綴っています。

このように一見ホツマツタヱの内容と似てはいますが、先代旧事本紀ではニニギの兄であるホノアカリ（ホアカリ）を即ニギハヤヒとしています。しかし実のところはホツマツタヱによると、ニニギの孫にあたるクニテルが改名してニギハヤヒとなったのでした。（第40項及びコラム⑯参照）

47

神武東征の原因

「いずこに行けば、平らけく天の下の政をするにふさわしい土地があるのだろうか。なお東に行かん」古事記はこんな動機で東征が始まったとしています。これでは侵略して奪い取ったかのようにも見られてしまいます。真の東征原因をホツマツタヱで明かします。

五十鈴の年の激変と天替わる改暦（天鈴暦へ）の頃

49本目の真栄木《まさかき》（鈴の樹）の寿命がそろそろ終わりに近づいた頃、アマテラスと正后・セオリツヒメ（他の12后はすでに神となっていました）は、天に昇るにふさわしい所をと考えて、それまでの伊勢イサワの宮から御裳裾川《みもすそかわ》（五十鈴川）のほとり、サコクシロ宇治の地に遷られました。

そこで50本目の真栄木が不思議と自然に庭に生えてきたのを見届けると、アマテラスは、

つらつら思《おぼ》す　植えずして　生えるも天《あめ》よ　吾が命《いのち》　天《あめ》が知《し》らすと……

アマテラスはつらつらとお考えになります。伊勢のサコクシロウチのお宮に遷ってしばらくして、50本目の鈴の木が自然に庭に生えてきました。これは吾が命が尽きる時が来たという天の知らせだ、と悟られました。


と、このように宣《のたま》われ、世に遺す歌とともに神上がられたのでした。

これを機にアマノコヤネも政務から退き、三笠社《みかさやしろ》で魂返《たまがえ》し（死んだ者の御霊を安らかにして天界に返す神事）を務め、またアマテラスを祀る内つ宮（今の伊勢皇内神宮）の内侍所《うちはべどころ》に仕えて、太祝詞《ふとのとこと》を奏上し掌りました。

こうして50鈴の年月も過ぎ、この50鈴目が千枝《ちゑ》になり析鈴《さくすず》（寿命が尽きる）となっても、次の鈴苗《すずなえ》はなかなか見つかりません。

そんな中ではありましたが、筑紫の民の求めに応じてウガヤフキアエズは自ら筑紫に御幸します。

そこで皇子のひとりイツセ（五津瀬／生母はヤセヒメ）を多賀の大君《をきみ》とし、左右の臣にオシクモ（押雲／アマノコヤネの嗣子）とクシミカタマ（櫛甕玉／コモリの孫）を付け、アマノタネコ（天種子／オシクモの嗣子）を5歳になるタケヒト（武仁／後の神武天皇、生母はタマヨリヒメ）の皇子守《みこもり》として多賀に残したうえで、ウガヤフキアエズは筑紫に御幸されました。

約10年の間この鹿児島や宮崎の地にて民を賑わせ豊かに導いたのです。筑紫の民は万歳《よろとし》謡う宮崎の君として讃えました。


一方、アマノコヤネはじめ多くの者がいろいろ手を尽くして新たな鈴苗を探し求めるのですが、とうとう20年が経過してしまいます。

そしてこの年（50鈴《すず》1000枝《ゑ》20穂《ほ》、西暦前518年、／神武天皇の橿原宮での即位は西暦前660年ではなく干支三巡繰り下げた前480年とする修正紀年による）、ウガヤフキアエズもいよいよ天寿を悟ります。

この時、急ぎ多賀よりタケヒトとアマノタネコが宮崎宮に呼ばれ、15歳になったタケヒトに譲位の御言宣が下されました。

ただしこの時は、「白羽矢《しらや》の璽《をして》」をタケヒトに、治世の要を記した「百《もも》の典《ふみ》」がアマノタネコに授けられたのみで、鏡と八重垣剣はタマヨリヒメが預かり、後に別雷宮《わけいかづちみや》に納め置かれたのです。この時すでに世情はなにか不穏な空気がただよっていたのでしょう。

君はこの後、宮崎山の洞に入り「アカンタイラ」（天上の神々の世界に入る）と念じて神上がり、後に日向《ひむか》の神として祀られました。

そして皇子・タケヒト君は四十八日の喪を務めた後、筑紫の三十二《みそふ》県《あがた》の諸守より「筑紫《つくしす》皇《へらぎ》」と讃えられ、以来、筑紫の宮崎宮で神武東征が始まる御年45歳になるまで過ごすことになるのでした。

また51本目の鈴木もとうとう見つからず、よって千枝《ちゑ》の二十年《はたとし》、ウガヤフキアエズも神上がり天も代わったので、それまでの鈴木暦《すずきれき》をやめて、翌年より天鈴歴《あすずれき》の21年（西暦前５１７年）として改暦することになりました。

ナガスネヒコによる世継御種典《よつぎみたねふみ》の盗写事件

これより以前のことですが、すでに高齢になったウガヤフキアエズにはなかなか御子が授からなかったために、オシクモ（アマノコヤネの嗣子）が「世継《よつ》ぎ典《ふみ》」で祈り、みごと皇子が生まれたことがありました。

飛鳥香具山政権の大物臣《おおものとみ》であるナガスネヒコは、ニギハヤヒの后・ミカシヤヒメの兄であり、また君と姫との間に生まれた皇子・ウマシマチの叔父としての立場から、この政権に重きをなしていました。

そのナガスネヒコは以前より、この典をオシクモに乞い願っていたのですが、オシクモはその要請を断っていました。この典によってウマシマチの御子が早く授かり、自分の権力を盤石なものにしたいとの底意がナガスネヒコにある、とみたからなのでしょう。

そしてオシクモが亡くなった後は、その典を子息のアマノタネコが三笠の蔵に納めて管理していたのです。しかしアメノタネコがタケヒト君に従って筑紫に出向いたため、この典は蔵に置かれたままになっていたのです。

それはちょうど天鈴暦に変わった頃のことでしょうか。アマノタネコの留守にナガスネヒコは三笠の蔵を密かに開けてこの典を写し取ってしまったのです。これを目撃した蔵人の告げにより、ウガヤフキアエズ政権より糾弾されますが、ニギハヤヒ、また皇子はこれを知らぬこととして放置したのでした。

これに対してこれまで筑紫と飛鳥香具山、また原の宮、三島の間を行き来して相互の関係を取り持つ努力をしてきたツミハ（積葉／八重事代主、クシミカタマの実父、三代大物主・コモリの子）は、激怒して伊予に留まってしまうのでした。

こうして世は、風雲つげて騒がしくなり始めました。

香具山政権の臣《とみ》・ナガスネヒコ（古事記はこれを登美《とみ》のナガスネヒコとした）はますます我がままになり、自己中心に政事を執るようになってきたため、とうとう原の宮の大君・タケテル（武照／ホノアカリの子、クニテルの弟、タケヒテルとも）は、秀真国と日高見からの食糧輸送を止めます。するとナガスネヒコは、すべての船舶の航行を止めたために、国内の物流に大きな障害が生じてしまいました。

ここで多賀宮（琵琶湖東岸）にいる大物主・クシミカタマは、とうとうナガスネヒコを討つ決心をするのでした。多賀大君のイッセはこの騒動を避けるため筑紫に下り、タケヒトと共に筑紫統治に加わりました。多賀宮に残ったクシミカタマはひとり中央政権を担い、ナガスネヒコを武力制圧すべく軍備を整え始めたのです。

こうした動きの中で天鈴33年、アマノコヤネも神上がり、またツミハも天鈴50年に神上がります。

この年、ツミハの実子で第六代大物主であるクシミカタマは、ホツマツタヱ前半28綾を記し、父・ツミハを祀る阿波の社に納めました。

そしていよいよ翌年、筑紫を治めてきて今は45歳になったタケヒト（神武天皇）は、ニギハヤヒの下で政事を壟断《ろうだん》するナガスネヒコを討つために東征に出立することになるのでした。

以上が神武東征に至る経緯とその原因だったのです。

記紀その他の漢字文献では、全く想像もつかないことです。これが神武東征の真因です。

神武天皇が東の大和地方を侵略して我が国を建国したのではありません。

48

景行天皇とヤマトタケル親子の親愛

古事記では、ヤマトタケルを大変荒々しい乱暴者として描いています。父の景行天皇は、この皇子の荒々しい性格を恐れて西へ東へと戦に差し向けたといいます。しかしこれはホツマツタヱとは全く違います。この親子の深い親愛の情に満ちたまことの関係をみてゆきます。

景行天皇・ヤマトタケル父子のまことの関係

古事記では、ヤマトタケル（古事記では倭建命、日本書紀では日本武尊、ホツマツタヱではヤマトタケ）を大変荒々しい乱暴者として描いています。

ある時、ヤマトタケルは、父の命により兄のオオウス（大碓命）を教え覚《さと》しに行きますが、なんと兄を明け方、厠《かわや》に入った時に待ち構えてつかみ潰して、手足をもぎとり、袋に詰めて投げ捨ててしまったのです。これを聞いた景行天皇は、この皇子の荒々しく猛々しい性格を恐れて、ヤマトタケルを遠ざける口実として、西の方の熊曾建《くまそたける》征伐に追いやり、さらにまたその後、東方の荒ぶる神、蝦夷《えみし》の平定に差し向けます。

この時、ヤマトタケルは東方に出向く途上、伊勢の大御神宮に参り、その地にいた叔母のヤマトヒメ（倭比売命）に悲しみ泣きながら言うのでした。

「天皇は本当は自分が死んだらよいと思っておられるのでしょうか。西の悪人を討ちに遣わし、帰って来てもすぐに軍勢も与えられないまま、今度は東方征伐に行けという。やはり自分は死ねばよいと思っておいでなのでしょう」

このように自分の感情を素直に表す古事記のヤマトタケル像を、かの本居宣長は『古事記伝』でいたく激賞しているのです。以来これまで、これらの記述に古事記の文学的表現の豊かさをみて、多くの人が評価してきました。

さらに古事記では、この悲劇の英雄・ヤマトタケルの記述が中心で、景行天皇の九州遠征や、その後の東方巡幸などのご事績は全く語られていません。

一方、日本書紀は、おおむねホツマツタヱに一致する内容ですが、ホツマツタヱが最も重視する景行天皇とヤマトタケル父子の深い情愛や、ヤマトタケルがなんとスサノオの生まれ変わりだったというみごとな全体モチーフを窺《うかが》うことはできません。

ヤマトタケルの人物描写と、父の景行天皇との関係性については、古事記と日本書紀、そしてホツマツタヱとでは大きく異なることに注目したいと思います。

以下、ホツマツタヱにもとづきその点を中心に描いてゆきます。

ヤマトタケルの最後の思い

ヤマトタケルは東の蝦夷平定の後、都への帰路、最後に尾張の妻・ミヤズヒメ（宮簀姫）の家にたどり着きそこで姫とひと時を過ごします。そして荒ぶる神がいると聞き息吹山へと出向きます。剣を姫の家に置いたまま幣《ぬさ》も持たず、軽んじて出かけたために、ここで息吹神の怒りに触れてひどい目にあい、足を痛め高熱に苦しむのです。

この息吹山に出かける以前、すでに大宮で自分の先御魂《さきみたま》はスサノオであることを悟り、ここに氷川神《ひかわかみ》（スサノオ）を祀る大宮を建てているのです。そのスサノオの大恩人がイフキドヌシであるにもかかわらず、軽んじて出向いてしまったことに、スサノオの魂に宿る傲慢で軽率な性格がチラリと、ヤマトタケルのこの場面に降りてしまったのかもしれません。

これがヤマトタケルの命取りになりました。彼は自分の命をここで削ることにより、先御魂の悪しき性情を完全にここで消し去り昇華しきったのです。

ところでスサノオと父・イザナギとの関係を思い出してください。すでに第23項で述べましたように、スサノオは父からなかなか認められないと感じており、その憤懣やるせなさが荒れた性情をさらに強めていたのです。

いっぽうヤマトタケルはというと、生まれた時から父母の愛の中で育ち、また「国偲《くにしの》び歌」（第49・50項参照）で見るように、早い段階から父・景行天皇から次の皇位を譲る旨が示されているのでした。この歌はとうぜん筑紫からの伝令で早くに都にいるヤマトタケルたちにも伝えられていたことでしょう。彼は数多くいる皇子たちの中でも自分が後を継ぐのだと強く自覚していたのです。そして十分にその期待に応え、東西を平定し大和統一を成し遂げたのでした。

それにもかかわらず、蝦夷《えみし》平定の復命をすることなくここで野に斃《たお》れるのです。その悔しさ、申し訳なさの思いとともに、それを超えて我が死後における父や御子たちへのいたわりの心を残したのがこの歌です。

はしきやし　わきべのかたゆ　くもいたちくも
（愛《は》しきやし　吾家の方ゆ　雲居発ち来も）

（ヤマトタケル、都思ひての遺し歌）

ああ、懐かしく恋しい、吾が都・故郷の方から雲が湧き立っていることよ。

この歌は古事記にも片歌《かたうた》（旋頭歌《せどうか》５７７５７７の片方の５７７でなる歌）として出てい

ます。

この歌のあとにこう続きます。

遺《のこ》し歌《うた》　御子《みこ》や親族《うから》に　折《お》り合《あ》いの　十九（つづ）は館《やかた》で　出《い》で立《た》つは
旅屋《たびや》に会《あ》える客人《まろびと》と　迷《まよ》い遺《のこ》さぬ諭歌《さとしうた》　深《ふか》き心《こころ》の導《みちび》きぞ
（40綾—173行）

この遺し歌は都の館《やかた》に居る自身の御子や親族にたいする思いを傾けて詠んだものです。この世の出会いは旅の途上でのほんのひと時の廻り合い、ゆえに別れる時も来るのであるよ、いつまでも別れを嘆き悲しむではないぞ、との深いこころの導きの諭《さと》し歌でした。

このつづ歌（五七七の19文字の歌）では、次の第49項で解説する「国偲び歌」での「愛《は》しきよし」が「愛《は》しきやし」に変わっています。

景行天皇が筑紫の地で歌った「国偲び歌」に対する返しの歌でもあり、またつづ歌に傍点の「やかた」を折り込んで、都の館《やかた》に居る日本武の御子や親族にたいする思いをも傾け込めているのです。

その御子たちに、この世の出会いは旅の途上でのほんのひと時の廻り合い、ゆえに別れる時も来るのであるよ、いつまでも別れを嘆き悲しむではないぞ、と諭しているのです。

また自身も天の世界に出で立つも、この世に迷いは残さないといっているのです。

さらにこの歌で、父君のあの「国偲び歌」をいつも自分の心においてこれまで励んできたことを明かして、もはや悔いは残しませんとの深い思いを伝えているのでした。

この歌は「国偲び歌」を常に心においておりました、との父へのメッセージでもあったのです。

ところで古事記にもこの歌が能褒野《のぼの》で亡くなる直前で詠んだヤマトタケルの「国偲び歌」(ホツマツタヱと日本書紀では景行天皇の歌ですが)に続いて載っています。

「愛《は》しけやし　我家《わぎへ》の方《かた》よ　雲居《くもゐ》立《た》ち来《く》も　これは片歌ぞ」(この片歌は前述しました)ですがこれだけでは、景行天皇とヤマトタケルとの情愛をにじます深い解釈はとうてい導けません。

ではその「国偲び歌」を見てゆきましょう。

49

「国偲《くにしの》び歌」の三書比較

古来より「国偲び歌（望郷の歌）」として親しまれてきた歌（三首の連作）があります。古事記ではヤマトタケルの歌で、日本書紀とホツマツタヱは景行天皇の歌としていま す。これを探求することで、記紀の大本の原典としてホツマツタヱが先にあったことを論証します。

三書にともに載《の》る「国偲び歌」

記紀に古来より「国偲び歌（望郷の歌）」として親しまれてきた歌（三首の連作）があります。

古事記では、景行天皇の御子・ヤマトタケルが東の蝦夷《えみし》平定を終えて、我が都に帰還する途上の能煩野《のぼの》において、いよいよ最後不慮の死を遂げる直前に、都・大和の国を偲《しの》んで歌われたものとされています。

一方、日本書紀では、景行天皇が六年にわたる熊襲《くまそ》平定のため九州に巡幸したおり、5年目の子湯県《こゆがた》（宮崎県児湯郡西都市）において都を偲んで天皇が歌われたものです。

そしてホツマツタヱでもこれとほとんど同じ歌が三首でなく一つの長歌として、それも日本書紀と同じ場面での景行天皇の歌として掲げられていました。

以下に本項でこの歌を採りあげ、三書を比較して鑑賞してゆきたいと思います。

その理由は、一音一字のほつま文字で書かれたホツマツタヱの歌が、長い年月のある段階で漢字翻訳される過程でその意味がわからないか、あるいは誤読されたりして伝えられたと明らかに推定できる好例だからです。

しかもホツマツタヱでのこの歌は、景行天皇とその子・ヤマトタケルとの間の、本当の深い人間関係、親子の情を知ることのできる大変素晴らしい歌だったと理解できたからです。およそ記紀では窺《うかが》い知れない大変奥深い重大な意味が込められた歌だったのです。

日本書紀（古事記）の「国偲び歌」

A　愛《は》しきよし　我家《わぎへ》の方《かた》ゆ　雲居《くもい》立《た》ち来《く》も
（愛しけやし・・・・・・・・・・・よ・・・・・・・）カッコは古事記の異点

B　倭《やまと》は　国《くに》のまほらま　畳《たたな》づく　青垣《あおかき》　山籠《やまこ》れる　倭《やまと》し麗《うるわ》し
（・・・・・・・まほろば　・・・・・・・　山ごもれる　・・・・・・・・）

C　命《いのち》の　全《まそ》けむ人《ひと》は　畳薦《たたみこも》　平群《へぐり》の山《やま》の　白樫《しらかし》が枝《え》を　髻華《うず》に挿《さ》せ此《こ》の子《こ》
（・・・・　またけむ人は　・・・・・・・・熊白檮《くまかし》が葉《は》を　・・・・・・・　その子）

（記紀ではカッコ中の軽微な違いと、古事記はBCAの歌の順になっている）

この三首は一般に次のように解釈されています。（日本古典文学全集（小学館）より）

A：懐かしい我が家の方から、雲が立ち上がってこちらに来るよ

B：大和は国の中で最も秀でた国、重なり合って青垣をめぐらしたような山々、その山々の中に籠っている、大和はほんとうに美しい

C：生命力の十全な若者は、〈畳薦〉平群の山の白樫の小枝を、髪飾りにして遊べ、若者たちよ

として、景行天皇は都を偲ばれたというのです。

確かに日本書紀のこの三首からは、これ以上の解釈、理解はできませんね。

ではこの三首の歌の原典と思われるホツマツタヱでの歌を次に挙げて、この記紀の三首の歌と逐条的に比較してゆきましょう。

ホツマツタヱの歌

はしきよし　わきべのかたゆ　　愛しきよし　吾家の方ゆ

くもいたち　くもはやまとの　　雲居立ち　雲は大和の

くにのまほ　またたなびくは　　国の真秀　また棚引くは
あおかきの　やまもこもれる　　青垣の　山も籠れる
やましろは　いのちのまそよ　　やましろ（山背）は　命のマソよ
けむひせば　たたみこおもえ　　煙いせば　ただ皇子思え
くのやまの　しらかしがゑお　　クノ山の　白橿が枝を
うすにさせこのこ　　　　　　　髻華に挿せこの子　（38綾─222）

この歌を何度も声に出して読むうちに五七調の心よい響きが伝わってくることと思います。これがホツマツタヱの文体のすばらしさなのです。

ではこの歌の解釈は後にするとして、まずこの歌と先に挙げた記紀の三首を比べてみましょう。

まず一目してわかることは、このホツマツタヱの歌を次のように三分割して、それを強引に解釈し漢字翻訳してできたのが記紀のＡＢＣの歌だったということです。

Ａ：　はしきよし　わきべのかたゆ
　　くもいたち　くも

（日本書紀）＝＞　愛《は》しきよし　我家《わぎへ》の方《かた》ゆ　雲居《くもゐ》立《た》ち来《く》も
（「雲居立ち来も」と次句の頭の「くも」を強引接着している）

B：
（くも）はやまとの
くにのまほ　またたなびくは
あおかきの　やまもこもれる
やましろは

（日本書紀）＝＞　倭《やまと》は　国《くに》のまほらま　畳《たたな》づく　青垣《あおかき》　山籠《やまこも》れる　倭《やまと》し麗《うるは》し
（「まほらま・まほろば」を造語している。）
（「またたなびくは」を「畳づく」に変形して造語している）
（「やましろは」から「倭し麗し」に変形して造語している）

C：
いのちのまそよ
けむひせば　たたみこおもえ
くのやまの　しらかしがゐお
うすにさせこのこ

（日本書紀）＝＞　命《いのち》の　全《まそ》けむ人《ひと》は　畳薦《たたみこも》　平群《へぐり》の山《やま》の　白樫《しらかし》が枝《え》を

髻華《うず》に挿《さ》せ　此《こ》の子《こ》

強引につなげて解釈し造語している）
（「たたみこおもえ」と次句の「くのやまの」から「畳薦　平群の山の」へと

強引につなげて解釈し造語している）
（「いのちのまそよ」と次句の「けむひせば」から「命の全けむ人は」へと

髻華に挿せ　此の子

このようにホツマツタヱの五七調を崩して解釈し、またホツマツタヱにはなかった「雲居立ち来も」「国のまほらま」「畳づく」「倭し麗し」「全けむ人は」「畳薦（たたみこも）」「平群の」の新造語を強引に造ったことがわかります。

これはどう見ても、記紀の三首の歌が先にあってホツマツタヱの歌が後で作られたのではなく、ホツマツタヱの歌が先にあって、それを誤まって、また意味不明を強引に解釈して三首にしたと考えるしかないのではないでしょうか。

これで記紀の大本の原典として、ホツマツタヱが先にあったことは十分に推定できることと思います。（この歌のホツマツタヱの解釈は次の第50項に続きます。）

50

ホツマツタヱにみる「国偲び歌」の深い意味解釈

「国偲び歌」の本歌であるホツマツタヱの歌を深く理解するならば、景行天皇とヤマトタケルとのまことの関係が浮かび上がります。ヤマトタケルはすでに当時においても次なる天皇と周知されていたのでした。記紀とホツマツタヱの歌、はたしてどちらが先にあったのでしょうか。

ホツマツタヱの歌の深い意味解釈

前項で「国偲び歌」を三書比較して逐条的に見てきました。
それではここでホツマツタヱの歌を解釈し、その深い意味を探ってゆきましょう。

愛《は》しきよし　吾家《わきべ》の方《かた》ゆ　雲居立《くもいた》ち　雲《くも》は大和《やまと》の　国《くに》の真秀《まほ》
また棚引《たなび》くは　青垣《あおかき》の　山《やま》も籠《こも》れる　やましろ（山背）は　命《いのち》のマソよ
煙《けむ》いせば　ただ皇子思《みこおも》え　クノ山《くのやま》の　白橿《しらかし》が枝《ゑ》を　髻華《うす》に挿《さ》せこの子《こ》
（38綾―222行）

景行天皇の述懐……

ああ、懐かしく恋しい、吾が都・故郷の方から雲が湧き立っていることよ。あの雲（朝廷・皇室を意味する）は、このやまとの国全体を覆っているようだ。まことに誇らしくすばらしいことだ。

あの雲の棚引くところは、青垣の山々に囲まれ、その裾に広がる田畑は、まさに人々の命を育む真の園〈まことのその＝マソ〉となっている。これは吾が御祖天君《みをやあまきみ》の加茂別雷《かものわけいかづち》の神（ニニギのこと）以来の天君の功《いさお》しの賜物である。

もし万が一、この吾が煙のように消えてしまった（神上がり）ならば、ただ（直・すぐ）なる心を持った皇子（ハナヒコ・コウス）のことを思いなさい。

くのやま（位の最高峰にある山＝日嗣の皇位）に生える白橿の枝（八民をし（治）らすかしこき教え＝三種神宝の第一の神璽《かみをして》・まかりたま）をこのコウス（ヤマトタケル）の髻《う》華《す》に挿《さ》しなさい。

この歌で最も重要な要は、景行天皇が「次の天《あめ》の日嗣《ひつぎ》はコウス皇子（ヤマトタケル）に譲る」と決めたことを暗喩的に示していることです。

まずこの歌を長歌として何度も口ずさみ、最後の結句に至る時、普通は七七で閉《し》めるところですが八文字になっています。

「うすにさせこのこ」です。ここに注目させたいとの意図があるのでしょうか。たしかにこの部分を何度も何度も読むうちに、「うすにさせこのこ」が、「このこうすにさせ」「このコウスに挿せ」となってくるのを覚えます。リフレイン効果でしょうか。そう、まさに「このコウスに挿せ」、「くの山の　白橿が枝を」といっているのです。位の最高峰に位置する山—くの山の頂に鎮座する白橿の大木の、その小枝の先の、手のひらほどの枝葉こそ、このコウスの髪に挿すにふさわしい、と言っているのです。「白橿が枝」とは、八民をし（治）らする畏《かしこ》き教ゑ＝瓊《と》の教ゑを綴った言《こと》の葉《は》＝そのモノザネが「まかりたま（真光り玉）＝勾玉」なのです。

そしてもうひとつ気づく点は、この歌の第一音目が「は」ではじまり、ほぼ三分の一の33音目が「な」、そして63音目が「ひ」、そして90と92音目（最終音）が「こ」で「ハナヒコ」（コウスの斎名《いみな》）が埋め込まれていることです。実に驚くばかりです。

ホツマツタヱの歌には、このような深読みのためのカギが隠されていることがままあります。ほつま歌の真骨頂ですね。

なおこれまで述べてきたこの歌の解釈は、かつて行われたホツマツタヱ「再発見50年高島」での清藤直樹氏の記念講演と、その内容をまとめた「検証ホツマツタヱ誌89号」の同氏の論考に大きく依拠していることをここに付言いたします。この歌を長年十分に読み込んでこられた同氏ならではの研究成果の賜物です。

ところで景行天皇がこの「国偲び歌」を詠むにいたった頃の心境はいかばかりであったのでしょうか。

筑紫に出征してすでに5年、またこの後も都帰りの御狩りをしながら九州西岸を巡り、阿蘇や火の国（肥前・肥後）、今の八女《やめ》地方や福岡など、ほぼ九州全域を巡っての足掛け7年の大遠征でした。

これまでの歴史上、天皇みずから出征し、平定まで6年と、九州国内騒乱にこれほどてこずらせたことはなかったのです。それほどに九州の地は熊襲《くまそ》や土蜘蛛《つちぐも》などの服《まつ》ろわぬ者たちが蔓延《はびこ》っていたといえそうです。

（ちなみに私の修正紀年にもとづけば、この景行天皇の筑紫遠征は西暦260年前後です。あの邪馬台国の卑弥呼《ひみこ》の後の壱与（いよ・とよ）の時代にあたります。今後のわたしの検討課題といたします。）

この筑紫の地の政情不安懸念は案の定、その後再びヤマトタケルが筑紫に赴いたり、二代後の仲哀天皇の時には仲哀・神功皇后の筑紫大遠征となって現実のものになりました。

景行天皇はこの国の行く末に大いなる不安を感じており、それゆえに自分の跡目は心清《こころす》直《なお》で剛健なヤマトタケルに任せたいと心から願ったのです。

それがこの歌に表れているのです。その父の思いを一身に受けて、次代を担う覚悟のもとに西の熊襲平定、東の蝦夷鎮圧にと奮闘したのがヤマトタケルです。しかしその国内統一の目的をほぼ成し遂げたにもかかわらず、その成果を都の天皇に復命することができずに、帰路において不慮の死を遂げたヤマトタケルの無念の思いを観ぜざるを得ません。

ヤマトタケルは常にこの景行天皇の御歌を心において、その期待に応えるべく国内統一に向けて励んでいました。

そのことをはっきりと示すのがこの歌の初句「愛《は》しきよし　吾家《わきべ》の方《かた》ゆ　雲居立《くもいた》ち（くも）」にあることは、すでに第48項で述べたところです。

51 ヤマトタケルはスサノオの生まれ変わりだった！

ヤマトタケルはスサノオの生まれ変わり、転生した姿として描くホツマツタヱの極上の文学性を味わいます。かの本居宣長のヤマトタケル評と比べて、どちらが我が国のまことの英雄としてふさわしいのか、ぜひ読み比べてみましょう。また、人間とはどのような存在なのか、というホツマツタヱの精神思想の核心が語られます。

ヤマトタケルと二人のお后

すでに述べてきましたように、ヤマトタケルはスサノオの生まれ変わり、転生した姿でした。そしてスサノオの人生では、こと女性に関しはあまり恵まれたとは言えないようです。最後のクシナダヒメにあってようやく、出雲建国の後に幸せな関係を築くことができたのです。

一方、ヤマトタケルはというと、4人の后との間に14男1女をもうけ、女性とは幸せな関係を結びました。ホツマツタヱではこのうち二人の姫、オトタチバナヒメ（弟橘比売命）とミヤズヒメとの逸話を記しています。まずはオトタチバナヒメからみてゆきましょう。

ヤマトタケルのお后・オトタチバナヒメの御歌《みうた》―歌身《うたみ》（歌札）の歌

さねさねし　相模《さがむ》の小野《おの》に　燃《も》ゆる火《ひ》の　炎中《ほなか》に立《た》ちて　問《と》ひし君《きみ》はも
（39綾―368）

（さねさし）相模の野原に燃える火の炎の中に立って、私の安否を気づかい呼びかけてくださった夫《せ》の君よ」（古事記での訳文はこうなります

次はホツマツタヱから導かれた解釈訳文です。

ヤマトタケルが東の蝦夷《えみし》平定に向け出陣された折、われらは先駆けて吾が外祖父・カグモトヒコ（香具元彦）の領地秀真国《ほつまくに》に下り、相模の小野の陣にて守りを固めていました。しかし70日もの日照りが続く中で、敵は薪を積んで吾が城を火攻めしてきたのです。

その時君は籠城するわれらを救おうと矢倉岳に上り見て陣頭指揮を執られ、南の大磯からは吉備武彦《きびたけひこ》を、北の大山からは大伴武日《おおともたけひ》を差し向け、南北《さね》から南北からと続々と敵を囲い攻めします。

また君は吾の安否を気遣い、叫び問ひてくださいましたね。あの時吾は絶望の淵で、一瞬君と共に過ごし添い寝し合歓した頃のあの楽しかった思い出がクルクルと脳裏をよぎったものでした。

そして君はまた、髪をすき清め白樫《しらかし》の太刀を原見山の御柱と見立てて、火水土（ヒミツ）の清祓いをして祈られました。

そのおかげで竜田の神が現れみごと火を消し去ってくれました。吾はその時、君の手を取り心から安堵して喜び、吾が涙で袖を濡らしたのです。

—(注)「さねさねし」の意味を南北《さね》とともに、清寝《さね》とも採りました。古事記でのこの歌は「さねさし」と四音で語義不明の枕詞としており、またこのような物語はなく、日本書紀ではこの歌はありません。

こうしてこの歌を歌身に染めて日本武に差し上げた、そんな情景が浮かび上がります。

しかしここで命が救われた姫ではありましたが、その後すぐに大磯から上総《かずさ》に渡海する軍船から荒れ狂う海に飛び込み、姫は非業の死を遂げるのでした。

ただよう風《かぜ》を鎮《しず》めんと　緒止橘《おとたちばな》は舳《へ》に上《のぼ》り　天地祈《あめつちいのり》り吾が君《きみ》の　稜威《いつ》を日本《やまと》に

立《た》てんとす　吾が君《きみ》のため竜《たつ》となり　船守らんと海に入る　（39綾―135行）

オトタチバナヒメは強い疾風にただよう船の舳先《へさき》に登って、吹き荒れる風を鎮めようと一心に天地の神に祈り、吾が君の遠征が成功し稜威《いつ》を日本《やまと》に立てられますようにと願い祈ります。そしてとうとう、吾が君のため竜となり船を守る、とて海に飛び込んだのです。

このオトタチバナヒメの気高くも気丈な身の処し方に、この国の「やまとなでしこ」の大いなる一面を見るのです。その後、ヤマトタケルの一行は無事日高見《ひたかみ》まで出征し、みごと東の蝦夷平定を成し遂げました。

そして都に向かう帰路、ヤマトタケルは碓氷《うすい》の坂にて無念にも死に別れたオトタチバナヒメを偲《しの》び悼《いた》んで、形見の歌身を取り出だし、東南（つさ・姫が入水した上総の方角）を望みこの歌を三度詠じて、「あづまアワヤ（吾妻哀や）」と嘆きました。

これが東国（あづま）の語源です。

古事記では、帰路に足柄山の麓の神の化身である鹿を打ち殺したあと、坂上に立ち亡き妻を追慕して「吾妻はや（吾が妻よ）」と三度絶叫しました。その国を名付けてあづまという、となっています。

尾張のミヤズヒメとの歌の贈答

さて次は、最後のお后となった尾張連《おわりむらじ》（ニニギの長男・ホノアカリの5代目）の娘・ミヤズヒメとヤマトタケルとの哀歓こもる歌物語に進みましょう。しかしこのミヤズヒメとの逸話は日本書紀ではスッポリと削り落とされています。

あのスサノオではついぞなしえず、再び生まれ変わったヤマトタケルにして初めてなし得た、女性に対する深い愛と、いたわりの心情吐露が以下のホツマツタヱの物語で甦ります。

まことの「やまとますらを（益荒男）」は女性に対しても心からの愛をかたむけ、また相手からも敬愛される男子なのです。

東の日高見道奥《ひたかみみちのく》と津軽蝦夷《つがるえみし》を帰服させ、見事日本《やまと》統一を成し遂げたヤマトタケル一行は、新治《にいはり》を経て筑波から原見山麓の酒折宮《さかおりみや》へ、またそこから一月の深雪の中をソリで南下し相模の橘元彦《たちばなもとひこ》の館に入ります。ここで平定後の事後処理をなして国巡りを行います。その後再び碓氷の坂から信濃木曽路を、山高く谷深い、雲霧立ち込めるつづら道の難関を乗り越えながらようやく尾張に到着しました。

ここ尾張では、都から同道してきた妻のミヤズヒメが父の尾張連の家で待っていました。

去年10月の出立以来もう春となり、いく月もの間再会できる日を二人は待ち焦がれていたのでしょう。到着が夜半とはなりましたが、ミヤズヒメは着替えも忘れて寝間着のままに出で迎えます。

ここで二人は互いに寄り添うなかで「みしか歌」(短歌)を詠みました。このみしか歌とは即興の歌なのでしょうか。あるいは、あの男女の相聞歌と思われる「みちかうた・身近うた」(第31項参照)なのでしょうか。

―ヤマトタケルの「みしか歌」

久方《ひさかた》の　天《あま》の香具山《かぐやま》　遠方《とがも》より　さ渡《わた》り来《く》る日《ひ》　細手弱《ほそたはや》　腕《かいな》を巻《ま》かん
とはすれど　さ寝《ね》んとあれば　思《おも》えども　汝《な》が着《き》ける裾《そ》の　月《つき》たちにけり
(40綾―154行)

久方ぶりに、あの天の香久山(富士山)を経て遠方よりようやく還り来たった今、さあそなたの細きたおやかな腕を抱き寄せ添い寝をしよう。とは思うのだが、はてな?　そなたの衣の裾には月のもの(汚血のよごれ)が浮き立っているよ。

これに対して姫の当意即妙の歌が返ります。

―姫の返し歌

高光《たかひか》る　天《あま》の日《ひ》の皇子《みこ》　やすみせし　吾《わ》が大君《おほきみ》の　新玉《あらたま》の　年《とし》が来経《きふ》れば
宜《うへ》な宜《うへ》な　君待《きみま》ち難《がた》に　吾《わ》が着《き》ける　襲《おすい》の裾《すそ》に　月《つき》たたなんよ（40綾―160行）

高光る天の日嗣を受け継がれます天日《あまひ》の皇子《みこ》様、みごとやまとの八隅《やすみ》を平定し今ここにお休みなさる吾が大君様、新たな御代の年も廻り来ました。でもお立ちになってから今日まで、なるほど確かにたしかに、月を多く重ねてしまいましたね。

　そのあいだ吾は、ただただ待ち遠しく思い焦がれて、この吾の裳裾《もすそ》にも月を重ねてとうとう月の跡が残ってしまいましたよ。


　まあ、このような解釈をしてみました。ところでこの歌二首は、古事記には採られていますが、例のごとく漢訳時に誤読してしまったようです。

　ホツマツタヱの右の「遠方より（とがもより）……」を、「利鎌《とかま》に　さ渡る鵠《くび》　弱細《ひはぼそ》手弱腕《たわやがいな》を　枕《ま》かむとは　我《あれ》はすれど……」とひどく五七調が崩れ、かつ苦しい解釈をすることになってしまいました。

この尾張のミヤズヒメのもとでは、君は月を越してゆっくり休息することができました。将来ゆっくりとこの地で姫と過ごしたいとの思いも膨らみます。

酒折の宮は昔の原の宮　なお永らえり　吾が願い　写して姫と楽しまん

酒折宮は昔のニニギの建造した原の宮である。今でも変わらず永らえている。自分の願いはこの宮を引き写してここに建て、姫と共に楽しく暮らしたい。

とにこやかに語ります。

これに応じて姫の父は早速酒折に下り、宮の写し絵を持ち帰りました。

伊吹山（息吹山）での受難

さてここで、荒ぶる神がいるという伊吹山のことを聞きつけた君は、勇んでこれを懲《こ》らしめようと出向きます。この山にはあのスサノオが復権し出雲建国の糸口を与えてくれた大恩人のイフキドヌシがいまは息吹神として祀られていました。しかしヤマトタケルはそのことを忘れ、伯母・ヤマトヒメから賜った叢雲剣《むらくもつるぎ》（後の草薙《くさなぎ》の剣《つるぎ》）を置いたまま、また神道《かみぢ》を和幣《にぎて》も捧げずに行くのでした。

ここに先御魂《さきみたま》であるあのスサノオの、軽率でうかつな性癖がかいま現われたのでしょうか。これが君の命取りになりました。

息吹神が変じた大大蛇《ををろち》を荒《あ》れ方神《かたかみ》の使いと軽んじたためにひどい荒天となり、つらら降りしきる暗雲の中、燃えるような高熱に侵されフラフラになってしまいます。

また足もひどく痛みはじめたため、もはやミヤズヒメの家には戻らず、一刻も早く都に還り復命を果たそうと尾張から伊勢路に進みます。この後君はとうとう能褒野《のぼの》にて世を辞《いな》む素晴らしい悟りの境地の歌などを遺して神上がるのでした。

尾張では、君の帰りを今か今かと待つミヤズヒメのもとに、突然の思いもよらぬ君の訃報とともに、能褒野にて神成る時に姫に宛てた次の遺し歌と辞世の歌「熱田宣《あつたのり》」が届けられました。

遺し歌、ミヤヅヒメへと

愛知田《あいちだ》の　乙女《おとめ》が床《とこ》に　吾が置《お》きし　伊勢《いせ》の剣《つるぎ》の　たち別《わか》るやわ（40綾—１８０行）

吾が草薙の剣は、愛知田の姫の床の辺に置いてきたゆえもう佩《は》くこともできず断ち別れてしまった。だがあの剣は伊勢のヤマトヒメより拝領したスサノオゆかりの叢雲剣であり、妹男背《いもをせ》の道に連なるものだ。ゆえに剣を吊る紐の緒は決して切れぬように、吾とそなたの縁《えにし》は遠《とわ》に連なりて切れることはない、これは天法《あめのり》ぞ。

遺された姫に対する深い愛情とともに、姫のこの後の生きるよすがを与えて導きたいとの思いが窺《うかが》われます。さらにこの思いを高めて次の辞世の歌ができました。

熱田宣《あつたのり》
辞《いな》む時《とき》　東西《きつ》の鹿道《しかぢ》と　両親《たらちね》に　仕《つか》え満《み》てねど　サコクシロ　神《かみ》の八手《やて》より
道受《みちう》けて　生《う》まれ楽《たの》しむ　帰途《かえさ》にも　誘《いざな》い道辿《ちど》（千鳥《ちどり》・ちど）る　懸橋《かけはし》を
登《のぼ》り霞《かすみ》の　楽《たの》しみお　雲居《くもゐ》に待《ま》つと　人《ひと》に答《こた》えん
――百詠《ももうた》ひ　ながら目《め》を閉《と》ぢ　神《かみ》と成《な》る

（40綾―72行）

今いよいよ世を辞する時になった。御親（みおや・父君）から国の東西平定の大命を拝して勅使となってお仕えするも、未だその任を満たせていないのが心残りである。

しかしこの自分は、天界サコクシロの宮に坐《ま》すアメミヲヤとトホカミヱヒタメ八神《やがみ》によりこの世に命《いのち》を得て生まれ、この世を楽しんできた。

そして今再び天界に還る時も、再び八神の導きにより、天に懸かる霞の懸け橋を千鳥《ちど》りて昇る楽しさよ。これからはあの天の雲居《くもゐ》の至楽の中で世の行く末を見守り皆を待つ、と吾が心の裡を人々に答え明かそう。

この歌には、人間とはどのようにして生まれるのか、そしてこの世で生きて人生を楽しみ、また再びどこへ帰るのか、という人間存在に対する究極の思想が現れていると思います。

思いもかけぬ君の訃報とこれらの歌を頂いて、ミヤズヒメはただ茫然自失、もだえ苦しみ息も絶え絶えにようやくに生きているというご様子でした。

姫の父はその後、君の想いをかなえようと都の許しを得て、君の望んだ原見酒折の宮を写して愛知田《あいちた》に君を祀る宮を建てました。これが今に残る熱田神宮です。

薨去されてちょうど3年後の景行44年3月11日黄昏時より、ヤマトタケルが白鳳《しらいとり》と化して飛び去った跡に残していった尾羽や、君の冠、笏そして御衣裳《みはも》を入れた白神輿が六夜を通して愛知田に向け渡御しました。

御霊を迎えるミヤズヒメは先に神殿にて待ち、鑚火《きりひ》で炊いた粥を平瓮《ひらべ》に盛り御前に供えてこう申すのでした。

「この御食《みけ》は、伊吹山よりお帰りになったら捧げようと自ら炊いてお待ちしていた昼飯《ひるめし》です。しかしこちらによらずに行ってしまわれたことを千々《ちぢ》に悔やみ過ごしてまいりました。そして今神となられてここに来られた君の神よ、どうぞどうぞ召し上がれ」とて、次の歌を捧げます。

在《あ》りつ世《よ》の　愛知田《あいちだ》に待《ま》つ　君《きみ》がひる飯《めし》　（40綾―236行）

君がご在世でここ愛知田にお帰りになった時のために、私が用意していた君のための日霊飯《ひるめし》（昼飯）です。どうぞ召し上がってください。

この「ひるめし」は、日霊《ひる》の籠《こ》もった昼のお食事でしょうか。この歌を三度《みたび》宣るのですが、いまだ姫の別れがたくためらう姿に呼応するがごとく、夜空にはいざよふ月（十六夜月）も朗《ほが》らかに昇っていました。

そしてこの時、白鳳《しらいとり》が白雲のかなたから飛び来たりこれを食《は》み、また神の応える十九歌〔つづ歌〕がこだましました。

在《あ》りつ世《よ》の　腹満《はらみ》つ欲《ほ》しき　ちり御《お》ひる飯

生きているうちにこれをいただき腹を満たしたかった。でも今は、二人の魂のかよった
この霊（ち）在《あ》りの日霊飯《ひるめし》（昼飯）をいただこう

この奇しき御霊の声に皆心から畏れかしこみ拝み去るのでした。

さて、ミヤズヒメのもとに置いてきたあの草薙《くさなぎ》の剣《つるぎ》は、ミヤズヒメが斎宮のごとくに斎《いつき》祀《まつ》る熱田の宮にヤマトタケルの御霊の宿る御神体として祀られ現在に至っています。

ちなみに現在は、この熱田神宮の草薙の剣が本体で、宮中で皇位継承される剣はこの「分身」とされていますが、正しくは三種の神器の剣はアマテラスが作られた八重垣剣《やゑかきつるぎ》であり、熱田神宮に奉斎される草薙《くさなぎ》の剣（またその前身叢雲《むらくも》の剣）はこれとは別のものです。

ホツマツタヱでそのことが明らかになります。

ヤマトタケルは東征に向かう時、ヤマトヒメから叢雲の剣を拝領しました。この剣は出雲の国を拓いたスサノオの剣（八岐の大蛇退治で出た剣）だと姫は言います。そしてヤマトタケルが相模の小野で火攻めに会った時、これで草を祓ったので以来草薙の剣となりました。ヤマトタケルの死後はずっと熱田神宮に祀られていました。

一方、三種の神宝の剣は、アマテラスが作らせた八重垣の剣であり、崇神天皇の時新たに作らせましたがこれも八重垣の剣です。草薙の剣はずっと熱田神宮に祀られているのです。

尾津の一つ松の逸話

さてここでもう一度、君がなくなる直前のひとつのエピソードから始めることにいたしましょう。

ヤマトタケルは伊吹山での災難の後、高熱に悩まされまた足の痛みもひどくなり、尾張には帰ったもののミヤズヒメの家には入らず、急ぎ都へと伊勢路に向かいます。父・景行天皇へはやく復命しようとの思いが勝ったのでしょう。この途中、尾津（和名抄に伊勢国桑名郡尾津郷とあり現在桑名市多度町に、倭建命を祭神とする尾津神社がある）の一本松が迎えます。そこでなんと、かつて東国出征の途次、松の木の根元に置き忘れていた自分の剣に再び出会ったのです。

君は感激のあまりこの一本松に対する挙《あ》げ歌を詠んだのでした。

挙げ歌
置忘《おわす》れど　直《ただ》に迎《むか》える　一《ひと》つ松《まつ》　天晴《あは》れ人待《ひとま》つ
人《ひと》にせば　絹着《きぬき》せまじを　太刀佩《たちは》けまじを　（40綾―39行）

東征の途上一本松のもとに置き忘れていた太刀だが、今帰ってきて元のままに松の根もとにある。太刀を守った松よ、実にあっぱれである。人であったなら絹衣を着せ、太刀を佩かせたいものだ。

じつにすんなりと読み解ける、ヤマトタケルの心情が現れた歌ですね。この歌に君の人間以外の自然界のものにも心を寄せる人柄が偲ばれます。また足が痛む中での旅路に一風の涼風が吹きわたったようで、君もいささか慰められたことでしょう。

ところでこのエピソードは、記紀にも載っています。

（古事記原文読下し）

尾張に　直《ただ》に向へる　尾津の崎なる　一つ松　あせを　一つ松
人にありせば　太刀佩けましを　衣着《きぬき》せましを　一つ松　あせを

（日本書紀原文読下し）

尾張に　直《ただ》に向へる　一つ松あはれ　一つ松
人にありせば　衣着《きぬき》せましを　太刀佩《たちは》けましを

尾張の国に真っ直ぐに向いている一本松よ、人であったなら衣を着せ、太刀を佩かせてやろうものを。

これを比べてみると、ホツマツタヱでは５７５７７と定型韻律ですが、記紀では乱れています。また、記紀の「あせを」「あはれ」は囃子《はやし》言葉で、「吾背を・吾夫を」により、もとは女性が松に謡いかけた歌だと解釈されています。

また「尾張に直に向へる」を「一つ松が尾張の国に真っ直ぐに向いている」と解釈されていて、句意が通りません。

「君が還ってくるのをけなげに待っていて迎えてくれた一つ松」だからこその君の感激なのです。

さて、記紀とホツマツタヱのどちらの歌が大本の歌だったのでしょうか。

ヤマトタケルの辞世の文と突然の訃報に接した父・景行天皇

こうして尾津の一つ松に癒されての道行きでしたが、足の痛みがひどくなり三重《みえ》に曲がってしまい（ここが今の三重村となる）、杖突坂《つえつきさか》もようやく越えて能褒野《のぼの》に至り、ここでとうとう神上がることになります。

無念の想い、如何ばかりであったことでしょうか。それがこの歌に表れています。

花彦申《はなひこもう》す、
臣昔《とみむかし》 御言《みこと》を受《う》けて 秀真《ほづま》討《う》ち 天《あめ》の恵《めぐ》みと 稜威《いづ》により 荒《あら》ふる神《かみ》も服《まつ》ろえば
悉《ふつ》く治《をさ》めて 今此処《いまここ》に 帰《かえ》れば命《いのち》 夕付《ゆうづ》く日《ひ》 請《こ》い願《ねが》わくは 何時《いつ》の日《ひ》か 天《あめ》の法哉《のりかな》
御言返《みことかえ》さん 野《の》に伏《ふ》して 誰《たれ》と語《かた》らん 惜《お》しむらく 目見《まみ》えぬことよ
（40綾—53行）

父上、ハナヒコが申し上げます。

父の臣下であるこの自分は昔、勅命により蝦夷秀真《えみしほつま》国の討伐に出征しました。そして天の神々のお恵みと朝廷の御威光により、まつろわぬ荒ぶる守たちをことごとく帰服させることができました。そして今帰京の途上で、はからずも吾が命は落日を迎えようとしています。

請い願わくは、いつの日か御前《みまえ》のもとに立ちかえり相《あい》まみえ、復命したいとは思うのですがそれも叶《かな》わぬようです。この無念の思い、いま野に伏せる自分は誰に語ったらよいのでしょうか。これも天《あめ》の神のお定め、天命なのでしょうか。

この歌には、父景行天皇にみずから凱旋して復命できないことの申し訳なさ、悔しさがにじみ出ています。この文は、吉備武彦に持たせて都の父君に送ります。

そしてこれに続き、臣従してきた者たちに花降（はなふり銀・分配金）を分け与え、湯あみし衣を着替えて南に向かい、人身辞《ひとみいな》むの歌を詠みます。おもに熱田に遺されたミヤズヒメや、尾張の人々その他、御子たちや親族《うからやから》皆にあてて遺した前掲した辞世の熱田宣《あったの》りです。

突然の不慮の訃報に接した天皇は、あまりの悲しみに動揺し、心中穏やかならず、目の前が真っ暗になってしまいます。ひがな一日嘆くなかでこう仰せになるのです。

昔熊襲《むかしくまそ》が　背《そむ》きしも　まだ揚巻《あげまき》に平《む》け得《え》たり　真手《まて》（左右）に侍《はべ》りて輔《たす》けしに
秀真《ほつま》を討《う》たす人無《ひとな》きを　忍《しの》びて仇《あだ》に　入《い》らしめば　明《あ》け暮《く》れ帰《かえ》る　日《ひ》を待《ま》つに
是《こ》はそも何《なん》の　禍《わざわい》いぞ　ゆぐりも無《な》くて　あから目《め》す　誰《たれ》と御業《みわざ》を　治《をさ》めんや

（40綾―47行）

まだ揚巻の少年のような皇子ではあったが、みごと西の熊襲を平定し、吾が片腕となって輔けてくれていたヤマトタケルよ。また東の蝦夷秀真《えみしほつま》国が背いた時も、他に適任者がいないがゆえに、ヤマトタケルに再び酷《こく》なることを忍んで敵地に赴かせた。
吾はそんなヤマトタケルのことを思い明け暮れ帰ってくる日を待っていたが、こんなことになってしまった。これはいったいなんの禍《わざわい》であろうか。なぜに天の神はゆえなく俄《にわ》かに我が皇子を天に召されてしまったのだろうか。まなこを赤らめ涙ぐみながら、ああ、これから誰とともにこの政事を為し世を治めていったらよいのだろうか。

このように、功を成し遂げた前途ある自分の後継者が、なぜに今天に昇ってしまったのか、その理由がどうしてもわからずに、天皇はその後も長く憂さが晴れずに過ごします。

ヤマトタケルの御霊が新たに建った熱田の宮に渡御したのが、景行44年、その後46年に稚足彦《わかたりひこ》（後の成務天皇）が世継ぎ皇子（立太子）に定められ、52年には、正后でヤマトタケルの母・播磨《はりま》の稲日大郎姫《いなひをいらつめ》が神上がります。

この正后の神送りの時も、ヤマトタケルの御霊が熱田へ渡御された時と同じ盛大な神葬祭（熱田法《あつたのり》）が執り行われました。

そして翌年穂積《ほつみ》（8月）、「これまでを振りかえってみても、あのヤマトタケルのことを思い出さない日は無い、皇子が平定した東国の国を巡ろうと思う」と仰せられ、まず伊勢に詣でその後、尾張の津島に至ります。

まるで我が子のように思える尾張連の出迎えとともに、大真《おほま》の宮（熱田宮）に入り、みずから作る和幣《にぎて》を立てて、こう語りかけます。

「親子の絆《きずな》を深めることもままならず突然に天に召された我が皇子よ、そなたのことをかたときも忘れることができなかった。今こうして和幣を捧げて御前に参ったよ」とて、ながいこと皇子の死を悼《いた》みたたずんでおられました。

以下はその夜の天皇の夢の中での出来事です。


津島森《つしまもり》をそぞろ歩くうちに、白鳳《しらいとり》になったヤマトタケルが舞い降りてこう言います。

「吾が兄・アマテラスはこのスサノオにこう言われた、

『どうしてそなたはしきりに国を得たいと望むのか、天の道にかなったことを成すならばおのずと国の守《かみ》になれるものを。この道成《みちな》す歌《うた》【天が下　和して巡る　日月こそ　晴れて明るき　民のたらちね】の教えがあるではないか』

しかし自分にはこれが理解できなかった。そのために罪を受け下民《したたみ》として流浪《るろう》したのだが、甥のイフキドヌシに助けられ、ハタレ根討伐軍に加えられ功をなした結果復権し、出雲の国を建て氷川神として祀られるようになった。

しかし後の代に出てきたニニギがこの歌の心を得て、みごとほつまの世を実現し秀真国《ほつまくに》を作り上げた。それが死して後もまだ、自分には羨ましく思えたのだ。

よって、再びヤマトタケルに生まれ、天皇と仮の親子の縁を結び、東西平定の御言宣を拝命して、幸いにその功を得ることができた。

今は再び神となり天に昇って鎮まっている。

さらにまた、ヤマトタケルの最後の際《きわ》では、足の痛みと高熱に苦しんだが、今こうして父君より供え捧げられた熟したまくわ瓜《うり》により熱も冷やされ、へその緒に血がかよったように癒されている。

まことに親のみめぐみのありがたさよ。

今ようやくに、親が子を思う心のかたじけなさを我が身に受けて、あの道成《みちな》す歌《うた》の真意を悟ることができたのである」


そして折り数え歌（最初の五音と最後の五音とが回文になっている）が続きます。

折り数え歌

わがひかる　はらみつにしき　あつたがみ　もとつしまはに　おれるかひかわ

（40綾—325行）

いまヤマトタケルの御霊となって、かつてのスサノオの魂は晴れやかに光につつまれている。

原見の宮（酒折宮）をみごと錦に包まれた玉の台《うてな》にして、ほつまの国を成したあの二三ギを羨《うらや》むこともあったが、今はこうして姫の奉げてくれた日霊（ひる・昼）飯や、父より供されたまくわ瓜によって、心地よく腹を満たして熱田（熱を治す）の神となった。

さあ、吾が元々のスサノオの魂は、あの出雲の国に還って、静かに氷川神となって鎮まろうか。あの島々の出雲の国を錦の御衣《みは》で織り飾ることにしようか。

この歌を三度謡った後に、白鳳は下民《したたみ》となり流浪《さす》らった頃のスサノオの姿になって雲間に消えていきました。

そして天皇は夢から覚めてこう言われました。

「これは神よりの夢の告げだ。『吾は卑しき氷川神、再び元のスサノオに還って出雲に戻ろう』ということか。そしてあの我が子ヤマトタケルは、今ここ、おほまの宮（大真・おほまとは、大いなるほつまを含意する）に鎮まったのだった。

これまでの我が迷いを諭すスサノオの神からの恵みの啓示であったのだ。

そういえば昔からこういう歌がある」

人《ひと》は神《かみ》　神《かみ》は人《ひと》なり　名《な》も誉《ほま》れ　道立《みちた》つ法《のり》の　神《かみ》は人《ひと》
人《ひと》清直《すなほ》にて ほづま行《ゆ》く　真神《まことかみ》なり　（40綾―334行）

人はもともと天に坐します神と一体である。神はこの世に人の姿になって降り下り、神の御心を保ちながらこの人の世、現世で生きる時、吾が名を立て名誉をも得て、天の道をこの世の中に徹《とお》すことができる。

そのためには、人はつねに清直《すなお》でほつまの心を持って歩むこと、これこそが神成る人のまことの生きる姿であるぞ。


この後、景行天皇はこのお告げにもとづき、ヤマトタケルに「熱田神」の名を賜り、その祭祀を行うミヤズヒメは、あたかも伊勢の大神に仕える斎宮に、また神主も伊勢の宮司《みやつかさ》（今の宮司の起こり）に、それぞれ比肩《ひけん》する立場にとりたてられました。

これが熱田神宮の起こりなのです。また津島神社の御祭神がスサノオ（習合の神は牛頭《ごず》天王《てんのう》）であることの意味がこれで納得できます。

そして天皇はさらに東路《あずまじ》を進みます。

おわりに

本書全体に目を通してくださった読者の皆さん、いかがな感想を持たれましたでしょうか。これまでの古事記（日本書紀も含めて）に描かれた古代日本のイメージとはあまりにも大きく異なる、まさに別世界の古代史がここに在る、と思われたことと思います。

古事記の神話を中心にした世界観は、これまで最古の歴史書としてながらく多くの人々に親しまれてきたものです。ですから、これからも我が国古典文学の神話として読まれ親しまれていくことでしょう。

古事記とホツマツタヱ、そのどちらの歴史が正しいか否かということよりも、どのような歴史観に立つことが、自分自身、日本人としての自己のアイデンティティ確立に好ましいのか、というきわめて主観的な問題として考えればよいこと、と私は思っています。

また、このホツマツタヱが、記紀以前にあった真正の書であるかどうかの議論についても、さらにその学問的検討や社会的な評価・認知の確立についても、まだまだ先のことかもしれません。

それまでの間はただただ、自分自身の直感と好みにしたがって、この文典に接していただければと思っています。

全く読むことなくこの書を頭から否定する態度は、もはやできなくなったのではないかと思います。

私自身は、かつてだいぶ以前のことになりますが、松本善之助氏の『ホツマツタヘ正続』最初の公刊本を手にして読みはじめた時、驚きとともに疑心も生じて、これが本物ならばすごいものだけどなぁ……、と思ったりしたものでした。

そして初めのうちの懐疑心を祓うかのように次第に原文・関連書を読むようになり、だんだんこの書にひきこまれていきました。

またこの10年ほどは、私のホツマツタヱ研究に対する心の師と仰ぐ故千葉富三先生の一連の書籍にも接し、記紀なども読み比べるなかで、この書の価値を深く認識するにいたりました。

そして現在、すでに間近にある世界的大混乱の時代のなかで、日本の建国の歴史はどのようなものであるべきかを冷静に考えています。

これまでのような古事記及び日本書紀が語るような、天の世界に坐します神々、とりわけイザナギ・イザナミの両神が天上より降り立ってこの大八洲の国土を造り、日本の歴史が始まったとされ続けてよいものか、と深く想いめぐらしています。

ホツマツタヱによれば、この日本の建国は初代の神武天皇どころか、それ以前のまさに多くの実在の先祖の人々の思いと努力の積み重ねによってなされたということがわかります。

歴史とは過去を復元し固定化させるものではありません。過去と現在のたゆまぬ対話と検証を重ねる中で、歴史認識は日々に改められ変わってゆくものです。

古代史といえども決して現在と離れたものではありません。

過去・現在そして未来にわたる現在の歴史認識は、新たな事実の発見により変わるのです。

これまでの記紀によってかたち作られた建国時代の歴史観とは全く異なる、新たな令和日本にふさわしい日本建国史ができますことを、私は心から願い描いてゆきます。

ホツマツタヱが語る日本建国史は、日本人の心のルーツ・源郷、そして個としてのアイデンティティの確立にかならず役立つものと確信しています。

本書はその最初のまとめの序幕です。

そしてこれからも、まだまだ先の長いこの道を歩み続けてまいります。

本書構想のきっかけは、かざひの文庫社長の磐﨑文彰氏とのこんな会話の中で生まれました。

「古事記は面白くて多くの人に読まれてはいるけれど、読んでいくといろいろな矛盾や謎が多いんだよね。ホツマツタヱでこれを解いていくことができるかな?」というひと言でした。

すでに古代史に大変造詣深く、しかもホツマツタヱ研究の最先端を行く大先輩、今村聰夫氏の著書『はじめてのホツマツタヱ』を世に出した名編集長です。その問いかけに応えようとしたのが本書です。

はたしてその問いかけにかなうかどうか、まだまだ書き足りないことや、私の理解が不十分なところも多々あると思います。これからもホツマツタヱに思いを寄せる人々と共に学び合いながら、補足修正してまいります。

まずはこの書が、日本の国の成り立ちに関心を寄せる多くの人々に読んでいただけますことを願っております。

令和五年卯月吉日　　小深田宗元

本書登場の主要神名・人名対比一覧表

【あ】

略名	ホツマツタヱ	古事記
アチスキタカヒコネ	**【たかひこ】阿智鉏高彦根**　大己貴の第三子　二荒神下照小倉姫と雛ぶりの歌を交わし合い結婚、その後賀茂一族として隆盛する。奈良御所市の高鴨神社の御祭神はこの高彦根と下照小倉姫で、全国鴨(加茂)社の総本社である。	**阿遅志貴高日子根神(あぢしきたかひこねのかみ)**　大国主神の子。友人である天若日子の喪を弔いに出向いた際、阿遅志貴高日子根の容貌が天若日子と酷似しており、天若日子の親族から天若日子と間違われたため怒って喪屋を破壊し、飛び去った。別名迦毛大御神、奈良県御所市鴨神を指す。
アマクニタマ	**天国玉**　中仙道を拓いた金山彦の子。天稚彦と下照小倉姫の父。天稚彦の葬儀に弔問に訪れた高彦根と娘の下照小倉姫は結婚する。	**天津国玉神(あまつくにたまのかみ)**　天若日子の父。天若日子の死に際して、天から降ってきて葬儀を行った。
アマノコヤネ	**【わかひこ】天児屋根**　春日、春日麿とも。兵主(つわものぬし)と浅香姫(あさか姫)の子。瓊々杵以降三代にわたる鏡の臣。アマテラスが神上がった後、伊勢の内侍所で魂返し、太祝詞を掌る。中臣家の遠祖。	**天児屋命(あまのこやねのみこと)**　中臣連等の祖。天の石屋・天孫降臨段に登場。天の石屋段には天照大御神を天石屋戸から招き出すために布刀詔戸言を申した神。天孫降臨では五伴緒として番能邇々芸命に随行。
アマテラス	**【わかひと】天照大御神**　天照神　日神　イサナギ・イサナミの長男。三種の神宝を制定し、我が国最高の聖賢であり皇室の皇祖として伊勢神宮に祀られる。	**天照大御神(あまてらすをみかみ)**　大日孁貴(をを ひるめのむち)　伊耶那岐命が左目を洗ったときに出現した。伊耶那岐命から高天原の統治を命じられる。

アメノウスメ	**天鈿女**　瓊々杵の御幸に随伴し、猿田彦と問答し人物を質す。後に猿田彦の妻になる。アマテラスの岩戸隠れの時に活躍する。夫の猿田彦とともに神楽の元祖となる。	**天宇受売命（あめのうずめのみこと）**　天の石屋段では石屋にこもった天照大御神を外に招き出すため神がかりをし、諸神の笑いを誘う。また天孫降臨段では天の八衢にいた猿田毘古神の名を顕すとともに邇々芸命の随伴神の一人として登場する。
アメノホヒ	**【たなひと↓たなきね】天穂日命**　アマテラスと持子姫の子。出雲の不忠を糺す最初の使者になるも大己貴に媚びへつらって三年経っても帰らなかった。出雲平定後は出雲の本祀りとなり、出雲大社宮司家の祖となる。	**天菩比命（あめのほひのみこと）**　天照大御神と須佐之男命とのうけい（誓約）において、須佐之男命によって天照大御神の身につけた珠により生まれ、天照大御神の子となった五柱の男神の第二。葦原中国を平定する際に、最初に使者に選ばれ、高天原から派遣されたが、大国主神に媚びて三年経っても復命しなかった。子に、出雲国造ら七氏族の祖である建比良鳥命がいる。
アメノミナカヌシ	**天御中主**　天御祖が転生した姿であり、この地上での役目を終えて再び天御祖に還る。この地上に最初に人として地上に降り立った神成る人である。初発の人格神として地球に降臨した人類の祖。	**天之御中主神（あめのみなかぬしのかみ）**　天地初発の時に、高天原に出現した最初の神。独神（ひとりかみ）となって身を隠した。別天神の第一の神で、続く高御産巣日神・神産巣日神を合わせて「造化三神」とも称される。
アメノミヲヤ	**天御祖**　宇宙創造を成した究極絶対の存在、始原神。天御祖のウイ（初生／有意）のヒトイキ（一息）によってこの宇宙が始まる。	記載なし。
イサナギ	**【たかひと】伊佐那岐**　神漏岐（かみろぎ）と称される。神の世第七代天神。根の国白山山麓から細矛千足（山陰地方）までを治める沫蕩（あわなぎ）の御子。	**伊耶那岐神（いざなきのかみ）**　神世七代の第七代で、女神の伊耶那美神と対偶をなす男神。天津神の命により二神で国土を修理固成し、婚姻を経て国々や神々を生んだ。
イリナミ	**【いさこ】伊佐那美**　第五代高皇産霊・豊受神の娘。イサナギと結婚し、アマテラスほか三人の子を生む。三男ソサノヲの汚穢隈を祓うため熊野宮を建てるが熊野の御山	**伊耶那美神（いざなみのかみ）**　神世七代の第七代で、男神の伊耶那岐神と対偶をなす女神。天津神の命により二神で国土を修理固成し、婚姻を経て国々や神々を生んだ。

	木が焼けたときに不慮の死を遂げる。	伊耶那美神は火の神を生んでやがて神避りし、出雲国と伯伎国との堺にある比婆之山に葬られた。
イチキシマヒメ	**【たなこ】厳島姫棚子**　アマテラスと早子姫の三女。母早子とソサノヲとの不義を厭い姉たちと同じく世を流離うが、最後は疑いを晴らし、息吹戸主の妻になる。	**多岐都比売命（たきつひめのみこと）**　別名　田寸津比売命　紀　湍津姫　天照大御神と須佐之男命とのうけい（誓約）において、天照大御神によって須佐之男命の身につけていた十拳剣から生まれ、須佐之男命の子となった三女神の第三女。
イフキドヌシ	**【もちたか】息吹戸主**　月読尊の子　ハタレの大乱での六将軍の一人としてソサノヲとともに活躍する。アマテラスと早子姫との間の三女イチキシマヒメを娶り三子を儲ける。	記載なし。　祓戸四神のうちの一柱。
イワナガヒメ	**磐長姫**　木花咲耶姫の姉。早子姫の怨念を背負った姫として生まれ、母とともに妹木花咲耶姫を陥れたとホツマツタヱはいう。	**石長比売（いはながひめ）**　大山津見神の娘で、木花之佐久夜毘売の姉。邇々芸命が木花之佐久夜毘売を見初め、大山津見神に婚姻の許可を求めたところ、父神は大いに喜び、姉である石長比売を添えて多くの結納品と共に差し出した。しかし、邇々芸命は石長比売が非常に醜いことを理由に送り返し、木花之佐久夜毘売とのみ一夜の交わりを持った。姫の父は恨み言を言う。
ウガヤフキアワセズ	**【かもひと】渚武鵜萱葺不合**　御祖天君（みをやあまきみ）日向の神として筑紫宮崎にて神上がる。ウツキネと豊玉姫の子。玉依姫（建祇彦・河合の神の娘）との間に武仁（神武天皇）を儲ける。	**天津日高日子波限建鵜葺草葺不合命**　火遠理命（山佐知毘古）と海神の娘・豊玉毘売との間に生まれた子。叔母である玉依毘売命を娶り、五瀬命、稲氷命、御毛沼命、若御毛沼命（豊御毛沼命・神倭伊波礼毘古命＝神武天皇）をもうける。
ウツキネ	**【うつきね・卯津杵】彦火々出見**　山幸彦　気比の神　瓊々杵と木花咲耶姫との間の三男。豊玉姫との間に鵜萱	**火遠理命（ほおりのみこと）**　山幸彦、ニニギの三男。 **気比大神（けひのおほかみ）**　別名伊奢沙和気大神

	葺不合を儲ける。	之命　御食津大神　越前の敦賀の地に鎮座する神、伊奢沙和気大神之命の別名。気比大神が卯津杵であることがホツマツタヱで解かる。
ウビチニ／スビチニ	**【ももひなぎ・ももひなみ】大泥土煮・少泥土煮**　我が国初の婚礼の儀(雛祭りのもと)を挙げて第四代天神となる。	**宇比地邇神(うひぢにのかみ)**　紀　埿土煮尊　神世七代の第三代で、女神の須比智邇神と対偶をなす男神。
ウマシアシガイヒコチ	東西央南北(キツヲサネ)五神とアミヤシナウ六神の合わせた十一神を地の常立神といい、又の名をアシガヒヒコヂ神という。人の五臓六腑・御食を守り、命の永らえを掌る。	**宇摩志阿斯訶備比古遅神(うましあしかびひこぢのかみ)**　紀　可美葦牙彦舅尊　天地の始まりにおいて、国土が若く浮漂していた時に、葦の芽のように伸びる物によって成った神。別天神の第四の神で、独神となって身を隠した。
ヱツノシマ姫	**【たきこ】江津島姫湍子**　アマテラスと早子姫との間の次女。三姉妹共に世を流離うが、最後は疑いを晴らし、香具山祇と結婚する。木花咲耶姫の母	**市寸島比売命(いちきしまひめのみこと)**　紀　市杵島姫(六段本書)／瀛津島姫(六段一書二)　天照大御神と須佐之男命とのうけい(誓約)において、天照大御神によって須佐之男命の身につけていた十拳剣から生まれ、須佐之男命の子となった三女神の第二女。別名を狭依毘売命
オオトノチ／オオトマエ	**【つのぐい・いくぐい角杙・活杙】大殿内・大殿前**　第五代天神となる。この時代に男の殿への嫁入り婚と相続の制度が整ったか。古事記は神世七代の中で、この夫婦神のいみなと称え名を二重カウントして挙げている。	**意富斗能地神(おほとのぢのかみ)**　紀　大戸之道尊(二段本書)／大戸之辺(二段本書)　神世七代の第五代で、大斗乃弁神と対偶を為す男神。 **角杙神(つのぐひのかみ)**　神世七代の第四代で、活杙神(いくぐい)と対偶を為す男神。
オオナムチ	**【くしきね】大己貴　顕国霊大己貴**　津軽大本の神　ソサノヲと櫛稲田姫との間の第五子。初代大物主となる。アマテラスの三子女の長女タケコを娶り奇彦(二代大物主)を儲ける。出雲を明け渡したのち津軽アソベに転封される。	**大国主神(おおくにぬしのかみ)**　大穴牟遅神　葦原色許男神　八千矛神　宇都志国玉神　須佐之男命の六世の孫とする。葦原中国の国作りを完成させる。その後に天津神に国譲りをする。

【か】

オキツシマ姫

【たけこ】奥津嶋姫竹子　タケフ神・竹生神　アマテラスと早子姫との間の長女。三姉妹共に世を流離うが、最後は疑いを晴らし大己貴と結婚。奇彦(第二代大物主)を生む。琵琶湖東岸、近江八幡市の大嶋・奥津島神社辺りに住まい、神上がったのちはススキ島(竹生島)にてタケフ神(竹生神)と祀られる。

多紀理毘売命(たきりびめのみこと)　紀　田心姫(六段本書、六段一書一)／田心姫命(六段一書二)／田霧姫命　天照大御神と須佐之男命とのうけい(誓約)において、天照大御神によって須佐之男命の身につけていた十拳剣から生まれ、須佐之男命の子となった三女神(多紀理毘売命・市寸島比売命・多岐都比売命)の第一。別名を奥津島比売命という。

ヲ(オ)シホミミ

【をしひと】忍穂耳　アマテラスの嗣子　多賀若宮　ツボ若宮　アマテラスと瀬織津姫との間の子　日高見に遷都し、七代高見産霊(高木)の娘千乳姫との間に、奇玉火明と瓊々杵を儲ける。長男奇玉火明を飛鳥に下し飛鳥大君とし、次男瓊々杵を原大君とし、二朝並立時代を迎える。崩御してのち箱根神と称えられる。

正勝吾勝々速日天之忍穂耳命(まさかつあかつかちはやひあめのおしほみみのみこと)　紀　天忍穂耳尊(九段一書二)天照大御神と須佐之男命とのうけい(誓約)において、須佐之男命によって天照大御神の身につけた珠を物実として生み出され、天照大御神の子となった五柱の男神の第一。高木神の娘の万幡豊秋津師比売命との間に、天火明命と天邇岐志国邇岐志天津日高日子番能邇々芸命との二神を生んだ。

オモイカネ

【あちひこ】思兼　第六代高見産霊・八十杵の長男　アマテラスの姉昼子姫と結婚。アマテラスの左大臣。昼子姫とともに忍穂耳を養育。

思金神(おもひかねのかみ)　紀　思兼神　高御産巣日神の子。天の石屋の段で、八百神が天安河原に集まって天照大御神を石屋からおびき出す計画をした際に、思慮の役割を担った。

オモタル／カシコネ

面足・惶根　第六代天神となる。治世の末期は世の中が乱れ、とうとう子ができなかった。この皇統断絶の危機を救ったのが次のイサナギ・イサナミの両神である。

於母陀流神(おもだるのかみ)　紀　面足尊　神世七代の第六代で、阿夜訶志古泥神と対偶を為す男神。

阿夜訶志古泥神(あやかしこねのかみ)　紀　惶根尊　神世七代の第六代で、男神の於母陀流神と対偶をなす女神。

カナサキ

金析　住吉神　住之江神　船魂六神の一人　昼子姫(若姫)の育ての親。ハタレの大乱征伐の六将の一人で禊司となる。

宇都志日金析命(うつしひかなさくのみこと)　伊耶那岐神の禊ぎで生まれた三柱の綿津見神の子で、阿曇連等の祖神として名が上がる。

カンミムスビ	**【やそきね】神見産霊**　第六代高見産霊八十杵、別名カンミムスビで、アマテラスの時代の最重臣。第五代豊受神の嗣子。イサナギの姉キクキリ姫(白山姫)と結婚し白山神となる。古事記では別天津神の第三の神となっている。	**神産巣日神(かむむすひのかみ)**　紀　神皇産霊尊(一段一書四、九段一書七)　天地初発の時に、高天原に出現した別天津神の第三。独神となって身を隠した。天之御中主神・高御産巣日神と合わせて「造化三神」とも称される。
クシイナダ姫	**櫛稲田姫**　ソサノヲによって八岐の大蛇から救われて結婚。出雲建国の後に大己貴を生む。それ以前に二男二姫を生んでいる。	**櫛名田比売(くしなだひめ)**　紀　奇稲田姫(八段本書)　須佐之男命は櫛名田比売を湯津爪櫛に為し髪に刺して、ついに八俣の大蛇を退治し、結婚した。二神の子に八島士奴美神がいる。
クシタマホノアカリ	**【てるひこ】奇玉火明**　飛鳥大君　香具山大君　忍穂耳と千乳姫との間の長男で、瓊々杵の兄。春日殿(ことむすび)が老齢で引退したため、十種神宝を受けて飛鳥に天下る。この天下りは古事記にはなく、先代旧事本紀に載る。瓊々杵の長男も火明と同名なので、記紀で混同された。この君には嗣子がなかったため、瓊々杵の長男火明・梅仁の子国照を饒速日と改名して跡を継がせた。	**天火明命(あめのほあかりのみこと)**　天忍穂耳命と万幡豊秋津師比売命の間に生まれた。邇々芸命の兄にあたる。紀にも出生記事が数カ所見られるが、紀九段一書六・八では記と同じく忍穂耳尊を父として登場するのに対して、紀九段本書および一書二・三・五では瓊瓊杵尊の子とする。先代旧事本紀ではこの神を天照国照彦天火明櫛玉饒速日尊として物部氏の祖とする。
クシヒコ	**【くしひこ】奇彦**　弥真瓊大国御霊神　大国主(おこぬし)大己貴と奥津嶋姫竹子との間の子。出雲時代は事代主(大物主の代理職)、のちに瓊々杵の時代に仕え第二代大物主になる。高木の娘三穂津姫との間に第三代大物主子守神を儲ける。	記載なし。大国主神の子八重言代主神(事代主神)として出てくる。
クニサツチ	**国狭槌**　クニトコタチの八人の御子。広い地域でト・ホ・カ・ミ・ヱ・ヒ・タ・メと名付けた八人の御子を生み、各々を各地の国君として定め国を治めさせた。	記載なし。
クニトコタチ	**国常立**　縄文時代の始めから中期にかけて活躍(ただし何代にもわたってその名を継承)した実在の人格・天神であ	**国之常立神(くにのとこたちのかみ)**　紀　国常立尊　神世七代の初代の神で、独神(ひとりがみ)となって身を

【さ】

	り、ここから我が国（常世国）が建国される。	隠した。
コノハナサクヤヒメ	**葦津姫**　木花咲耶姫　子安神　浅間の神　香具山祇の子で瓊々杵との間に三皇子を儲ける。瓊々杵は高千穂の峰で、姫は浅間（富士山）でほぼ同時に神上がる。	**木花之佐久夜毘売（このはなさくやひめ）**　神阿多都比売　石長比売の妹で邇々芸命との間に一夜契りで身籠るが、疑いのなか火中で三皇子を生む。
コモリ	**【みほひこ】万木麿**　子守神　奇彦と三穂津姫の間の一人子。第三代大物主。活玉依姫との間に十八人、白玉姫との間に十八人の全三十六人の子宝に恵まれる。	記載なし。
サルタヒコ	**猿田彦**　神楽大君　瓊々杵の天下りを迎え、同道し道を拓く。アメノウスメと結婚し猿部氏の祖となる。アマテラスからも気に入られ、また大変長命であった。	**猿田毘古神（さるたびこのかみ）**　紀　衢神（ちまたかみ）（九段一書一）／猨田彦大神（九段一書一）　天孫降臨の先導をした神。
シタテルオクラ姫	**下照小倉姫**　天国玉の娘　高彦根の怒りを解こうと、雛振りの歌を詠む。歌の名人である昼子姫（和歌姫）から歌の極意書「くもくし書」とともに「下照姫」の称え名を授かった歌の名手であった。高鴨神社に阿智鉏高彦根と共に祀られている。	**下光比売命（したでるひめのみこと）**　別名下照比売　高比売命　高比売命の別名。「下照比売」の名で、高天原から派遣された天若日子に娶られた。また、天若日子が返し矢に中って死んだ時、泣き声が天まで届き、それを聞いた天若日子の父とその妻子が地上に降ってきて葬儀を為した。 **高比売命（たかひめのみこと）**　大国主神が多紀理毘売命を娶って生んだ神で、阿遅鉏高日子根神（迦毛大御神）の同母妹。別名を下光比売命（下照比売）という。
スクナヒコナ	**少彦名**　淡島神　神見産霊（第六代高見産霊の八十杵）の子。型やぶりに秀でているゆえに諸国を漫遊している高邁な方で、大己貴と出会い、ともに葦原中国を豊かな地に開拓した。	**少名毘古那神（すくなびこなのかみ）**　紀　少彦名命　神産巣日神の子で海から羅摩（カガミ・ガガイモのこと）の船に乗って来て大国主神と出会い、共に葦原中国を作り堅めた後、常世国に渡っていった。

【た】

セオリツヒメ	**【ほのこ】瀬織津姫**　別に向津姫とも称す。アマテラスの正后として忍穂耳を生む。桜内の娘。伊勢神宮荒祭宮のまことの御祭神と言われる。	記載なし。祓戸四神のうちの一柱。
ソサノヲ／スサノヲ	**【はなきね】素佐之男**　イサナギ・イサナミの第四子。ソサ（素佐の国・紀州南部）で生まれたのでソサノヲ（素佐之男）という。流浪の刑の後ハタレ平定で復権し、出雲の国を建国。八重垣の臣となる。氷川神。	**建速須佐之男命（たけはやすさのをのみこと）**　須佐之男命　紀　素戔嗚尊　伊耶那岐神が黄泉国から帰還して禊をした際に生まれた三貴子（天照大御神、月読命、建速須佐之男命）の内の第三で、鼻を洗った時に生まれた神。
タカギネ	**【たかぎね】七代目高見産霊・高杵【高木神】**　忍穂耳の祭政を補佐した後見人で最重臣。千乳姫（忍穂耳の正后）と三穂津姫（奇彦の妻）の父。	**高木神（たかぎかみ）**　高御産巣日神の別名としている。
タカミムスビ	**高見産霊**　「トホカミヱヒタメ」のクニサッチ（国狭槌）の一人、東北日高見のタの国を治めたタの尊の尊称であり、初代高見産霊から代々その名を受け継いできた。第五代高見産霊・豊受神がイサナミの実父。古事記は別天津神の第二の神にしている。	**高御産巣日神（たかみむすひのかみ）**　天地初発の時に、高天原に出現した別天神の第二。独神となって身を隠した。天之御中主神・神産巣日神と合わせて「造化三神」とも称される。天津神の葦原中国平定の際には、天照大御神と共に、神々に派遣を司令した。なお、天若日子の派遣の段以降、この神は高木神という別名で呼ばれるようになる。
タケツミ	**建祇彦**　河合の神　ハデ神の次男、長女が豊玉姫、二女が乙玉姫。磯依姫（子守神の娘）と結婚し玉依姫（鵜萱葺不合の后で神武天皇の母）を儲ける。	記載なし。
タケミカツチ	**【ひはやひこ】武甕槌**　鹿島神　豊受神の孫（父はヲバシリ）で、自分の一人姫を天児屋根に嫁がせる。ハタレの乱、出雲平定（カシマ断ち）で勲功をたてる。	**建御雷之男神（たけみかづちのをのかみ）**　建御雷神　紀　武甕槌神　伊耶那岐神が迦具土を切った際の刀の血が飛んで成った三神の第三。出雲の国譲りの交渉に当たり帰順させ功を得た。

タケミナカタ	**建御名方** 大己貴の子。出雲平定(カシマ断ち)で最後まで抵抗するが、信濃湖まで逃げそこでスワッといったので諏訪の名が起こる。諏訪大社の祭神となる。	**建御名方神(たけみなかたのかみ)** 大国主神の子。建御雷神が葦原中国平定のために遣わされた際、建御雷神に力競べを挑むが、力に負けて逃走した。建御雷神に追われて、科野国(信濃国)の州羽海まで追い詰められて殺されそうになったため降伏した。
タチカラヲ	**【しつひこ】天手力男** 戸隠神 思兼と昼子姫との間の子。アマテラスの岩室隠れのとき剛力を発揮する。ハタレの乱平定に活躍する。	**天手力男神** 天の石屋・天孫降臨段に登場する神。天石屋戸に隠れる天照大御神の御手を取って引き出し、邇々芸命の降臨に随伴した。
タマヨリ姫	**玉依姫** 豊玉姫の弟・建祇彦と磯依姫との間に生まれた娘で、鵜萱葺不合の后になり神武天皇を生む。豊玉姫の妹は乙玉姫であり、姉の代わりに宮中に上る。	**玉依毘女(たまよりびめ)** 豊玉毘女の妹。豊玉が出産の後、覗かれたことを怨んで海神の世界へ帰っていく際に玉依に御子を託す。この御子鵜葺草葺不合命と結婚し神武天皇を生む。
ツキヨミ	**【もちきね】月読** イサナギ・イサナミの第三子。筑紫の緒止橘の阿波岐宮で生まれる。保食殺害事件を起こす。のちに、伊予の二名の国(四国)が乱れた時に活躍しその地を鎮め治める。伊予津姫との間に息吹戸主を儲ける。	**月読命(つくよみのみこと)** 紀 月弓尊(五段本書、五段一書一)/月夜見尊月読尊 黄泉国から逃れてきた伊耶那岐神が、竺紫の日向の橘の小門の阿波岐原で禊をした際、右目を洗った時に生まれた神。
トヨクンヌ	**豊国主** トホカミヱヒタメの八人の御子(国狭槌)は各々五人の御子を生み、それぞれの国が発展する。その中でも豊かに栄えるトの尊の後を継いだ御子が常世の国全体を治める君となりトヨクンヌシと称された。	**豊雲野神(とよくものかみ)** 紀 豊斟渟尊(一段本書)/豊国主尊(一段一書一) 神世七代の第二代の神で、独神(ひとりがみ)となって身を隠した。
トヨケカミ	**【たまきね】豊受** 第五代高見産霊 日高見を統治し東の君と称えられる。自分の娘イサコ姫をアワナギの御子タカヒトと結ばせイサナギ・イサナミとし、皇統断絶の危機を回避する。アマテラスの外祖父として王道教育を授ける。後に宮津の宮に遷御しその地で神上がる。伊勢神	**豊宇気毘売神(とようけびめのかみ)** 豊宇気比売神 伊耶那美神が迦具土神を生み、陰部を焼かれて病み臥した際に尿から成った和久産巣日神の子。 **登由宇気神(とゆうけのかみ)** 天孫降臨の段に見える、外宮の度相(伊勢国度会郡・度会宮=伊勢神宮

	宮外宮に祀られている。	外宮)に鎮座する神。豊宇気毘売神と同じ神とする説がある。
・トヨタマ姫	**豊玉姫**　貴船の神　船魂六神の一柱　ハデツミの娘で彦火々出見の后となり鵜萱葺不合を生む。出産後、出奔するがその後、義父の瓊々杵に諭され、反省し最後は彦火々出見との歌の贈答により宮中に戻る。	**豊玉毘女(とよたまびめ)**　海津見神の娘で、火遠理命の妻として鵜葺草葺不合命を生むが、産む姿を見られて海坂を塞いで海神の世界に帰ってしまう。真の姿は八尋の大ワニとされる。
ニギハヤヒ	**【くにてる】饒速日**　瓊々杵の長男・梅仁火明(ホノアカリ)の長男・国照が改名して饒速日となり、奇玉火明(瓊々杵の兄・飛鳥治君)の跡を継ぐ。長髄彦の妹御炊屋姫(みかしやひめ)との間にウマシマチ(物部の祖)を儲ける。	**邇芸速日命(にぎはやひのみこと)**　神武天皇の東征において大和地方の豪族である那賀須泥毘古が奉じる神として登場する。ナガスネヒコの妹トミヤビメを娶りウマシマヂを儲ける。
ニニキネ／ニニギ	**【きよひと】瓊々杵**　別雷の天君　原大君　アマテラスの嗣子忍穂耳と千乳姫との間の次男。アマテラスより三種の神宝を授かり、兄とともに二朝並立時代を担い瑞穂の国、秀真国に発展させる。最後は高千穂の峰にて神上がる。ホツマツタヱの序には、「いま天皇(スヘラギ)の天君は、みな瓊々杵の稜威(ゐつ)による」とある。	**天津日子番能邇々芸命(ににぎ)**　天忍穂耳命が、高木神の娘・万幡豊秋津師比売命と御合してもうけた子。兄弟に天火明命がいる。天忍穂耳命に代わり、筑紫の日向の高千穂の久士布流多気に天降りした。
ヒコホホデミ	**【うつきね】彦火々出見**　笥飯の神　筑紫大君　瓊々杵と木花咲耶姫との間の三男。豊玉姫との間に鵜萱葺不合を儲ける。	**火遠理命(ほおりのみこと)**　山佐知毘古　海神の娘・豊玉毘売との間に鵜葺草葺不合命をもうける。兄の火照命(海佐知毘古)と獲物をとる道具を取り換え諍いとなる。
ヒルコ姫	**【ひるこ】昼子姫**　若姫　和歌姫　下照姫　イサナギ・イサナミの筑波新婚時代に生まれた第一子。幼少時代は金析夫婦に育てられる。思兼と結ばれ手力男を生む。和歌の道を大成し和歌の神となる。廣田神社に祀られる。	記載なし。水蛭子(ひるこ)と混同されるか。

ご案内

ほつま歴史文化塾 onlineサロン

本書『読み比べ　古事記とホツマツタヱ』の刊行を機に、本年令和5年正月より**「ほつま歴史文化塾 online サロン」**を開設しております。

このサロンは、さらに「ホツマツタヱ」の内容を知りたい、本書をさらに深掘りしながら「ホツマツタヱ」の記述にもとづいた日本建国史と、日本の精神文化の大本を学びたいという皆様のご要望に沿えるべく運営しております。

皆様との情報交流を通して議論を深めながら、令和日本にふさわしい新たな日本建国史の創造を目指します。

Facebookプライベートグループ（非公開グループ）機能を活かし、本サロンの趣旨に会った情報（投稿情報・コンテンツ―動画・音声・写真・文書ファイル）の蓄積を図っています。

ご入会と利用に関して費用は一切かかりません。左記の**「ほつま歴史文化塾 online サロン総合案内」**をご覧の上、ご入会をご検討ください。

入会登録をご希望の方は、Facebookアカウントを取得の上、Facebook上の私、小深田宗元に友達申請の後、「入会希望」とメッセージ通信してください。ご招待メールを送らせていただきます。

発足の趣意 ～日本文明甦りへの道を拓く～

「ほつま歴史文化塾 online サロン」総合案内

令和五年を迎えたいま、世界には大きな激動の波が押し寄せています。

激変する世界の国々のなかで、目の前の現象に一喜一憂していては先の不安もつのるばかりです。

このような時こそ、私たち日本人は、この国の長い歴史と伝統に立ちかえり、先祖が築いてきた日本の国の本来の姿に目覚める時ではないでしょうか。


その時のキーワードは、**『日本文明の原像・源流を知る』**ということです。


私たちは今、ふだんは明確に自覚してはいませんが、「日本文明」の中に生きています。世界を構成する最も大きな単位としての**「文明」**は、現在おおむね七つから八つある（サミュエル・ハンチントン「文明の衝突」より）といわれ、そのうちの一つが**「日本文明」**です。

その中にあって、日本という国は、世界的に唯一独特な文明です。それは、**「ひとつの国で一つの文明をなしていること」**そして、**「縄文時代よりつづく長い歴史のなかで、いくたの変遷を経ても不滅の文明であること」**、さらに**「縄文時代の国家建国から現代に至るまで、不動の価値観（文明の中心軸と核心）として受け継がれてきた「国体」をもつ国だった」**、
ということが古代文献「ホツマツタヱ」で明らかになりました。

ここで私がいう**「国体」**とは、「日本民族の長い歴史のなかで伝統的に形成され、大多数の日本人によって尊重され受け継がれてきた精神的、文化的価値の体系」をいいます。広義の意味での国体です。

先の大戦での皇国史観がいうところの「国体護持」、ＧＨＱが封印した「国体」ではありません。

さて、これまで我が国の勅撰国史として1300年もの間、重視され光彩を放ってきたのは「日本書紀」です。

しかしながら、これまでの私の学びの中で、「ホツマツタヱ」は、まぎれもなく、「日本書紀」および「古事記」の大本の原典であった、とそのように私は確信するにいたりました。

同じ思いの方々も昭和の再発見から50年余りを経た今日、しだいに増えてきています。

そしてさらに、その「ホツマツタヱ」に書かれていた内容が、日本人がこれまで見失っていた、日本の国の成り立ち（本当の日本建国史）からはじまって、深い思想と歴史・文化を思い出させてくれる、我が国唯一の文献だった、ということに私は驚きをかくせません。

この現代においても、それは日本の各地の神社や旧跡などの由緒や伝承、説話、考古学などによっても、裏づけられてきています。

まさに、日本人の、心の原風景でもある、

「ほつまワールド」といえるものだ、と私は思っています。

また、「ホツマツタヱ」終章40綾（巻）の最終結句は、次のように締めくくられています。

『百千（ももち）試み　遥かなる　奥の神道（かみぢ）へ　まさに入るべし』

そうです。この文典は、日本人のための奥深い人間精神修養の書でもあったのです。

全文五七調のじつに美しい原文をなんども朗誦し、心にひびかせて味わい、その言わんとする、その『こと』を、日々の生活のなかに活かすべし、ということだったのです。

この国を愛し、貴いかけがえのない国と感じることで、目の前に生じている誤りを正して、「文明の衝突」をのり越え、未来を明るいものにしてゆこうではありませんか。

「いま世界が、日本・日本人にそれを求めています。」

『磯輪上（しわかみ）の　心ほつまと　成る時は　花咲く御代の　春や来ぬらん』

《第12代 景行天皇の勅命による「ホツマツタヱ」撰者・三輪の臣 大直根子の奉呈文 より》

本塾のｏｎｌｉｎｅサロンで、この同じ思いを共有する仲間を増やしていきたいと思っています。

あの古事記・日本書紀では神代《かみよ》のお話として書かれ隠されてしまった、日本の本当の歴史と精神文化の姿を発掘してゆきましょう。

実はこの時代にこそ、この国の今に至るまで続くすばらしさの源泉があり、国のよって立つ基があったのです。

「ホツマツタヱ」はそのことをみごとに、文献として明らかにしてくれて、伝え伝えられて、秘匿されながらもこの現代にみごとに甦りました。

日本文明の真価を以下の核心に沿って「ホツマツタヱ」で明らかにしていきます。

【日本文明の中心軸と8つの核心】

1―★（中心軸）天（あめ）の道・天皇のこと

2―縄文時代の宇宙観・根本思想

3―我が国固有の憲法（不文憲法）、皇室祭祀

4―（ことばのこと）：日本語（やまとことば）

5―（文字のこと）：我が国固有文字ヲシテ（ほつま文字）
6―（暦のこと）：縄文・弥生時代の暦（紀年暦と季節暦）
7―縄文・弥生の歴史・文化の原像（いわゆる神代史とやまと時代の歴史）
8―我が国古来の道徳観・教えの数々
9―律令以前からあった縄文・弥生時代の行政組織と刑法

学習上の基本方針と留意点

1―「ホツマツタヱ」の学習は、原文（ヲシテ・ほつま文字）考察を基本に、その漢字かな混じり文と現代口語訳文によって読みすすめ、その解説をしていきます。

とくに原文の奥深い多義的な理解もはかります。漢字当て訳、口語訳はさらに、より適切なものに改訂してゆきます。

2―「ホツマツタヱ」の全編を1綾から40綾の順に読むのではなく、一定のテーマ体系カリキュラムに従って、その関係個所を拾いながら学びをすすめます。

「ホツマツタヱ」のみでなく、必要に応じて、同じヲシテの姉妹書「三笠書（みかさふみ）」「太占（ふとまに）」、さらに古事記・日本書紀や古代史文献との対比なども重視して学びをすすめます。

3―原文を誦読し、「ホツマツタヱ」の格調高い「原やまと言葉」の文体を味わいましょう。原文を心に響かせるようにして、まさに言霊として繰り返し朗読することのすばらしさをお伝えしたいと思います。

4　会員相互の情報交流・会員の勉強会開催の促進支援をしていきます。

会員参加・登録要領その他

1　当会はＦａｃｅｂｏｏｋの非公開グループです。

会員になるには所定の申込手続き完了後、「ほつま歴史文化塾　ｏｎｌｉｎｅサロン」に登録されます。その時点で公開されている当サイトのすべての情報を受けることができます。

登録と利用に関しては、一切費用はかかりません。

より多くの方に気軽に入会していただき、「ホツマツタヱ」を理解して弘めていただくことをめざしています。

2　「ほつま歴史文化塾　ｏｎｌｉｎｅサロン」上のすべての公開情報は、基本的に会員個人の学習目的の利用に限定されます。ただし他の目的で使用したい場合は、事前に当塾の許可を受けてください。

会員相互の情報交流および、会員が実施する勉強会等の資料として利用することは可能です。事前に当塾の許可を受けてください。

3　当サロンの趣旨、目的にそぐわない投稿や行いをされた方は、退会していただきます。

著者
小深田宗元
MUNAMOTO KOFUKADA

昭和27年東京に生まれる。明治大学卒業後、大手外資系会計事務所（東京）にて監査・税務業務に従事したのち独立。公認会計士事務所、経営コンサルティング会社を経営。平成3年、神田の書泉グランデにて故松本善之助氏の『秘められた日本古代史ホツマツタヘ』（毎日新聞社刊）を手にして以来、「ホツマツタヱ」をつらつらと学び始める。奈良の大神神社に昇殿参拝したおりの奇しき体験を機に思うことあり、人生百年時代を見据えてそれまでの経済社会実務からしだいに離れてゆく。ちょうど還暦を迎えたころから、「ホツマツタヱ」を軸にした日本古代の歴史・文化の学びと探求生活に入る。本書は、これまでの記紀によってかたち作られた建国時代の歴史観とは全く異なる、新たな令和日本にふさわしい日本建国史をめざす筆者最初の著作本である。今後は、ほつま作家・ほつま歌人《うたびと》を目指す。

古事記《こじき》の謎《なぞ》と矛盾《むじゅん》がすべて解《と》ける！
読《よ》み比《くら》べ
古事記《こじき》とホツマツタヱ
小深田宗元《こふかだむなもと》 著

2023年4月29日　初版発行

発行者　磐﨑文彰
発行所　株式会社かざひの文庫
〒110-0002　東京都台東区上野桜木2-16-21
電話／FAX 03(6322)3231
e-mail : company@kazahinobunko.com
http://www.kazahinobunko.com

発売元　太陽出版
〒113-0033　東京都文京区本郷3-43-8-101
電話03(3814)0471　FAX 03(3814)2366
e-mail : info@taiyoshuppan.net
http://www.taiyoshuppan.net

印刷・製本　シナノパブリッシングプレス

装丁　BLUE DESIGN COMPANY
DTP　KM-Factory

ISBN978-4-86723-115-9